Tourism English

실전 영어의
개념과 원리

Tourism English 실전 영어의 개념과 원리

초판 1쇄 발행 2024년 9월 3일

지은이 장모나
펴낸이 장길수
펴낸곳 지식과감성#
출판등록 제2012-000081호

디자인 이현
편집 이현
검수 한장희
교정 김지원
마케팅 김윤길, 정은혜

주소 서울시 금천구 벚꽃로298 대륭포스트타워6차 1212호
전화 070-4651-3730~4
팩스 070-4325-7006
이메일 ksbookup@naver.com
홈페이지 www.knsbookup.com

ISBN 979-11-392-2078-0(03740)
값 16,800원

• 이 책의 판권은 지은이에게 있습니다.
• 이 책 내용의 전부 또는 일부를 재사용하려면 반드시 지은이의 서면 동의를 받아야 합니다.
• 잘못된 책은 구입하신 곳에서 바꾸어 드립니다.

지식과감성#
홈페이지 바로가기

Tourism English

실전 영어의 개념과 원리

장모나 지음

" 성인들을 위한 **ESP**
관광 전공자들에게 포커스를 맞췄습니다 "

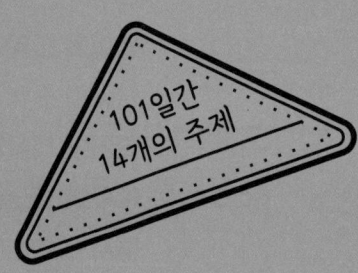
101일간 14개의 주제

지식과감성

contents

서문 6

Part 1
영어의 개념과 원리

CHAPTER 1	언어의 단위	12
CHAPTER 2	단어의 종류	15
CHAPTER 3	단어의 역할(문장의 시작)	19
CHAPTER 4	동사의 중요성	26
CHAPTER 5	동사의 변신(명사)	44
CHAPTER 6	동사의 변신(형용사)	53
CHAPTER 7	동사의 변신(부사)	56
CHAPTER 8	명사 총정리	60
CHAPTER 9	형용사 총정리	69
CHAPTER 10	쓰임새가 너무도 많은 부사	78
CHAPTER 11	전치사가 중요한 이유	84

Part 2
English for Tourism 101

UNIT 1	**DAILY CONVERSATION**	100
UNIT 2	**TALKS ABOUT TOURISM**	105
UNIT 3	**TOUR AGENCY/PHONE CONVERSATION**	110
UNIT 4	**AT HOTEL**	115
UNIT 5	**TOUR GUIDE**	122
UNIT 6	**CONVERSATION WITH TOURISTS**	129
UNIT 7	**SHOPPING**	134
UNIT 8	**AT RESTAURANT**	144
UNIT 9	**WEATHER/CLIMATE**	151
UNIT 10	**ART/CULTURE**	157
UNIT 11	**SPORTS**	162
UNIT 12	**ACCOMMODATION & CULTURE**	170
UNIT 13	**HISTORY & SOCIETY**	178
UNIT 14	**SECURITY & SAFETY**	184

SUGGESTED ANSWERS 209

서문
✈

영어의 필요성은 날로 증가하고 있습니다. 많은 사람들이 영어를 유용한 도구로 활용하고 있으며, 관광학을 전공하는 학생들에게는 특히 중요합니다. 외국인 관광객을 상대하고, 관광지를 영어로 안내하고 홍보하기 위해서는 영어 능력이 필수입니다. 또한, 대부분의 우수한 관광학 자료가 영어로 되어 있기 때문에 학문적으로도 영어 실력이 요구됩니다.

영어를 쉽게 가르치고 쉽게 배우기 위해서는 기본적인 접근이 필요합니다. 영어는 한국어와 구조적으로 다르기 때문에 이를 극복하는 것이 중요합니다. 한국어와 영어의 어순 차이를 이해하고 극복하는 과정은 영어를 배우는 데 큰 도움이 됩니다.

영문법은 영어 학습의 기본입니다. 영문법을 이해하고 숙달하면 영어를 다루기가 훨씬 쉬워집니다. 영문법은 복잡하고 어려운 것처럼 보이지만, 실제로는 규칙을 이해하면 쉽게 접근할 수 있습니다. 거듭 강조하건대 한국어와의 어순 차이를 극복하는 것이 중요합니다. 이는 영어 문장을 자연스럽게 만드는 핵심입니다.

이 책은 영어의 문법을 개념화하여 쉽게 가르치고 쉽게 배울 수 있도록 기획되었습니다. 그 개념이 머릿속에 오래 남도록 분량은 최소화하고, 영어 어순의 원리를 기억하는 데 초점을 맞추었습니다. Part 1의 각 챕터는 중요한 단어 성분 순서로 구성되어 있습니다. 물론 처음부터 읽어 가면 좋겠지만 대충 한 번 읽은 뒤 이해되지 않는 부분은 그냥 넘어가도 됩니다. 뒤로 가다가 궁금한 점이 생기면 다시 앞으로 와도 좋습니다. 그러나 가능하면 각 챕터의 제목을 기억하는 것이 좋습니다. 그것이 복습하는 데 도움이 됩니다. 가령, '언어의 단위(CHAPTER 1)'는 무엇인가? '(문장에서) 동사의 중요성(CHAPTER 4)'은? 이렇게 스스로에게 질문을 하고 답을 해 보는 습관을 들이면 이 책에서 의도하는 대로 영어 구조의 개념을 본인 스스로 몸에 익히는 결과를 얻게 됩니다. 그러면서 점점 더 영어식으로 생각하고 말하는 자세가 갖추어집니다.

한국어를 활용하여 설명을 많이 하는 이유, 즉 영어책인데 영어(단어)를 많이 가르쳐 주지 않는다는 생각을 하기 쉬운데, 생각보다 우리나라 사람들이 알고 있는 영어 단어의 양이 상당하기 때문입니다. 수능을 준비하는 경우나, 석박사 과정이나 전문가의 수준을 요하는 것이 아니라면, 영어는 대략 5천 단어 수준이 생활에 지장 없이 평생 사용할 수 있는 단어라는 것이 정설입니다. (그것도 원어민 수준으로!) 그러니 영어 단어에 너무 집착하지 말기를 바랍니다. 인터넷의 발달로 우리 생활에 스며든 영어 단어가 대단히 많이 있답니다. 매 챕터마다 [연습 문제]들이 있고 답은 별도로 블로그[1]에 탑재해두었습니다. 문제가 너무 쉬워서 답을 굳이 맞춰보고 싶은 생각이 들지 않을 수도 있습니다. 중요한 것은 한국어로 생각하고 인지하는 개념의 문제이므로 영어 문제는 그리 중요하지 않습니다.

중급자나 상급자들을 위한 하루 단위의 문장은 책의 Part 2에 등장하며, [제안 답변] 1개 정도만 책의 뒷부분에 실었습니다. 역시 그보다 더 많은 다양한 학생들의 틀린 예제와 그에 따른 지도 과정, 그리고 각 유닛의 연습 문제 중 정답이 있는 것을 모두 블로그에 올려 두었습니다. 따라서 이 책은 모든 수준의 영어 학습자들이 활용할 수 있도록 구성하였습니다.

관광학은 학문적인 관점에서 매우 간학문적인 성격을 지니고 있습니다. 경제, 경영, 무역, 회계뿐만 아니라 정치, 사회, 외교, 문화, 민속, 지역학 및 다양한 예술 분야와도 밀접하게 연결되어 있습니다. 특히 외국어와의 연관성이 크며, 관광이 인간 생활의 연장선에 있다는 점에서 더욱 그렇습니다. 여행을 통해 새로운 장소로 이동하고, 그곳에서의 생활을 영위하는 활동은 우리의 일상생활과 긴밀하게 연결되어 있습니다. 따라서 관광학은 실용적인 학문으로서 서비스, 용역, 항공, 물류, 교통, 식품, 조리 등 다양한 분야까지 그 폭이 넓습니다.

관광 활동은 대부분 여행을 통해 실현되기 때문에 여유로운 시간과 경제력이 필요합니다. 과거에는 해외여행 시 영어를 못하는 것에 대한 고민이 많았지만, 21세기의 한국인들은 그런 걱정을 덜게 되었습니다. 첫째, 한국의 국제적 위상이 높아지고 K-문화가 전 세계에 확산되면서 한국어와 한국인의 영어 스타일을 이해하는 외국인들이 많아졌기 때문입니다. 둘째, IT 산업의 발전으로 스마트폰을 통해 간단한 외국어 통번역이 가능해졌기 때문입니다. 마지막으로, 영어

---

[1] https://blog.naver.com/changmona67

가 한국인의 일상생활에 깊이 스며들면서 영어 사용 비율이 크게 높아졌기 때문입니다.

우리가 무심코 사용하는 일상 언어를 녹음해 들어 보면, 20세기와 비교할 때 영어가 얼마나 많이 녹아들어 왔는지 알 수 있습니다. 특히 젊은 세대는 영어에서 차용한 단어를 한국어로 착각하기도 합니다. 이러한 이유로 우리 국민들은 해외여행을 더 많이 즐길 수 있게 되었습니다. 시간적 여유와 경제적 풍부함, 그리고 언어적 능력이 뒷받침되기 때문입니다.

대학에서 관광학을 전공하는 학생들에게 영어는 여전히 중요한 과제입니다. 관광 운영자로서 외국인 관광객을 상대하고, 영어로 관광지를 안내하고 홍보해야 하기 때문입니다. 또한, 관광학 관련 우수한 참고 자료가 대부분 영어로 되어 있어 학문적으로도 영어 실력이 요구됩니다. 국내 기업에 취업할 때도 영어 어학 점수를 요구하는 경우가 많습니다.

Part 2는 성인들을 위한 ESP(English for Specific Purposes)의 성격을 띠고 있지만, 관광 소비자와 생산자에게 모두 유용하도록 설계하였습니다. 각 유닛의 주제는 학기 중 학생들과 소통한 기록을 모아 구성한 것입니다. 101일간 14개의 주제로 학습하도록 구성된 이 책은, 학생들이 일상에서 자연스럽게 영어를 사용할 수 있도록 돕기 위해 작성되었습니다. 매일 한 문장씩 영어 표현을 연습하며, 꾸준한 학습을 통해 자연스러운 영어 소통을 목표로 하였습니다.

영어는 매일 꾸준히 연습하고 반복하는 습관이 중요합니다. 영어 실력 향상을 위한 지름길은 없으며, 인내와 노력이 필요합니다. 이 책은 101일 동안의 학습 내용을 바탕으로, 관광 영어에서 반드시 기억해야 할 필수적인 텍스트를 추가하여 구성되었습니다. 영어 문법의 중요성을 인식하고, 한국어와의 어순 차이를 극복하는 것이 영어 학습의 핵심입니다. 중급 수준의 학생들은 다양한 유의어에 도전하고, 고급 수준의 학생들은 영어 원서를 읽는 것을 권장합니다.

모든 학생들이 영어를 학습하면서 꾸준한 연습과 반복을 통해 영어 실력을 향상시키고, 실생활에서 자연스럽게 영어를 사용할 수 있기를 바랍니다. 또 이 책을 통해 영어를 배우는 과정이 즐겁고 유익한 경험이 되기를 바랍니다.

2024년 8월

장모나

"Wer keine fremde Sprache spricht,
kennt seine Muttersprache nicht." - Goethe

Who(ever) doesn't speak a foreign language,
doesn't know his mother tongue.

I added, "Vice versa."[2]

---

2) 괴테가 남긴 말로, "외국어를 말하지 않는 자는 모국어를 모르는 사람이다."라는 뜻이다. 나는 그 뒤에 '뒤집어 말하는 것'도 추가한다. 즉, '모국어를 제대로 말하지 않는 자는 외국어를 모를 수밖에 없는 사람이다.'라고.

Part 1

영어의 개념과 원리

CHAPTER 1
언어의 단위

1. 언어란 무엇인가?

言(말)語(글), 즉 말과 글의 조합이다. 통틀어서 '말'이라고 하지만 정확히는 입으로 소리 내어 하는 말(spoken language)과 글로 써서 표현하는 말(written language)로 구분된다. 영어로는 위처럼 구분하지만, 한국어로는 그냥 '언어'라고 하면 다 포함된다. 따라서 언어를 활용하기 위해서는 우리 몸에서 말하고 듣는 기관(입, 귀)과 쓰고 읽는 기관(손, 눈)들이 모두 함께 작동해야 한다.

※ 언어는 인간이 동물보다 우월하다는 증거이다. 수천 년의 역사와 문화를 이루는 데 가장 중요한, '함께 소통'하며 살아가기 위해 없어서는 안 되는 인간의 독특한 기능이다.

2. 영어 학습을 위한 언어의 단위

영어를 쉽게 익히기 위해서는 우선 다음과 같은 말의 단위 개념을 이해해야 한다.

단어(單語)란, 뜻을 지닌(의미가 있는) 최소 단위의 말이다. 글자 수(또는 마디, 음절[3])에 관계없이 낱개의 말이라는 뜻이다.

---

3) '마디=음절'이란 모음이 중심이 되는 소리의 단위이다. [개], [강]은 각각 한 마디 소리이고, 글자이다. [연-필]은 두 마디(두 음절)가 되고, [컴-퓨-터]는 세 마디이다.

구(句)란 단어가 두 개 이상 모여 짝을 이룬 것을 말한다. '책상 위에, 귀여운 아기, 일곱 시에, 저 멀리 다가오는' 등등 단어와 단어 사이에 띄어쓰기를 하고 있으니, 우리말이나 영어나 금방 구분이 된다.

문장(文章)이란 '인간 의사소통의 최소 단위'라고 정의할 수 있다. 그리고 여기에서 필수 요소는 (여러 가지 단어들이 있을 수 있지만) 단연코 '동작'을 나타내는 단어이다. 어떤 단어보다도, 동작을 나타내는 말(동사, 動詞)은 혼자서도 거뜬히 한 문장을 이룰 수 있다. [예: 나는 학교에 갑니다 / 나는 갑니다 / 갑니다(아니면, 가!)[4] (이 말은 문장이 아닐 것 같지만, 문장이 맞다. 의미가 전달되어 인간끼리 소통이 되면 맞다.)]

절(節)은 문장처럼 쓰였지만, 가만히 보면 다르다. 문장에서 '동작'을 나타내는 말에 '~다.'라고 종결되지 않는 문장 비슷한 글이다. [예: 내가 학교에 가서 / 학생이 공부를 하면 / 반짝반짝 빛나는] 문장과 절의 차이는 한 글자 소리의 차이이다. 우리말의 '~다.'라는 문장이라면 마지막에 반드시 '마침표[5]'를 찍어 주어야 한다. 절은 완전한 문장이 되지 못한 '미완성의 문장'이라고 생각하면 된다. 따라서 문장이라는 큰 범위에 속한 것으로 보면 된다.

---

4) Go! 또는 Go. 라고 누군가 당신에게 말하고 당신이 뭔가 행동을 한다면 그 사람은 당신에게 제대로 된 한 단어의 문장을 얘기한 것이다.
5) 우리말에서는 종종 잊어버릴 수 있지만, 영어에서는 반드시 '마침표'를 사용해야 한다.

💬 연습 문제

1. 다음 중 단어가 아닌 것을 모두 고르고, 그 이유를 설명하시오.
   ① 봄 ② 수리수리 ③ 감추다 ④ 뿌웅
   ⑤ 즐거운 ⑥ 위에 ⑦ 요라토추 ⑧ 날아오르는 담요

2. 다음의 단어들이 몇 마디인지 적으시오.
   ① 학교 :   school :
   ② 비 :   rain :
   ③ 공부합니다 :   study :
   ④ 책상 :   desk :
   ⑤ 스마트폰 :   smart phone :

3. 다음 중 문장인 것과 문장이 아닌 것을 구분하고 그 이유를 설명하시오.
   ① 뭘 먹었지?
   ② 나는 바보야.
   ③ 사용 방법을 몰라요.
   ④ 봄이 오면
   ⑤ 안녕?
   ⑥ When I was young

4. 다음 글들을 '단어, 구, 문장, 절'로 구분하시오.
   ① 진달래꽃
   ② 내려와!
   ③ 둥실둥실
   ④ 그렇게 뛰어 봤자
   ⑤ 웃으면 복이 와요.
   ⑥ Let's go.

CHAPTER 2
단어의 종류

> **학습의 필요성**

내가 어릴 적 처음 영어를 접했을 때도 아무도 주의를 주지 않았거나, 혹은 내가 너무 성의 없이 지나쳤을지도 모르는 부분이 바로 첫 단추를 꿰는 때라는 생각이 절실하다. 1장을 이해한 독자에게 왜 2장부터 나오는 내용들이 학습해야 할 것들인지 이유를 알려 주고자 한다. 영어를 정복하기 위해서는 '지피지기(知彼知己)'의 책략이 필요하다. 상대를 알고 나를 알아야 한다.

나는 밥을 먹는다. 밥을 먹는다 나는. 먹는다 밥을 나는.

이렇게 단어를 뒤섞은 우리말 문장이 사용 가능한 이유는 말할 것도 없이 우리말의 특징인 '**조사**(~는, ~를 등등)'의 활약 때문이다. 따라서 한국 사람이라면 본능적으로 어떻게 조사를 활용하는지 알고, 조사를 생략하는 경우나 문장 안에서 단어들을 뒤섞는 경우라도 대부분 문제없이 잘 사용하게 된다. 그러나 이 '**조사**'라는 것이 영어에는 전혀 없는 개념이기 때문에 한국 사람이 영어를 배우면서 겪게 되는 어려움은 이루 말할 수 없다. 지극히 당연한 얘기지만, 영어의 단어들은 문장 안에서 **각자의 자리**가 정해져 있다. 그래야만 '~는, ~를, ~에서, ~에, ~한다'라는 식으로 우리말의 조사(혹은 단어마다 붙어 있는 꼬리)를 잘 붙일 수 있게 된다. 그래야만 '해석'이 되니까 말이다.

가령, '선생님이 영희를 부르셨다.'라는 말에 그 꼬리를 아무렇게나 섞어 붙이게 되면, '영희가 선생님을 불렀다.'가 된다. 경우에 따라서는 엄청난 오해를 부르지 않겠는가? 우리는 '의사소통'을 위해 영어를 배우는 것이고, 설령 말하는 것이 아니라 글짓기나 보고서만을 작성하기 위해 영어를 배운다고 한들, 영어는 모두 같은 방식으로 표현되어야 한다. 가끔, "저는 회화 위주로 영어를 배우고 싶어요. 문법은 싫어요."라는 요구나, "우리는 딱딱한 문법은 가르치지 않습니다. 실용적인 영어만을 가르칩니다."라고 과감하게 '뻥'을 치는 광고는 부탁하건대 제발 믿지 말아 달라고 당부한다. 적어도 우리말과 영어의 기본 구조와 생김새의 차이를 인지하지 않고 영어를 배울 방법은 없다!

여기에는 최소한의 '의사소통'을 위한 영어의 구조 설명을 위한 내용을 담았고, 이를 위해 우리는 영어를 우리말로 이해해야 하며, 그 때문에 아주 기본적인 품사(品詞)만을 언급할 것이다. 따라서 영어와 우리말의 차이점을 간파하기 위한 관점으로 학습을 유도하는 것이 목적이다. 아무리 많은 예문을 나열한다 해도 여러분들이 인터넷을 통해 찾을 수 있는 방대한 글, 영상, 소리들이 너무나도 많기 때문에 내가 두껍게 책을 쓰는 것은 한마디로 '의미 없는' 행위일 뿐이다.

따라서 독자들은 이러한 의도를 간파하고, 앞으로 나올 최소한의 단어들의 '**자격**'과 이들이 문장 안에서 하게 되는 '**역할**'을 유심히 보며 이해하고 가능하다면 머릿속에 각인시켜 잊지 않았으면 한다.

1. 가장 기본적인 단어의 종류는 4개(둘씩 짝꿍)

1) 형용사(adj.)

아무 순서 없이 그냥 먼저 쓴 것일 뿐이니, 순서에는 의미가 없음을 기억하며, 형용사가 무엇인지 어렵게 알려 줄 필요는 없다. 예를 들어 보면 빨리 이해가 간다. [예: **보고 싶은** 친구, **커다란** 집, **맛있는** 사과, **착한** 학생, **빠른** 기차, 셀 수 없이[6] **많은** 별]

2) 명사(noun)

굳이 설명해 주어야 하나 싶은, 아주 쉬운 개념으로 이름을 뜻하는 단어이다. 사물, 생물, 무생물, 인간이 이름 붙인 모든 것은 '명사'이다. '사랑, 우정, 믿음, 소망'도 명사인지 생각해 보자. 그리고 위에서 왜 형용사 다음으로 명사를 얘기했는지도 생각해 보자.

3) 부사(adv.)

(사과(apple)의 종류가 아니다.) 부가적으로 설명해 주는 단어라는 뜻이다. 형용사가 명사를 설명해 주듯이 동사의 동작을 구체적·추가적으로 표현해 주는 말들이다. 당연히 동사와 함께 쓰일 때 자연스럽게 활용된다. 다음의 예문을 보면서 부사가 구체적으로 설명해 주는 내용이 어떤 것인지 고민해 보자. [예: 열심히[7] **공부해요**, 일곱 시에 **왔어요**, 한차례 **치렀다**, 운동장에서 **뛰었다**, 싫어서 **운다**]

4) 동사(verb)

이것 역시 설명이 필요 없는 말이다. 그냥 동작을 표현한 말이다. 그런데 영어를 잘하기 위해서는 동사와 친해져야 한다. 아주 많이. 기본적으로 영어의 동사는 두 종류로, **동작**을 나타내는 단어들과 **상태**를 나타내는 단어들로 이루어져 있다는 것을 우선 이해해야 한다. 설명보다는 표로 그려 주면 이해가 더 쉽다. 둘이 너무나 확연히 다르기 때문에 조금만 신경 쓰면 잘 구별이 된다. [예: 예쁘다, 크다(**이 둘이 동사인지 아닌지는 후에 판가름하기로 한다.**) / 따라오다, 걷다, 먹다, 요리하다]

---

6) 이것이 형용사와 어떻게 다른지 생각해 보기 바란다.
7) 여기에 표시한 다섯 개의 분홍색의 단어들과 각주 10번의 분홍색 단어와의 공통점을 찾기 바란다.

5) 정리

단어, 구, 절(문장) 중 가장 기본이 되는 단어에 대해 얘기하자면, 위의 네 가지 단어들에 대해 명확한 구분이 필요하다. 영어 단어가 생소한 사람들에게 새로운 영어 단어를 제시해 주고, "외우세요."라고 주문하는 것은 참 억지에 가깝다. 우리가 익숙하게 사용하지 않는 것을 외우는 능력은 사람마다 차이가 있고, 어린이들 수준에 맞는 영어 단어만을 모아 놨다고 해서 어른들이 그 영어 단어를 다 아는 것도 아니기 때문이다. 다만, 영어를 할 때 우리말로 먼저 생각해 보고 판단하는 습관을 들여 보자. 가령, 우리말로 '**회복**(하다)'이라는 단어를 사용해 본 적이 있는가? 쓸 수도 있는 단어인가? 생각한 후에 내가 사용할 수 있는 비근한 예를 문장으로 들어 보자(한국어로). 그 문장이 내가 절대로 사용할 리 없는 문장이라면 영어로도 사용할 필요가 없을 것이다. 그러나 내가 살면서 그런 문장을 얘기할 기회가 종종 있을 것이라는 생각이 든다면, 영어로도 그 표현을 알아 둔다 해서 손해 볼 것이 없다. [예: 의사 선생님 말씀이, 한창 크는 나이여서 **회복** 속도가 빠르다고 하시네요.]

2. 기본 단어의 사용법과 구별하는 묘미

1) 형/명, 부/동의 관계 이해

(1) 형용사[8]+명사

착한 어린이, 슬기로운 탐구 생활, 맛있는 케이크, 새로운 환경, 책상 위에 있는 연필, 꽃이 무성한 화단, 손안의 컴퓨터, 누둠한 외투, 엄마가 끓여 준 라면, 옆집에서 선물한 사과, 동생이 빨아 널은 운동복

(2) 부사+동사

즐겁게 일하다, 빠르게 대처하다, 죽도록 노력하다, 멍청하게 당하다, 세 시 반에 만나다, 무엇 때문에 사는가, 대로변에서 싸우다, 돈 없이도 산다, 밥이 없다면 죽을 것이다, 널 만나려고 기다린다, 내가 오자마자 가 버렸단다

---

[8] 형용사, 명사, 부사, 동사라는 말에 공통적으로 '사(詞)'라는 글자가 사용된다. 무슨 뜻일까? '단어'라는 뜻이다. 즉, 형용해 주는 단어, 이름을 표시한 단어, 부가적인 정보를 주는 단어, 동작을 표현한 단어라는 뜻이다. 그럼, 단어보다 큰 단위인 '구'나 '절, 문장'의 단위로 확장되는 것도 가능할까? 생각해 보자.

위의 1번과 2번의 예문들이 한국어로 이해가 안 된다면, 우선 그 말들부터 이해하도록 해 보자. 외국인이 아닌 이상 위의 단어, 구, 절이 이해 안 되는 사람은 지극히 드물 것이다. 각 줄마다 그룹 지은 글들이 1장에서 설명한 것들과 관계가 있는지 생각해 보자. 또한 각 단어(형, 명, 부, 동)의 '끝소리'의 특징이 무엇인지 파악해 보고 다음 박스의 설명을 확인해 보자.

> **💬 연습 문제**
>
> 1. 다음 중 형용사의 끝소리가 아닌 것을 모두 고르시오.
>   ① ~은   ② ~이   ③ ~의   ④ ~인   ⑤ ~게   ⑥ ~한   ⑦ ~로
>
> 2. 우리말의 '동사'들의 공통된 끝소리(종결어미)를 아는 대로 모두 적으시오. 그 종류는 몇 개인가?
>
>
>
> 3. 이 박스 상단에 분홍색으로 적힌 한국어 말들을 영어로 한번 표현해 보자.

CHAPTER 3
단어의 역할(문장의 시작)

1. 단어의 역할

CHAPTER 2까지 각 단어들의 명칭과 종류, 기능들을 살펴보았으니, 이번에는 단어들의 역할을 알아보겠다.

1) 의사소통을 위한 기본

이보다 앞서 단어, 구, 절, 혹은 문장이라는 개념에서 왜 문장을 말하고 문장으로 표현해야 하는지 생각해 봐야 한다. 누군가 당신에게 말을 붙이고 나서 아무 말도 안 한다면 당신은 어떻게 할 것인가? 아래 대화를 살펴보자.

> A: 오늘 날이 참 좋아요. 함께 산책 가실래요?
> B: 산책하기 좋은 곳은…. (아무 말 안 함.)

과연 두 사람이 서로 소통을 잘하고 있다고 생각하는가? 문장을 얘기하고 표현하는 가장 중요한 목적은 '의사소통'을 위해서이다. "아니에요. 단어나 구(절)만 사용해서도 우리는 의사소통이 충분히 가능해요."라고 굳게 믿는다면 당신은 이미 언어의 천재이고, 더 이상 여기서 진도를 나가지 않아도 된다. 굳이 어려운 영어 시험을 치를 필요 없이, 생활하는 데 필요한 영어만을 하는 것이 목적인 당신이 문장이 필요 없고, 단어만으로 충분하다고 믿는다면, 이 책으로 배워야 할 이유가 없다. 그러나 구태여 말하자면 문장의 사용은 '완벽한 의사소통'이 목적이다. 오해 없이 세상을 살기 위해 인간으로서 상대 인간에게 응대하고 표현해야 하는 최소한의 예의이기 때문이다. 혹시라도 '완벽한 의사소통'을 중요하게 생각하는 사람이라면 계속해서 다음 챕터로 진도를 나가기 바란다. 단어, 구, 절과 달리 문장이란 (우리말의 개념에서는) '~다.'로 끝나는 말의 묶음을 뜻한다. (~요. ~해. ~했어. ~까? 모두 같은 부류의 다른 표현일 뿐이다.) 혹시 문장의 필요성에 대해 지금도 납득이 안 되는 사람이 있다면 문장을 말하지 않고 하루를 살아 보라. 전혀 불편함이 없다면 공부를 여기서 마쳐도 된다.

2) 문장에서 단어의 역할(매우 중요함)

> 한국어: 나는 밥을 먹는다. [주어+목적어+동사=S+O+V[9]]
> 영어: 나는 먹는다 밥을. [주어+동사+목적어=S+V+O]

주어는 주인 되는 단어, 동작을 하는 사람(혹은 생물, 사물)이다.
목적어는 주인이 하는 동작을 받는(그 동작의 영향을 받는) 사람(생물, 사물)이다.
그리고 **동사**는 주어가 하는 행동이다.

우리가 '주어, 동사, 목적어'라고 하는 말은 각각 문장 안에서 단어들의 역할을 가리키는 말이고, 한국어와 영어의 가장 큰 차이는 (물론 글자가 전혀 다른 것도 사실이지만) 그 역할을 하는 단어들의 <u>순서의 차이</u>다. 간단히 말하면 한국어는 **SOV 언어**라고 하고, 영어는 **SVO 언어**라고 한다. 좀 이상하게 들릴지 모르지만, 세상에는 VOS나 OVS 언어도 존재한다.

이 작은 차이 때문에 한국 사람들이 영어를 하는 것에 어려움을 느낀다. 그 작은 차이가 바로 '영문법'이다! 그러니 영어의 개념을 기초부터 새롭게 설정하고 습관 들이는 연습에 조금 더 집중한다면 쉽게 배울 수 있을 것이다.

2. SV(2)+O(1)+adv.(4)=7 개념의 기초

이것이 무슨 수학 공식인가? 간단히 말하자면 완벽한 의사소통을 위한 영어 문장을 만드는 방법이며, 이것이 문장의 시작이고 끝이다. 수학에서 가장 기본인 구구단을 외우는 과정과 같다. 그러나 구구단보다는 훨씬 간단하지 않은가?

---

9) S=subject, O=object, V=verb

1) 주어+동사(S+V, 2개의 성분)

영어를 말할 때의 습관 들이기에서 가장 중요한 부분이다. '**누가/~다**'를 먼저 얘기한다. (말할 때는 물론 글로 쓸 때도 똑같이 적용된다는 것을 기억하자. 영어는 '말 따로 글 따로'가 아닌 언어라는 점이 중요하다.[10]) 그리고 이 두 개의 성분은 어떠한 경우를 막론하고 영어 문장에 반드시 사용된다. 특히 [**동사**]는 절대 중요하니 항상 기억하자. 즉, 모든 문장에 100% 다 활용된다. (예외: 주어가 생략되는 경우는 딱 한 가지 경우다. "Go[**동사**]!")

2) 목적어(O, 1개의 성분)

목적어를 구분하는 것은 매우 쉽다. 위 2개 성분을 얘기하고 나면 자동으로 나올 수 있기 때문이다. 단, 목적어에 '~를/~을'이 붙는다는 것을 기억하면 더욱 쉬워진다. 즉, 누가 '~한다'(했다, 하는 중이다, 하곤 했다, 할 것이다, 해야만 한다, 했을 것이다 등등 여러 표현은 추후에 배운다.)라고 얘기하고 나면, '무엇을' 했는지가 반드시 궁금할 것이다. 아니, 약 70% 정도는 궁금할 것이다. 주어가 하는 행동(동작)에 영향받을 대상이 있다고 여겨지는 상황에서 '대상(목적)'이 되는 그 '무엇을' 이야기하는 것은 매우 자연스러운 대화의 전개이다. 경우에 따라서는 진짜 궁금한 어떤 것이 '~을/를'이 아닌 다른 형식으로 표현되기도 한다. 이렇게 동사를 말하고 나서 가장 궁금한 것을 써 주는 것이 바로 그 순서인데, 그 중 '~을/를'이 대부분을 차지한다. 예를 들어 보면 이해가 빠르다.

나는 **먹는다**.[11] - 무엇을?	너는 달린다. - 어디로?
I eat. - what?	You run. - to where?
나는 **사랑한다**.[12] - 무엇(누구)을?	나는 ~이다. - 무엇(학생)
I love. - what/who(m)?	I am*. - what(who)?
너는 ~이다. - 무엇/어떤(상태)	나는 주었다. - 무엇을? 누구에게?
You are*. - what (how)?	I gave*. - what? to whom?

※ '*' 표시가 있는 예문은 잘못된 문장(비문, 非文)이다.

---

10) 가장 큰 차이는 말의 순서와 주어의 생략이다.
　　한국어: 나는 밥을 먹었다(기본)/밥 먹었어. 나 밥 먹었다. 먹었지, 밥. 나 먹었어 밥(변형) - 모두 가능하다.
　　영어: 나는 먹었다 밥을(기본) - 다른 표현은 사용할 수 없다.
11) 아래 16번 주석과 함께 설명한다.
12) '먹는다/사랑한다'와 같이 뒤에 대상에 '을/를'이 붙어서 자연스럽게 해석되는 동사들의 원래 뜻은 '**~을/를 먹는다.**'또는 '**~을/를 사랑한다.**'라는 점을 명심하자. 또한 영어의 동사에는 그 뒤에 올 수 있는 단어(명사)에 따라 동사의 세심한 해석이 결정된다. 가령 '이야기를 말하다. = tell a story' 에 대상(사람) 하나가 더 추가되면 '누구에게 이야기를 말하다. = tell 누구 a story'라고 이해해야 맞다.

[절대 주의]
비록 문장에서의 〈목적어〉를 '~을/를'이 붙는 단어라고 해석할 수 있다고는 하지만, 실제로 그 '~을/를'이 목적어 자체에 붙어 나오는 것은 아니라는 것을 주의하기 바란다. 그것은 〈목적어〉 앞에 있는 [동사]의 능력이다. 이에 대해서는 4장에서 자세히 설명한다.

3) 부사(adv., 4개의 성분)

CHAPTER 2를 기억하는 사람들은 adv.(adverb)를 쉽게 떠올릴 수 있다. 그리고 adverb와 verb의 관계를 이해할 것이다. 즉, 부사는 동사에 무언가를 더 얹어(add) 주는 역할임을 알 것이다. 가만히 보면 위에서 이미 말한 3가지 성분들은 '누가, ~한다, ~를'이라는 말이 성립되는데, 부사 역할을 하는 4개의 성분이 더해지면, 의사소통을 위한 모든 정보를 다 주었다고도 할 수 있다. 쉬운 예를 들어 보자.

나는/먹었다/빵을 여기에 4개의 정보를 더해 보자, 즉, 이 문장에 대해 궁금한 점을 추가해 보자. 언제? (조금 전에) 어디서? (집에서) 어떻게? (친구와 함께) 왜? (맛있어 보여서) 즉, 먹었다는 동작에 대해 **'언제/어디서/어떻게/왜'**라는 정보는 듣는 사람이 더 이상의 궁금증을 유발하지 않도록 완벽한 내용[13]을 전달해 주는 모든 요소가 된다. 하지만, 우리가 평소에 이 모든 내용을 모두 넣어 대화하지 않듯이, 부사적(부수적)으로 제공되는 성분에 대해 우리는 부담을 가질 필요가 없다. 말하고 싶은 부분만을 이야기하거나, 필요치 않다고 생각한다면 생략할 수도 있다. 듣는 사람이 추가 정보가 궁금하다면 하나하나 물어볼 것이다. 아래 대화를 상상해 보자.

---

13) '육하원칙'을 생각해 보자. 기사 작성에 있어서 필수 조건으로 누가(who), 언제(when), 어디서(where), 무엇을(what), 왜(why), 어떻게(how)의 여섯 가지 기본이 되는 조건을 말한다.

> A: 나 먹었다. (S+V : 여기서는 [동작동사] 사용)
> B: 뭘?
> A: 샌드위치. (O)
> B: 누구랑? (어떻게?) (how)
> A: 동생이랑. (동생과 함께.)
> B: 언제? (when)
> A: 오늘 아침에.
> B: 어디서? (where)
> A: 우리 집에서.
> B: 왜? (why)
> A: 엄마가 샌드위치 빵을 새로 사 오셨다고 해서. (요리해 주셨어.)
> B: 맛있었니? (Is/Was~? : 여기서는 [상태동사]를 사용)
> A: 응, 엄청 맛있었어.

위와 같이 부족한 정보에 대해 대화를 주고받은 것을 하나의 문장으로 만들 수 있다.

> ① 나는 / 오늘 아침에 우리 집에서 엄마가 새로 사온 빵으로 요리를 해 주신다고 하셔서, 동생과 함께 / 샌드위치를 / 먹었다. (한국어 문장의 어순)
>
> ② 나는 / 먹었다 / 샌드위치를 / 오늘 아침에 / 동생과 함께 / 우리 집에서 / 엄마가 새로 사 온 빵으로 요리를 해 주신다고 하셔서. (영어 문장의 어순)

지금 당장 위 두 개의 문장들을 보면서 구별하려면 헷갈린다. 따라서 1번의 경우는 생각하지 말자. 어쨌거나 우리는 한국 사람이니까 한국어의 문장 순서를 따로 배울 필요는 없다.[14]

영어의 문장 순서는 생각보다 복잡하지 않다. 우선 주어+동사를 먼저 얘기하고, 가장 시급하게 궁금한 정보를 그다음에 얘기한다(2+1 완성), 그 후 필요한 정보 4개 중에 당신이 말하고 싶은 것만 말하면 된다. **2+1의 완성** 후, 아무것도 하지 않을 권리도 당신에게 있다는 것을 기억하자.

또한 우리가 남이 적은(말한) 영어를 어려워하는 이유 역시 이런 식으로 구체적으로 말(단어,

---

14) 그럼에도 불구하고 한눈에 보기에 다른 점을 눈치채기는 어렵지 않다. 그렇다. 우리말은 부사가 중간에 끼어드는 패턴이다. 문장을 끝까지 듣지 않으면, 주어가 하는 행동을 함부로 추측하기 힘든 형식으로 되어 있다. 반면, 영어는 부수적인 말들을 동사가 끝난 뒤에 덧붙이는 형식이어서, 듣는 사람은 주어가 하는 행동을 문장이 끝나기도 전에 확실히 알 수 있다. 왠지 '성격 급한' 한국 사람들에게 더 어울리는 스타일의 언어라는 느낌이 드는 것은 내 착각일까?

구, 절)을 붙이고 붙여서 문장의 길이를 늘였기 때문이고(너무나도 당연한 얘기지요!) 이때 적어도 그 문장의 〈주어〉는 찾을지언정, 그 주어가 하는 행위 〈동사〉를 찾는 데 무진장 어려움을 겪기 때문이다.

3. 개념은 간단한데, 영어 문장은 말처럼 간단하지 않다.

그렇다. 너무나도 맞는 말이다. 아래 상황을 살펴보자.

> ① 나는 / 샌드위치를 / 먹었다. (3개 성분만으로 만들어 본 간단한 문장이다.)
>
> ② 나는 / 오늘 아침에 / 우리 집에서 / 엄마가 새로 사 온 빵으로 요리를 해 주신다고 하셔서 / 동생과 함께 / 샌드위치를 / 먹었다. (7개 성분을 모두 활용해도 별로 길지 않다.)
>
> ③ 늦잠을 자고 일어난 나는 / 오늘 아침에 / 우리 집에서 / 시장에서 돌아오신 엄마가 새로 사 온 빵으로 요리를 해 주신다고 하셔서 / 이제 막 학교에 입학한 동생과 함께 / 치즈와 햄이 들어 있는 샌드위치를 / 먹었다. (7개 성분을 모두 활용하면서 구체적인 설명을 보태니 이제는 심하게 길다는 생각이 든다. 한국 사람들도 평소에 이렇게 길게 말하지 않는다.)

1번 문장은 3가지 성분만으로 아주 기본적인 의사소통을 가능하게 한다.

2번 문장은 4개의 부사 성분(언제, 어디서, 어떻게, 왜)을 추가했다. 유독 '왜'에 해당하는 말이 좀 길다. "엄마가" "~한다고 하셔서"…. 주어와 동사가 다 연관되어 문장처럼(절) 만들어졌으므로 아무래도 길어질 수밖에 없다.

3번 문장은 성분이 7개 이상으로 더 늘어난 것은 아니다. 그런데도 단어들이 많이 늘어난 느낌이다. 나는 문장의 구성원이 최대 7개의 성분이라고 말했지, 7개의 단어라고는 하지 않았으니…. "나는"이라는 하나의 주어가 4개의 단어로 늘어났다. 분홍색으로 늘어난 부분은 공통적으로 (A) (단어의 종류 중 하나)이며, (B) (단어, 구, 절, 문장)의 형태로 활용되었기 때문에 더욱 길게 늘어났다. (A와 B에 맞는 말을 적으시오. 정답은 29쪽에)

💬 연습 문제

1. 다음 각 문장에서 3번째 자리에 나올 단어를 임의로 추가하여 문장을 완성해 보시오. (한국어, 영어 모두 가능)

   ① 선생님은 가르친다 :
   ② 내 동생은 ~(상태)입니다 :
   ③ 네가 가지고 있다 :
   ④ 할머니는 주신다 :
   ⑤ 나는 놓았다 :

2. 다음 각 문장에서 세 번째 자리에 와야 할 단어에 대해 설명하시오.

   ① 나는 / 간다 / ?
   ② 그녀는 / ~입니다 / ?
   ③ 나무들이 / 자란다 / ?
   ④ 당신은 / 지킵니다 / ?
   ⑤ 저 자동차는 / ~입니다 / ?

CHAPTER 4
동사의 중요성

영어 동사의 활용

영어를 잘하고 싶거나 관심이 많은 사람이라면 한국어의 [동사]와 영어의 [동사]에 어떤 차이가 있는지 확인한 뒤 이 챕터를 들어가야 한다. 내 경험에 따르면, 이 부분을 영어 학습 초기에 먼저 알고 들어가는 것이 후에 많은 도움이 된다고 믿기 때문이다.

다음을 비교해 보자. 너무 당연한 것이지만, 혹시 당신은 모르고 있지 않았을까? 특히 어린 학생의 경우라면 기본 개념을 잘 기억해 주기 바란다.

구분	한국어	영어	비고
기본	먹다	to eat	사전에서 검색하는 단어(기준 단어)
동사	먹었다	did eat = ate	과거에 했던 행동
동사	먹는다	do eat = eat	현재 또는 주기적으로 하는 행동
동사	먹을 것이다	will eat	미래에 할 행동
동사	먹어왔다	have eaten	과거에서 현재까지 해 온 행동
동사	먹곤 했다	used to eat	습관적으로 해 온 행동
동사	먹어 본적이 있다	have eaten	경험해 본 적 있는 행동
동사	먹고 있는 중이다	be eating	현재 하고 있는 행동
동사	먹고 있었을 것이다	would have been eating	추측되는 과거의 행동
형용사	먹(고 있)는	eating	그 행동을 하는(뒤에 있는 명사를 꾸며 줌)
형용사	먹을	to eat	그 행동을 할 만한(앞에 있는 명사를 꾸며 줌)
형용사	먹힌 상태이다 (먹히다)	be eaten	그 행동을 당한다는 의미
형용사	먹힌	eaten	그 행동을 당한 상태 또는 대상을 수식
부사	먹으면서	eating	그 행동을 하면서(동시 동작)
부사	먹으러, 먹기 위해서	to eat	그 행동을 하려는 목적, 이유를 표시
명사	먹는 것, 먹기	eating / to eat	동작/행위 그 자체

물론 이 외에도 '동작'을 나타내는 단어와 연관된 행동·표현은 더 많다. 그러나 위 16가지의 활용 내용을 본 후, 앞으로 사용할 영어의 [동사]들의 활용 기준에 대해 점검해 보기 바란다. 또한 한국어의 표현과 영어의 표현을 잘 비교하면서, 과연 영어가 한국어보다 더 어렵다고 단정 지을 수 있는지도 반문하기 바란다.

1. 영어는 동사 때문에 힘들다.

이렇게 극단적인 표현을 하는 이유는 이것이 '사실'이기 때문이다. 다른 표현으로 당신이 [**동사**]와 친해지고 [**동사**]를 밀가루 반죽하듯이 맘대로 가지고 놀 수 있다면, 영어는 세상의 어느 언어보다도 친숙하고 재미있는 언어가 될 것이라고 확신한다. 단언컨대 영문법의 80%는 동사로 인한 것이며, 이미 이전 챕터의 내용에 익숙해진 사람들에게 [**전치사**]의 묘미를 더한다면 기본적으로 90%의 영어는 완성했다고 볼 수 있다.

자, 이제 영어의 절대적인 권위를 가진 [**동사, verb**] 님들과 친해지는 시간이 왔다. 기대하시라!

2. 동사를 가르는 중요한 기준 첫 번째: 상태와 동작

여기부터가 첫 단추인 만큼, 정말 주의 깊게 잘 듣고 스스로 체험하고 시험해 봐야 한다. 영어의 동사의 뜻이 (주어의) **상태**를 표시하는 것인지 **움직임(동작)**을 표현하는 것인지를 구분하는 것부터 시작한다. 먼저 한국어 사전에서 '예쁘다[15]'라는 단어를 찾는다면 이렇게 나온다.

> 예쁘다(발음 [예:쁘다], 형용사)
> 1. 생긴 모양이 아름다워 눈으로 보기에 좋다.
> - 예쁜 여자
> - 얼굴이 예쁘다
> - 옷이 예쁘다. (이하 생략)

형용사를 우리말로 하면 (영어의 기준으로 보기에) 동사인지 형용사인지 쉽게 구분되지 않는다. 형용사의 활용이 (영어에서의) 동사와 매우 헷갈린다. 가령, '예쁜 인형, 예쁜 그림'에서는 형용사로 인식하게 되지만, '인형이 예쁘다, 그림이 예쁘다'라고 하면, '예쁘다'라는 말은 동사가 된다. 왜 그런지 한번 확인해 보자. 이 방법은 학계에서는 인정해 주지 않는 나만의 주장이라는 것을 감안하고 동의하지 않는다면 무시해도 좋다. 그러나 우리말이 '소리글자'라는 점을 인정한다면 100% 무시하기에는 힘들 것이다. 형용사 또는 부사와 함께 쓰여 자연스러운 표현인 단어가 명사인지 동사인지 알면 그 의미와 역할이 더욱 정확해진다.

---

[15] 표준국어대사전

하나, 우리말의 [**형용사**]는 뒤에 나오는 명사와 연결되며 발음하기 쉽도록 대부분(십중팔구)은 'ㄴ(ㄹ)' **받침**으로 끝나게 된다. 열 번 중 한두 번은 "~의"라고 연결되기도 한다. [예: 착한, 나쁜, 예쁜, 못생긴, 큰, 작은, 긴, 짧은, 먹을, 볼, 건질, 나의, 사람의, 대한민국의]

둘, 우리말에서 [**부사**]는 '언제, 어디서, 어떻게, 왜'를 설명해 주는 성분이므로 100개 중에 95개 이상은 **끝소리**가 "에, 서, 게, 로, 이, 히" 등의 '**모음**'으로 끝난다. [예: 7시에, 학교에서, 빠르게, 배고파서, 어제, 모레, 내년에, 미국에서, 열심히, 못 생겨서, 예외: 그토록 빨리 뛰다 (둘 다 부사임), 마음껏 드세요 등]

셋, [**동사**]는 더 이상의 설명이 필요 없다. 이제껏 매 문장마다 나는 '**~다.**' 혹은 '**~까?**'라고 마무리했다. 그 맺음말은 100% 동사다.

넷, [**명사**]는 끝말에 규칙성이 없다. 그냥 **이름**이기 때문이다. [예: 책, 학교, 고구마, 서울, 섬, 자동차, 멕시코 시티, 컴퓨터, 꽃순이, 블라디보스토크, 여자, 할아버지, 학생, 케네디]

우리가 영어를 배우는 목적은 물론 영어를 잘 말하고 쓰기 위함이다. 그러나 한국어(모국어)로 무슨 의미인지 모르면서 영어를 현란하게 사용하는 것이 가능할까? 그런 일은 절대 있을 수 없다. 상당히 많은 사람들이 영어 문장을 하나 읽고선 이렇게 얘기한다. "무슨 뜻인지 (**대충**) 이해했어." 나 역시 예전에는 그렇게 말했다. 그 문장의 진짜 의미가 무엇인지 백 프로 확신이 안 설 때 특히 그렇게 말했다. 그 정도만 하려면 아예 이 책을 덮는 것이 낫다. 그 정도는 스마트폰만 있어도 충분히 가능하니, 단어만 나열식으로 외우면 된다. 우리가 지금 하려는 것은 정확히 (표현 방식의 차이는 있을지라도) 한국어로 어떤 뜻인지 말하고 쓸 수 있는 상태로 영어를 이해하고 표현하기 위한 훈련이다.

그러므로 영어를 이해하려면 각 단어의 종류(적어도 4개의 품사)별로 우리말에 해당하는 끝소리를 반드시 적용해서 풀어야 한다. 즉, '예쁘다'는 '예쁘게 되다' 또는 '예쁘게 하다'라는 행동이 아니라 '**예쁜**(형용사) **상태**'라는 말로 이해해야 한다. 이와 비슷한 예로는 '착한, 나쁜, 큰, 귀여운, 잘난, 똑똑한' 이런 유형의 모든 형용사가 해당된다.

따라서 [**동사**]는 **상태** 또는 **행동**, 이 둘 중 하나를 나타내는 단어여야 하며, 영어에서 이 둘을 대표하는 동사가 바로 Be와 Do이다. 보통은 [be동사, 상태동사, '이다'동사]가 모두 같은 것을 지칭한다. [do동사, 동작동사, '하다'동사] 역시 같은 개념이다. 표를 보며 이해해 보자.

구분	명칭과 뜻	구성 요소	단어 수	특징
1	Be/상태/이다	시간+동작(한 몸)	6~9개[16]	더 이상 없음
2	Do/동작/하다	시간+동작 (두 덩어리)	10만 개(?)	더 늘어나거나 줄어들 수도 있음

1번과 2번의 차이가 좀 심하다. 그러나 자세히 보면 어느 정도 짐작되는 부분이 있다. 즉, 1번은 단어 수가 적은 대신 개별적으로 하는 일들이 많을 것이며 2번은 단어의 수가 많은 대신 개별적으로는 하는 일들이 많지 않을 것 같다. 또 1번에는 동작(움직임) 관련 뜻이 없기 때문에 시간과 동작이 한 몸이 되어(한 단어로) 사용됨을 유추할 수 있다. 그 세부 내용들을 살펴보자.

1) 시간 개념에 따른 Be/상태/이다 동사의 변화

수*	인칭*	주어(대명사)	과거(였다)	현재(이다)	미래(일 것이다)
단수	1	I(나)	was	am	will be
	2	you(너)	were	are	will be
	3	she/he/it(그녀/그/그것)	was	is	will be
복수	1	we(우리들)	were	are	will be
	2	you(너희들)	were	are	will be
	3	they(그들)	were	are	will be

위의 표를 아무 설명 없이 제시하면 영어를 접해 보지 않은 사람들은 당혹스러울 수 있다. 수와 인칭의 개념이 그것들이다. 인칭이란 '어떤 동작의 주체가 말하는 이, 말을 듣는 이, 혹은 제삼자 중 누구인가를 구별하는 말'이다. 즉, 행동(말)을 하는 자기 자신을 가리키는 것을 1인칭, 듣는 사람을 2인칭, 그 외의 대상을 3인칭이라고 하며, 혼자일 때와 여럿일 때를 구분 짓는다. 영어에서는 뭐든 수(숫자)와 관련된 부분을 주의 깊게 기억해야 한다. 그것이 영어의 중요한 특징 중의 하나이기 때문이다.

---

16) * 24쪽 정답: (A) 형용사 (B) 절(節)
바로 다음 상태동사 변화표를 보면 총 6개라고 할 수도 있고, 중복되는 것도 포함하여 9개까지 인정하는 경우도 있다.

모든 주어는 당연히 명사여야 하며, 어떤 인칭이든 그 명사를 대표(대신)하는 단어로 대체할 수 있는데, 그것을 대명사(代名詞)라고 부른다. 특히 위 표에 나온 I, you, she, he, it, we, you, they를 [**인칭(사람을 칭하는)대명사**]라고 부른다. 한국어의 뜻을 보면 조금 더 쉽게 이해가 될 것이다.

중복되는 부분을 피해 최소한의 단어들만 골라 보면 분홍색으로 표시된 6개가 첫 번째 그룹에 속하는 동사들이고, 그 내용은 현대영어에서 변함없이 유지되고 있다. 50년 전에도 이 단어들을 그대로 배웠고, 실제로 영미권, 아니 전 세계에서 아직도 이렇게 사용하고 있다.

2) 시간 개념에 따른 Do/동작/하다 동사의 변화

[**상태동사**]들은 시간과 동작의 개념이 한 몸으로 되어 있다. 즉, 한 단어에 다 표시되는 시스템이다. 그러나 [**동작동사**]는 그게 아니다. 우선 영어 사전에 수록된 단어를 기본으로 추정되는 동사의 개수만 해도 대략 36,000 ~100,000개[17]가량이라고 한다. 그렇다면 그 정도의 동사들을 [**상태동사**(be동사)]들처럼 수/인칭/세 가지 기본 시간 개념(과거/현재/미래), 이 세 개를 모두 대입한다면 도대체 몇만 개의 동사 단어를 기억해야 한다는 것인가? 원어민의 입장에서도 말도 안 되는 일이다. 당연히 뭔가 장치를 해 두어 최대한 편의를 제공해야 하지 않을까? 그렇기 때문에 일부러 시간과 동작의 개념을 분리했다고 추정한다.

시간 부분   동작 부분
(과거/현재/미래 3가지 중 선택) + (수천수만 가지 동작 중에 선택)

만약 위와 같이 두 부분으로 나누어 이중 대표가 될 만한 장치를 만든다면 당신은 **시간과 동작** 중에 어느 곳에 그러한 장치를 만들어 놓겠는가? 가능성이 높은 것은 당연히 '**시간**' 쪽이다. 그래서 영어권에서는 이것을 대표하는 'do[18]'라는 것을 활용하였다. do는 그대로 놔두어도 대표되는 뜻이 '**하다**'이다. [예: do homework, 숙제하다]

그리고 이 친구에게 시간 개념에 따라 변하는 모습을 아래와 같이 정해 주었다.

---

17) http://www.spanishdict.com/answers/191980/how-many-english-verbs-do-we-have에서 언급하는 영어 사전은 OED(Oxford English Dictionary)이다.
18) 시간의 개념을 표시해 주는 이 대표 동사는 '하다'라는 뜻을 가진 보통의 'do'라는 동사와는 근본적으로 다르다. 시간 개념에서는 굳이 '하다'라고 해석하지 않는 것이 수고를 덜어 준다. 생략되어 사용하지 않는 경우가 많기 때문이다. 이 경우 '조(보조해 주는)동사'라는 이름으로 이해하는 것이 좋다.

시제	시간의 변화[19]	동작동사	부연 설명	활용 예시
과거	did	play	did 생략 가능	① did play = played
현재	do/does[20]	play	do 생략 가능	② do play = play
미래	will	play	will 생략 불가	③ will play

이와 같은 개념은 수천수만 개의 [동작동사]에 모두 일괄적으로 적용되는 내용이다. 혹시 부연 설명이 더 필요한가?

(1) did play와 played의 차이

상식적으로 생각해 봐도 두 단어로 쓰는 것보다 단어 뒤에 '-ed'를 붙이는 것이 더 편리하다. 그렇기 때문에 일반적으로 '~했다'는 의도로 동사를 사용할 때는 '-ed'의 형태로 더 활용을 많이 한다. 귀찮게 두 단어를 쓸 이유가 없다. did를 생략하는 대신 [(이)드]라는 발음이 들리도록 (그래야 과거의 행동이라는 의미가 전달되니까) 동작동사의 원래 모습에 -(e)d[21]를 추가한다. 그런데 여기서 주의해야 할 점이 있다. 동사의 개수가 워낙 많다 보니, 좀 튀어 보이는 동사들이 하나둘 생겨났고, 숫자가 거의 300개에 이르렀다. 그리고 이 단어들은 유난히도 일상생활에 많이 활용된다. 적어도 3만 개에 이르는 동작동사들 가운데 300개의 동사를 외워야 한다면, 아니 그중에서 항상 많이 사용하는 100개 정도의 동사를 기억해야 한다면, 당신은 외울 의사가 있겠는가? (없다고 한다면, 그냥 외우지 말고 살면 된다. 어차피 너무 많이 나올 것이므로, 자기도 모르게 외워질 테니.)

그럼에도 불구하고 원래 모습인 did+ 동작동사 를 써야 하는 경우가 있는데, **동작을 강조**하는 경우에는 말할 때 did를 강하게 발음한다. [예: I did study all day! 난 정말로 하루 종

---

19) 이 자리에 오는 친구들이 또 그룹을 이룬다. 이들의 역할은 '동사'가 '~했다/한다/할 것이다'로만 마무리 지어지지 않게 해 준다. 가령 '**~해야/~할 수/~해도 된/~할지도 모른/~하곤 했**'이라는 뜻을 동사의 끝 '~다' 앞에 넣어 동작에 약간의 변화를 주는 식이다. 이런 친구들을 통칭해서 [**조동사 (助動詞)**]라고 하는데 ① 동사 앞에 와서 동사의 시간을 정해 주고, 그 동작을 하지 '않았다/않는다/않을 것이다'라는 뜻을 나타내는 ② 'not'을 데리고 다니며, 물어보는 말을 할 때 주어 앞으로 자리를 옮겨 '이 문장은 ③ 질문하는 내용이다'라는 것을 제일 먼저 알려 주는 역할도 한다. 따라서 이 조동사를 활용하는 경우에는 위의 예시처럼 ④실제 동작동사는 모습을 바꾸지 않고 나와야 한다(어려운 말로 동사의 원형(原形)이라고 함). 우리말로 문장이 어떻게 끝나느냐가 다양하듯이, 영어에도 참 다양하게 많이 쓰이지만, 이렇게 많이 활용하다 보니 원천적으로 어려움을 느껴야 할 대상은 절대 아니다. (이 분홍색 네 개의 내용이 우리가 기억해야 할 조동사의 활용 원칙 전부이다!)

20) 현재의 동작에서 시간을 대신하는 조동사 중에 **does**를 쓰는 경우가 있는데, 3인칭 단수(앞 페이지의 주어/수/인칭 참조)가 〈**주어**〉일 때 그 경우다. 따라서 does를 생략하고자 한다면, **does go = goes, does eat = eats, does have = has** 이런 식으로 변형을 해야 한다. 다른 인칭에는 적용되지 않으므로, 그냥 이것만 해도 다행이라 생각하자. 어떤 외국어는 모든 인칭과 수에 다 변화가 적용되는 경우도 있으니.

21) 영어 [**동사**]에는 유난히 e로 끝나는 단어가 많다. 따라서 과거형의 압축(did+동사=동사ed) 형태로 전환할 때, e로 끝나는 동사에는 d만 붙이면 된다는 의미이다.

일 공부를 했단 말이에요!] 또 '동작을 하지 않았다'는 뜻으로 not을 추가할 때에도 did를 **반드시 사용해야 한다.** [예: I did not(=didn't) study.]

동작동사의 두 그룹: 예시

불규칙동사(총 300개 미만)				규칙동사(총 3만 개 이상)			
현재	과거(2가지 모두 사용 가능)			현재	과거(2가지 모두 사용 가능)		
eat	ate	=	did eat	ask	asked	=	did ask
drink	drank	=	did drink	call	called	=	did call
go	went	=	did go	dream	dreamed	=	did dream
meet	met	=	did meet	learn	learned	=	did learn
sing	sang	=	did sing	look	looked	=	didi look
sleep	slept	=	did sleep	play	played	=	did play
speak	spoke	=	did speak	study	studied	=	did study
read	read	=	did read	walk	walked	=	did walk

왜 과거형은 두 종류를 다 사용할 수 있다는 건지 헷갈릴 수도 있다. 간단하게 한 단어로 말하고 싶다면 이렇게 활용하면 된다.

I drank water. (나는 물을 마셨다.) = I did drink water.

그러나 "나는 물을 마시지 않았다."라고 표현하는 것은 "I did not(=didn't) drink water."라는 한 가지 방법밖에는 없다. 마찬가지로 "I played tennis(나는 테니스를 쳤습니다)."는 "I did play tennis."가 되며, "나는 테니스를 치지 않았다."라고 표현하는 것은 "I did not(=didn't) play tennis."라는 한 가지 방법밖에는 없다.

(2) do play와 play의 차이

조금 민감한 사람이라면, 이 내용이 1번의 내용과 같은 개념으로 설명된다는 것을 금방 눈치 챘을 것이다. 즉, 일반적으로 do를 생략하고 사용할지라도 동작을 강조하고 싶거나, '안 한다'는 뜻을 표현하고 싶을 때는 'do'를 살려야 한다.

I drink water everyday(나는 매일 물을 마신다). = I do drink water everyday.

I do not(=don't) drink water.

---

22) 아무래도 일상생활에 많이 활용되는 동사들이므로 모든 영어 사전의 후반부에 실려 있으니 꼭 참조하기 바란다.

(3) will play의 차이

미래에 할 행동에 대해 will(~할 것이다)을 사용하지 않고 달리 표현할 방법은 없다. 또한 줄여서 쓸 방법도 없다. 다만, will[23] 뒤에는 반드시 현재형(본래 동사의 모습)을 그대로 변형 없이 사용해야만 한다. 또한 '~하지 않을 것이다'는 아래의 표현밖에 없다.

I will not(=won't, 축약형) play tennis(나는 테니스를 치지 않을 것입니다).

3. 동사를 가르는 중요한 기준 두 번째, 동작을 하는 주체(주어)와 그 대상(목적어)과의 관계

1) 목적어가 항상 등장하는 것은 아니다! (하지만 대단히 자주 등장하는 편이다.)

동사를 가르는 첫 번째 기준에 대해 완전히 이해했다면, 이제부터 두 번째 기준에 대한 설명에 귀 기울이기 바란다. 반대로 여태까지의 내용이 이해되지 않는다면, 두 번째가 궁금하더라도 아직 접근하지 말기를 부탁드린다. 헷갈리는 개념이 나와서 혼란스러울 수 있기 때문이다.

이 부분은 동작동사에 관한 설명이다. 처음부터 나는 **주어+동사+목적어(S+V+O)**가 영어 문장의 전형적인 패턴이라고 주장했다. 하지만 분명한 것은 여기서 세 번째 자리에 (정확히는) **[명사]**가 항상, 언제나, 100% 나오는 것이 아니면서, 너무나 자주 우리에게 어려움을 주는 대상이 된다. 다음의 예를 보자.

	한국어 표현	영어(식) 표현	동사 (3단현[24])	동사의 뜻	부족한 단어
1	철수는 학교에 간다.	철수는 간다 학교에	go (goes)	가다	~에(으로)+학교
2	철수는 잠을 잔다.	철수는 잔다 잠을	sleep (sleeps)	잠자다	없음
3	철수는 공부를 한다.	철수는 한다 공부를	study (studies)	공부하다*	없음
4	철수는 가방을 산다.	철수는 산다 가방을	buy (buys)	~를 사다	가방

---

[23] 이렇게 시간(시제)를 나타내는 자리에 위치한 동사들을 통틀어 [**조동사(助動詞)**]라고 부른다. 동사를 보조해 주는 역할을 한다는 뜻이다. 이들의 특징은 not을 바로 데리고 다닌다는 것과 그 뒤에 오는 동사(동작/상태)들이 모두 본래 모습을 하고 따라와야 한다. 지금까지 나온 **did, do, will**이 모두 이러한 성질을 가지고 있다.

[24] 3단현: 3인칭 단수 주어(he, she, it)의 현재형 동사

1번의 부족한 단어를 보면서 ~에(으로)에 해당하는 단어가 (전치사) to라는 것을 아는 사람만 계속 읽기 바란다. 또한 학교에 해당하는 단어가 school이라는 것도 알아야 한다. 그래서 영어로 문장을 완성했을 때 "철수 goes to school."이라고 말할 수 있다면 충분하다.

2번은 우리말로 비록 '잠을' 잔다고 표현했지만, sleep(이라는 동사)의 뜻이 '잠자다'이므로 "철수 sleeps."라고 말해야 한다는 것에 동의한다면 충분하다.

3번은 2번과 비슷하게 우리말로 '공부를' 한다는 표현이 영어로는 '공부하다'라는 동사 하나만 사용해도 충분하므로, "철수 studies."라고 하는 것이 옳다고 생각하면 충분하다. 그런데 여기서 추가로 '~를 공부하다'라는 뜻도 있기 때문에(그래서 공부하다에 별*을 단 것임), 그 뒤에 "철수 studies English."라고 단어(명사) 하나를 추가하여, "철수는 영어 공부를 한다."라고 우리말로 해석될 수 있다는 것까지 이해한다면 충분하다.

4번, 영어 동사 buy의 뜻이 '~를 사다'라는 뜻이므로 "철수 buys 가방."이라고만 하면 문장이 완성된다. '가방'은 영어로 'a bag'이라는 것을 이해한다면 더할 나위 없이 완벽하다.

이제부터는 영어로 정확히 표현하기 위해 한국어를 어떻게 풀어서 생각해야 하는지 살펴보자.

	한국어 표현	한국어 풀어쓰기	바른 영어 표현(3단현)
1	철수는 학교에 간다.	철수는 간다 ~에/학교	Chulsoo goes to school.
2	철수는 잠을 잔다.	철수는 잠잔다	Chulsoo sleeps.
3	철수는 공부를 한다.	철수는 공부한다	Chulsoo studies.
4	철수는 가방을 산다.	철수는 ~를 산다 가방	Chulsoo buys a bag.

위처럼 각기 다른 뜻의 동사들이 문장에서 활용되는 것을 보면서, 여러분은 고민해 볼 필요가 있다. 과연 내가 여태 말했던 '주어+동사+목적어'의 영어 패턴이 세 번째 목적어 자리에서 어떻게 달리 나타나는지를. 그 비밀은 모두 그 동사의 뜻(우리가 전달하고자 하는 의미)에 있다. 1번의 '가다'라는 동사는 기본형이 '가다'이다. 이것을 '~를 가다'라는 말로 표현하기에는 너무 엉뚱하다. 대개는 '어디에 간다'(가끔 우리말로 '어디를 간다'라고 표현하기도 하지만 영어식으로는 권장하지 않는 표현법이다.[25])로 말하는 것이 자연스럽다. 따라서 go라는 동사를 쓸 때는 '~로/에'에 해당하는 단어를 사용하는 것이 더 자연스럽다. "아니야, 난 더 간단히 얘기할 거

---

25) 우리말의 정확한 표현법은 국립국어원이 협력한 '한국어 맞춤법/문법 검사기'를 참고하면 된다. http://speller.cs.pusan.ac.kr/

야!"라며 'I go school.'이라고만 한다면, 뭐 굳이 말리진 않겠다. "나는 학교 갑니다."라는 우리말의 표현이 전혀 어색하진 않으니…. 그러나 어찌리, 영어에서는 어색하다는 느낌에 더 보태어 '틀린 표현(특히 시험에서)'이라고 규정짓는다.

2번의 경우 '**자다, 잠자다**'라는 뜻의 동사는 주어가 혼자 하는 행동임에 틀림없다. '~를 자다'라는 말이 성립되기에는 너무 어색하다. 그러니 이때는 〈**주어**+**동사**+(목적어 없이)언제, 어디서, 어떻게, 왜(이 네 가지 중 취사선택, 물론 아무것도 선택하지 않더라도 말하는 사람 마음대로다.)〉라는 패턴이 성립한다. 그런데 만약 〈**주어**(A)+sleeps+**목적어**(B)〉라는 문장을 만들어 낸다면, sleep은 〈**주어**〉가 그냥 잔다는 뜻이 아니라, '주어는 ~목적어(특정 수의 사람)가 잠을 **자도록 해 주다/그런 공간을 제공해 주다**[26]'라는 의미로 해석된다. 즉, 〈목적어〉가 있을 때와 없을 때 각각 조금은 다른 뜻으로 활용되어야 한다는 말이다.

3번의 경우도 비슷하다. '주어가 공부를 한다'는 '주어+study(studies).'라면 충분하다. 그냥 '**공부하다**'라는 뜻이다. 그런데 동사 뒤에 명사를 하나 써 준다면, '**~를 공부하다**'라는 거의 99% 같은 뜻으로 활용된다.

4번의 경우도 역시 '(그냥) 사다'이다. 그런데 뒤에 아무것도 말하지 않고 그냥 '산다'고만 하면 조금 부족하긴 하다. 그래서 무슨 물건이든 산다는 가정을 하자. 'I buy a bag.' 이때 buy는 '~를 사다'라는 뜻으로 해석해 줘야 한다. 그렇다면, 이 경우, 당신은 어떻게 해석할 것인가? buy A(명사) B(명사), 즉 'I buy you a bag.' (나/~를 산다/당신/가방 하나) 대단히 어색하다. 그러나 **나**와 **당신**과 **가방**의 관계를 곰곰이 생각해 보자. '**사다**'라는 동작은 내가 한 것임이 분명하다. 영어로는 전혀 어색하지 않은 문장이 한국어로 번역했을 때 어색해지는 이유는 한국어의 '**조사**' 때문이다. 영어에는 조사가 없으니, 영어로 소통할 때 어색할 이유가 하나도 없다. '나는/사 준다/**당신에게**/가방 하나를 → 나는 당신에게 가방 하나를 사 준다.' 이렇게 바꾸어 보니 말이 자연스럽다. 그렇다면 당신은 혹시 다른 동사도 상황에 따라 뜻이 어떻게 변화되며 이를 한국어로 받아들일 수 있을지 도전할 의사가 있는가?[27]

---

26) 예: The hotel room sleeps a maximum of four adults. (그 호텔 방은 최대 네 명의 성인이 잠을 잘 수 있다.)
27) 물론 무조건 '도전'하기보다는 가장 확실한 방법으로 '사전'의 도움을 받는 것을 권장한다.

결론적으로 말하면 영어에서 **동작동사**는 시간을 표시해 주는 보조 기수(旗手)를 항상 앞에 두고 길을 안내하도록 하며, 경우에 따라서는 간단하게 합체를 하거나, 생략하기도 한다. 하지만 각 **동작동사**의 한국어 뜻은 '~하다'인데, 동사 뒤에 무엇이 나오냐(혹은 나와야 하느냐)에 따라 '**~를** ~**한다**'라는 식으로 바꾸어 해석해야 자연스럽다. 각각의 동사가 어떤 뜻으로 풀이되어야 정확하며 문장 안에서 어떤 역할로 해석하는 것이 좋을지 사전을 통해 알아보기를 추천한다. 모든 **동작동사**들이 목적어가 있을 때도 있고 없을 때도 있기 때문에, 동사에 대해 효과적으로 알려면 활용 예를 많이 써 보고 기억하는 방법밖에 없다. 이때 동사의 뜻을 알고 〈주어〉와 〈동사〉의 관계가 어떤 상황에 처해 있다는 것을 직시한다면, 동사 뒤에 따라 나와야 할 만한 단어를 유추하는 것은 '**영어 실력**'이 아니라, 그냥 인간의 **인지능력**과 **모국어**의 **어휘** 수준이 좌우한다.[28]

예를 들어 다음과 같은 경우를 보자.

The train **had been travel**ling from Guwahati to Silchar.

모든 문장에서의 포인트는 동작 부분의 의미를 걸러 내는 것이다. 복잡한 부분을 생각하지 않더라도 travel(여행, 운행하다)라는 의미를 걸러 내면, 주어가 train(기차)인 이상 동사 뒤에 나올 말들이 '**~에서 ~까지**' 기차가 운행한다는 말이라고 유추해 내는 것은 굳이 영어를 잘하지 않더라도 가능하다.
여기서 왜 '동작(동사)'이라는 말 대신 동작 부분의 의미라고 했는지 궁금해하는 독자는 없겠지만, 노파심에서 추가 설명을 하자면, 우리가 흔히 범하는 오류 중의 하나가 동작 부분의 의미에 신경 쓴 나머지 실제 동사를 구분하는 것에 대단히 어려움을 겪는다는 점이다. 위의 예문을 가지고 설명하겠으니 주의해서 읽어 주시기 바란다.

1. 영어 문장에서 주어가 하는 실제 행동은 딱 **한 가지**이다. "나는 빵을 먹**고** 우유를 마셨다."와 같이 연결고리 (and, but, or, then과 같은)가 들어간 경우를 제외하고.
2. 그 단 한 개의 동사는 **상태(be)/동작(do)** 둘 중 하나이다.
3. 그들 앞에 동사처럼 보이는 것들의 정체는 〈조동사〉이며, 〈본동사〉와 구분하여 '**~다**' 바로 앞에 동작을 더욱 구체적(주로 시제 또는 주어의 입장과 관련지어)으로 변형해 주는 역할을 한다.

---

[28] 이 부분을 어렵게 설명하면 영어의 **자동사**와 **타동사**의 차이를 설명하고 있다고 보면 된다. 영어의 동사를 기준으로 뒤에 나오는 목적어의 종류와 활용 스타일을 나누어 설명하는 문법이 바로 '문장의 형식'이라는 것이고, (그나마 다행이라면) 영어 문장에는 5가지의 형식이 있다고 한다. 그리고 이것은 내가 아는 한 실제 영미권에서는 활용하지 않는 방법이다. 우리나라 사람들이 그 형식을 알아야만 한다고 생각하지는 않는다. (특히나 시험에서는 절대 문장 형식을 직접적으로 물어보는 문제는 안 나온다!) 그 형식이란 〈**동사**〉가 바로 뒤에 어떤 단어를 필요로 하는 '의미'를 지녔는지를 판단하는 것이 훨씬 더 중요하다. 이에 대해 나는 '문장의 형식'은 과감히 생략되어야 할 문법이라는 주장을 지속적으로 펼치고 있다.

따라서 위의 동사 부분을 파헤쳐 보면 had는 **조동사**, been은 **본동사**, travelling은 been이 상태동사이기 때문에 '~한 상태'를 나타내 주는 추가 설명 역할을 하는 (생김새에서 느끼는가? 뒤에서 더 자세히 설명되겠지만, 형용사 역할을 하는) **현재분사**이다.

had: 과거의 시점에서 (그보다 더 이전인) 과거의 어떤 행동을 쭉 해 왔거나, 해 본 적이 있다는 의미를 부여해 준다. 우리말의 해석은 '~해 왔었' 정도가 되겠다. 특이한 점은 이 뒤에 오는 동사는 '원형동사'가 아니고 '과거분사'라는 애들이다 (**22번** 주석에서의 예외로서 have/has/had가 있다.) 따라서 이 뒤에 상태동사가 온다면, 인칭 불문하고 am/are/is/was/were 이런 애들이 모두 been으로 통일되어 나타난다.

been: 상태동사 be의 과거분사형으로 그냥 이 한 가지이다. (정말 다행이다!) 뜻은 당연히 '~(상태)이(다.)' (주의: [과거분사], [현재분사는 동사가 아니라는 점. 따라서 been 혼자서는 '다.'로 문장을 마무리하는 능력은 없다. 당연히 앞의 had(have, has도 마찬가지로 영어에서 많이 눈에 띈다.)와 뒤에 따라 나올 [분사]와 함께 활용되어야 [동사]의 의미가 완성된다.

travelling: 위에서 설명한 대로 현재분사(형용사) 뜻은 당연히 여행하는/운행하는'

즉, 전체 뜻은 '운행해 왔던 상태이다=운행해 왔었다'라는 식으로 해석해야 한다.

영어를 아주 잘하는 사람들은 내 설명이 없이도 "그 기차는 ~에서 ~까지 운행해 왔었다."라는 해석이 바로 가능하겠지만, 초급자들은 이해하는 데 조금 시간이 걸릴 것이다. 그럼에도 '**상태동사**'를 원시적으로 해석하는 이유는 위와 같은 조동사를 사용하여 한국어를 영어로 번역할 때, '**상태동사**'를 자주 잊기 때문이다. 한국어는 상태동사 없이 형용사가 바로 동사 역할을 하는 **관형서술어**'를 사용하고 있기 때문이다. 즉, '예쁘다, 즐겁다, 크다, 화나다 등등'의 표현은 우리말에서는 동사처럼 느껴지지만('~다' 어미 때문), 영어에서는 **상태동사+형용사**의 형식으로 표현되어야 하기에 한국 사람들이 **be동사**에 대한 감각이 민감하지 못한 것이 근본적인 원인이다.

동사의 뜻에 대해 기억하기 좋은 예시 - look

look은 대표적으로 목적어를 바로 데려오기 힘든 동사[29]다. 즉 뜻이 '~을 보다'가 될 수 없다. 그냥 '보다'이다. 만약 목적어 자리에 〈**보어**〉(명사/형용사 등)가 나온다면 '(~처럼, ~한 상태로) 보이다'라는 뜻이지, '~를 본다'라고는 하지 않는다. 그러나 일상생활에서 많이 사용하는 '보다'라는 말은 사실 '(**무엇/누구**)를 **보다**'라는 말이어야 한다.

따라서 'I look you'를 '나는 너를 본다'로 해석할 수 없다. '를'은 you에 붙어 있는 말이 아니라, 동사인 look에서 나와져야 하는 성분이다. 그러니, 어쩔 수 없이 바라보는 대상을 향해 마치 **학교에(로)** = to school라고 하듯이 어떠한 장치를 덧붙여 주어야 한다.
영어권에서는 이때 'at'을 쓰기로 약속했다. 그래서 '~를 보다'라는 의미를 전달하려면 look at을 사용해야 한다. look for라면 ~를 찾다, look into라면 ~안을 들여다보다(즉, 조사하다), look after라면 ~뒤를 보다(즉, ~를 보살피다), look around는 ~주위를 둘러보다(두리번거리다) 등등으로 해석될 수 있다. 대신 '나는 너를 본다'('~를 보다'라는 의미의 동사)의 다른 표현으로는 "I see you."라고 표현한다.

물론 look과 see의 어감 차이가 있는 것도 사실이지만, 외국인으로서 그 차이를 금방 익히기는 어렵다. 설명하자면 see는 보이니까 '보는 것'이라는 느낌이고, look은 일부러 봐야 하는 상황에서의 '보다'의 의미이다. 〈아바타〉라는 영화에서 나비족의 "I see you."라는 대사가 지구인의 "I love/respect you."에 해당한다고 말하는 장면이 나온다. 언어(영어) 활용에서 고려하는 사안은 문법이나 구조 등등 이러저러한 것들이 많지만, 언어의 아름다움, 활용의 극치를 보여 주는 중요한 한 가지는 **운율**(우리가 흔히 들어서 잘 아는 라임(rhyme) 그리고 글자 수에 관한 법칙)이다. 영어권 사람들은 물론 영어가 모국어가 아닌 전 세계 사람들이 다 아는 "I LOVE YOU."(세 단어)라는 말과 유사한 느낌을 주는데, "I SEE YOU."(세 단어)라고 하지 않고 "I LOOK AT YOU."(네 단어)라고 했다고 상상해 보자. 뭔가 부드럽다는 느낌이 들지 않는다. 또한 방금 전의 설명과 연관 짓는다면, "I SEE YOU."는 '일부러 당신을 (사랑/존경하고자) 본다'는 느낌보다는 '자연적(본능적)으로 당신을 (사랑/존경하니까) 본다'는 느낌이 든다. (나만의 개성 있는/개인적인 해석입니다.)

중급으로 가면 자연스럽게 동사구(動詞句=구동사)에 관한 설명이 나온다. 동사가 혼자서 의미를 다 전달할 능력이 안 되기 때문에 전치사의 힘을 빌려 그 역할을 다하는 경우이다. '동사+전치사=(단어가 두 개 이상은 되니) 구'라는 이름을 가지고 있으며, 어마어마하게 활용이 많이 된다.

---

29) 즉, [**자동사**]라는 말이다. 특히 look과 같이 읽기 쉽고 짧은 동사는 일상에서 매우 자주 활용되는 유용한 동사이다. 예시로는 You look happy/busy/sad/tired 등등 무수히 많다. 그러나 태생적으로 [**타동사**]가 되지 못하는 이 유용한 동사를 영어권에서는 '진심으로' 활용하기 위해 'I go to school.'에서처럼 [**전치사**]라는 장치를 뒤에 붙여서 한 단어였던 [**동사**]를 두 단어 이상(=구)의 구조로 확장하였다. 이것이 [**동사구=구동사**]의 탄생이며, 이를 잘 활용하는 것이 영어 실력을 좌우하기도 한다. 좀 더 깊이 생각하면 go와 go to 사이에 동사의 의미는 차이가 없지만, look과 look at/into/after/around 등등 사이에는 의미적인 차이가 분명히 있다. '보이다 → (들여다/돌/둘러)보다'와 같이 원래 동사의 의미에서 미묘한 액션의 다양함으로 발전하는 중요한 역할을 영어의 [**전치사**]가 담당하고 있다. 따라서 우리에게 중요한 단어는 '형/명, 부/동, 전' 이 다섯까지임을 명심하자!

2) 목적어의 유무를 가리는 것은 동작동사 본연의 능력!

태생적으로 영어의 [**동사**]는 '상태' 또는 '동작' 중 어느 한쪽의 의미를 가지는 것으로 나뉘고, 이중 '동작'을 표현하는 동사가 훨씬 더 다양하다는 것을 우리는 알았다. 그 [**동작동사**] 중 뒤에 〈**목적어**〉를 필요로 하지 않는 동사를 '자동사(自動詞)'라고 부른다. 〈**주어**〉가 그 '행동을 스스로(自)하는 것'에 그친다는 의미이다. 대조적으로 〈**목적어**〉를 바로 데려올 수 있는 동사를 '타동사(他動詞, 여기서 他는 자신이 아닌 다른 상대를 의미한다.)'라고 한다. 이런 용어의 사용을 자제하는 이유는 너무 많은 '문법 용어'들이 우리나라 학생들에게 부담을 주기 때문이다. 다음의 예문을 통해 목적어가 있는 동사와 없는 동사의 의미를 되새겨 보도록 하자.

(1) 목적어가 없는 동사

You look happy. (너 행복해 보여.)
Look, there's a dragonfly on her head. (봐, 그녀의 머리 위에 잠자리가 한 마리 있네.)
I see. (나는 본다 → 보았으니 이해한다 → 알겠어요.)
The book reads well. (그 책은 잘 읽힌다 → 그 책은 이해하기 쉽다.)
She smiled. (그녀가 웃었다.)
The sun rises. (태양이 떠오른다.)

(2) 목적어가 있는 동사

I see you. (나는 너를 본다.)
I see you later. (내가 나중에 너를 본다 → 나중에 봐~)
She reads a book. (그녀는 책을 한 권* 읽는다.)
They built a house. (그들이 집을 한 채* 지었다.)

* a에 대해 우리 말의 표현에서 매우 관대하여 특히 일상생활에서는 종종 생략하는 경우가 있지만, 영어에서는 매우 엄격하다. 이를 극복하는 것은 거의 불가능하니, CHAPTER 8(명사 총정리)를 반드시 참조하자.

(3) 둘 다 가능한 동사

위 예문에서와 같이 'read'와 'see'는 자동사와 타동사로 모두 사용될 수 있다. 단, 우리말로 그 의미를 받아들일 때 처음부터 '**의식적으로**' 받아들이는 것이 장기적으로 영어를 잘하는 방법의 하나라고 조언한다. 나는 '언어 습득(활용함으로써 익히고 체득)'이 인간 본연의 태생적인 기능이라고 믿기 때문에 영어에서조차도 '**단어 암기를 통한 학습**'을 적극 반대한다. 따라서 위 (1)번과 (2)번의 예문처럼 우리말로 '이해'하는 것이 우선이고, 그 문장을 자주 활용하는 것이 최고의 영어 학습법이라고 생각한다. 영어로 받아들이기가 쉽다면 영어 문장을 자주 활용해 보면 되고, 그것이 어렵다면 한국어로 (친구에게) '너 행복해 보여.'라고 여러 번 말해 보라. 이때 '보여'에 해당하는 영어 단어가 '**look**'이라는 것만 기억해 두면 절반은 성공했다고 믿는다. 이후 'You look sad/pretty/energetic/great/good/fantastic/upset/tired…' 등등의 여러 단어[30]를 바꾸면서 활용할 수 있는 단계가 우리의 최종 목표이다.

3) 깊이 들어가 보니 [동사]가 너무 어렵다.

나도 그 점이 매우 유감이다. 다음의 세 문장(우리나라 고등학생 대상으로 높은 수준의 단어들로 이루어진 한 단락)을 예문으로 제시해본다. 나는 여러분들이 이 정도 수준으로 이 단락을 바라볼 수 있기를 희망한다.

① **When** traveling abroad, one **must** always **be vigilant** about potential cultural misunderstandings. ② For instance, **while** tipping is customary in the United States, it **can be considered** rude in some Asian countries. ③ Moreover, travelers **should be aware** of different social norms, **such as** the appropriate way to greet someone or how to properly express gratitude in various languages.

---

[30] 여기에 제시한 단어들은 모두 형용사면서 우리말로 표현할 때는 '부사 어미'로 해석된다. '슬프게/예쁘게/에너지가 넘치게/멋있게/좋게/환상적으로/화나/피곤해…'로 바꿔 볼 수 있다. 이는 이 형용사들이 주어 you의 상태를 설명하는 〈보어〉 역할을 하기 때문이다. 한국어 해석에서 **부사**처럼 느껴질 수 있지만, 영어 문법 구조에서는 분명히 형용사이다. 이는 look은 주어의 상태나 성질을 설명하기 위한 의미를 갖고 있기 때문이다. 유사한 [**동사**]들은 다음과 같다. feel(I feel cold.)/sound(That sounds interesting.)/smell (The flowers smell nice.)/taste(The soup tastes delicious.)/seem(He seems tired.)/appear(She appears happy.)/become(He became angry.)/get(She got sick.)/grow(He grew old.)/stay(She stayed calm.)/turn (The sky turned dark.)

(1) 1단계: 주어의 동사 찾기 (분홍색 단어들)
① 주어 must be ~
② 주어 can be ~
③ 주어 should be ~

(2) 2단계: (쉼표로) 분리된 절/구(모두 부사 역할)를 이끄는 접속사(연결고리)의 의미 이해하기
① when ~ : ~ 할 때,
② while ~ : ~ 하는 반면(하지만)/~ 하는 동안,
③ such as ~ : 가령 ~처럼,

(3) 3단계: 뼈대(문장구조)를 잡은 후, 의미를 아는 단어가 있는지 파악하기
① abroad(국외)를 traveling(여행)할 때, one(사람)은 <u>potential</u> cultural(문화적인) misunderstandings(오해)에 대해 항상 <u>vigilant</u>(한 상태)여야 한다.
② 가령, tipping(팁 주는 것)은 US(미국)에서는 customary(관습)이지만, 그것(tipping)은 some Asian countries(몇몇 아시아 국가)에서는 rude(무례한)라고 considered(고려/생각)될 수 있다.
③ 게다가, travelers(여행자들)는 different social(다른 사회적) <u>norms</u>를 aware(주의)해야 한다, 가령 someone(누군가)을 greet(인사)하는 <u>appropriate</u> way(방법) 혹은 various languages(다양한 언어)로 <u>gratitude</u>를 properly express(적절히 표현)하는 how to (방법)<u>처럼</u>.

(4) 4단계: 전체적인 문맥이 잡히면, 마지막까지도 모르겠는 단어를 '유추'하기
① 해외여행을 하는 사람은 <u>potential</u>한 문화적 오해에 대해 항상 <u>vigilant</u> 해야 한다. ▶ 문화가 다른 사람들이 만났을 때 익히 알고 있는 상대방의 문화에 대해서는 오해가 생길 수 없다. 그렇다면 'potential'이라는 단어는 '그전에는 알지 못했던'이라는 의미일 것이다. 문화적 오해로 인해 어떤 불상사가 발생할 수도 있으니, 'vigilant'는 그것을 주의하라는 뉘앙스로 들린다.
② 가령, 미국에서는 팁을 주는 것이 관례지만, 일부 아시아 국가에서는 무례한 것으로 여겨질 수 있다. ▶ 이 문장은 무난히 이해된다.

③ 이에 더해, 여행자들은 (누군가에게 인사하는 방법이나 다양한 언어로 **gratitude**를 올바르게 표현하는 방법과 같은) 다른 사회적 norms에 대해 주의를 기울여야 한다. ▶ 외국 여행에서 가장 흔히 발생하는 틀에 박힌 (그 나라 언어로 배워야 하는) 표현은 어쩌면 '안녕하세요? 감사합니다.' 정도가 아닐까? 따라서 'gratitude'는 감사한 마음 정도가 될 것이다. 이런 것을 예의범절(도덕)이라고 하지 않을까? 따라서 다른 (나라에서 적용되는) 사회적인 'norms'에 대해 잘 알고 있어야 한다는 이야기인 것 같다.

[유추 결과] ① potential (잠재적인), vigilant (경계하는)
③ gratitude (감사), norms (규범)

위의 예시와 같이 우리는 모국어의 표현과 지식을 기반으로 내 안에서 스스로 몰랐던 단어의 의미를 유추해 내는 연습이 필요하다. 몰랐던 영어 단어를 찾고, 외우는 대상으로 보지 않고, 우리의 모국어 수준의 유사한 단어로 매칭시켜서 발굴하는 것이 내가 학습한 방법이다. 물론 스마트폰이 없던 시절에는 두꺼운 사전을 가까이 두고 '단어'의 의미를 몰라서 답답했던 마음을 달랜 적도 많았지만…. 사전[31]을 가까이한다는 것은 그 언어와 친해지고 싶다는 열의라고 생각한다.

---

31) 내가 40년 가까이 애용하는 사전은 Oxford Advanced Learner's Dictionary이다. 나는 가장 최근 것으로 7th과 8th edition을 구매하여 사용하는데, 각각 2005년과 2010년에 출간된 것이다. 1948년부터 출판된 이 사전은 설명이 필요 없을 정도의 세계적인 독자들을 보유하고 있다. 2000년 이후 5년마다 업그레이드를 하는데, 가장 최근 버전은 2020년(10th edition)이다. 영국에서 출판하고 있지만, 영미(英美) 단어 활용의 차이점도 상세히 수록하고 있으며, 단순히 단어만 소개하는 것이 아니라, 문법 및 작문에 이르기까지 영어 학습자들에게 필요한 다양한 언어 기술을 모두 포괄하고 있다. **영영사전**(단어의 뜻을 설명해 주는 부분까지 모두 영어로 적혀 있다. 따라서 처음부터 끝까지 '**유추 작업(능력)**'이 대단히 중요하며, 모국어의 어휘력이 얼마나 중요한지를 일깨워 준다. 영어 단어들의 다양한 품사에 따른 활용(예문)을 제공해 주기 때문에, 외국인인 우리에게는 정말 많은 도움이 된다.

연습 문제

1. 다음 각 문장의 밑줄 친 동작을 보고, '상태동사' 또는 '동작동사' 중 어느 것을 사용해야 하는지 구분하시오.
   ① 방이 어두워요. :
   ② 어머니는 고등어를 구워 주셨다. :
   ③ 너는 무엇을 감추느냐? :
   ④ 동생은 키가 작아요. :
   ⑤ 날이 많이 추워요. :
   ⑥ 기차가 도착했다. :

2. 다음 각 문장에서 밑줄 친 동사의 시간 개념(시제)을 적으시오.
   ① 우리는 바다로 간다. :
   ② 동경은 일본의 수도입니다. :
   ③ 우리 만난 적 있니? :
   ④ 난 별이 될 거야. :
   ⑤ 학교 다녀왔습니다. :
   ⑥ 해는 동쪽에서 뜬다. :
   ⑦ 내가 전화를 했었어. :
   ⑧ 언제 다시 만날까요? :

3. 다음 영어 동사들에서 각각의 대표적인 뜻(한국어로)을 찾고 바로 뒤에 (아무런 장치 없이) 명사(목적어)가 나올 수 있는지 알아보시오.
   ① go :
   ② reach :
   ③ drink :
   ④ walk :
   ⑤ bathe :
   ⑥ stand :
   ⑦ run :
   ⑧ fly :

CHAPTER 5
동사의 변신(명사)

1. 동사는 영어 단어들 중 으뜸이다.

생각해 보면 앞서 기억해야 한다고 제시한 4개의 단어들 중 가장 수적으로 우세한 단어는 [**명사**]이다. (어느 나라 사전을 검색해 보아도 명사의 숫자가 훨씬 더 우세하다.) 그럼에도 불구하고, 수적으로 우세하지 않은 [**동사**]가 으뜸이라고 말하는 이유는 이들이 [**명사**]로 변신이 가능하기 때문이다. 이뿐만 아니라 [**동사**]는 [**형용사**]나 [**부사**]로도 변신한다. 너무나도 다행스러운 것은 공식 없이 변하는 것이 아니라 어떤 특수 장치만 장착하면 자동으로 변신이 가능하다. 즉, 당신이 동사 1개를 알게 되었다면, 동시에 그 동사가 변신하여 만들어 내는 명사/형용사/부사[32]의 뜻과 철자를 모두 알게 된다. 일석삼조, 일석사조가 된다. 그러니 동사가 으뜸이 아닌가?

또한, 우리말이 영어와 다른 점이면서도 영어가 오히려 편한 점은 특정 단어가 여러 가지 뜻과 기능을 가지고 있다는 점이다. 가령, 물(water)이라는 단어는 '물(명사), 물을 주다/물에 젖다(동사), 물에 젖은(파생형용사, watery)'과 같이 세 가지 다른 단어로 문장에서 활용이 가능하다. 그러나 우리는 피상적으로 '물'이라는 명사만을 생각하기 마련이다. 그러나 이를 동사의 뜻으로 활용하는 경우는 극히 드물다.

"I water(ed) the flower."

---

32) 마음이 급한 사람들을 위해 운을 띄워 본다면 우리말의 이런 경우와도 흡사하다. 사전에 나오는 단어 '먹다'에서 변신 가능한 예를 들어 보자. 먹기/먹음/먹는 것(명사), 먹은/먹을/먹힌(형용사), 먹으면서/먹기 위해/먹으려고/먹다 보니/먹어서/먹자마자 등등(부사)이다. 영어는 우리말에 비해 변신하는 모양이 아주 단순하지만, 해석은 우리말처럼 다양하다. 이 예에서 보듯이 부사의 활용 모습이 더 다양함을 알 수 있다.

나는 어린아이가 내 앞에서 이런 말을 했을 때 무척이나 당황스러웠다. 무슨 뜻인지 알아차리는 데 5초 정도 시간이 걸렸다. 내가 적어도 30대까지 살면서 처음 듣는 말이었다. 이게 과연 무슨 말인가? "나는 물 그 꽃." 내 상식으로는 이해할 수 없었다. 왜 이 아이는 동사 자리에 명사를 쓰는 거지? 그런데 명사라고 착각한 것을 동사로 해석하면 바로 답이 나온다. "나는 물을 줍니다 그 꽃에게."

그렇다! 우리가 항상 사용하는 한국어는 [조사]를 넣어 줘야 곧바로 이해가 된다. 아무리 쉬운 영어 단어도 한국 사람에게는 '보조단어-조사(助詞)'의 도움이 절실하고 또 유용하다.

'물'이라는 단어도 '물을 주다'보다는 먼저 만들어졌을 수도 있다. 인간이 최초로 '물'을 보면서 물이라고 이름 짓고 그것을 활용하는 동안 물을 주거나 물에 젖어 있는 상황에서도 그냥 똑같이 water로 사용(활용)하자고 합의를 봐서 사용하고 있을 것이다. 그런데, '**~하다.**'라고 끝나는 말을 '**~하기, ~ 하는 것**'이라는 형태로 바꿔서 사용하는 경우가 있지 않을까? 실제로 우리가 어떻게 사용하는지 보자.

동사	변형	활용 예시
공부하다	공부하는 것, 공부하기	나는 수학 공부 하는 것을 싫어해요.
달리다	달리는 것, 달리기	배불리 먹은 후에 달리는 것은 좋지 않아요.
수영하다	수영하는 것, 수영하기	바다에서 수영하는 것을 좋아합니까?
먹다	먹는 것, 먹기	고기보다는 생선 먹는 것을 좋아해요.
풀다	푸는 것, 풀기	이 문제는 풀기 쉬운 편입니다.
요리하다	요리하는 것, 요리하기	저는 생선 요리 하는 것이 취미입니다.

당신이 만약에 살면서 위의 활용 예시에 나온 것과 같은 표현을 해 본 적이 없다거나, 앞으로도 그럴 일이 절대 없다고 생각한다면, 이번 장은 그냥 넘어가면 된다. 혹시라도 이런 표현이 영어로 어떻게 되는지 궁금한 사람은 읽어 주기 바란다. 그리고 이게 너무 쉽다는 것을 알면 실망할 수도 있다.

동사/to V[33]	변형/to~, ~ing	활용 예시/명사의 뜻으로 해석
study	to study, studying	I hate studying math.
run	to run, running	Running after eating a full meal is not good.
swim	to swim, swimming	Do you like swimming in the sea?
eat/have	to eat(have), eating(having)	I prefer to have fish than meats.
solve	to solve, solving	It's easy to solve this problem.
cook	to cook, cooking	My hobby is cooking fish.

1) 명사로 변신한 동사의 이해

이상이 이해되었다면 위의 변형된 동사(~ing는 특히 [**동명사**(명사처럼 활용되는 동사)]라고 부른다)들을 명사가 놓여야 될 자리에 놓고 활용하면 된다. 다시 문장에서 명사의 자리를 찾아 보자.

주어(명사)+동사(동사)+목적어(명사)+언제/어디서/어떻게/왜(모두 부사)

> 이 부분을 자세히 보면 한 단어로 이루어진 경우도 있지만, 여러 단어가 합해져서 구(句)를 이루는 경우가 많다. [예: **아침 9시**에, 학교에서, **친구**와 함께, **버스**로, **밥**을 먹으려고] 이때 밑줄 친 단어들은 모두 [명사]이다.

그러나 그 말은 to+동사/동사+ing를 명사 자리에 놓고 활용한다는 얘기이지, 명사와 뜻이 완전히 같다는 말은 아니다. '아침, 9시, 학교, 친구, 버스, 밥'이라는 단어와 똑같은 [**동명사**]는 없기 때문이다. 그렇다면 그냥 명사와 동명사의 차이는 무엇일까? '**전화**'와 '**전화하는 것/전화하기**'의 예를 들어 설명해 보자.

---

33) 이것을 'to infinitive'라고 한다. 한국어로도 공부하다(원형)-공부했다(과거형)-공부한다(현재형)-공부할 것이다(미래형)으로 각각 표현되듯이, 'to+동사원형'의 형태이며, 이것을 어려운 말로 'to 부정사(否定詞)'라고 하는데, infinite(무한의, 끝없는) 단어에서 나온 것으로 무한허/숫자의 정해지지 않은 동사의 특징을 지칭한 말이다. 우리가 3만 개, 10만 개라고 얘기하는 동사의 개수는 실제로 지금도 어디선가 누군가 새로이 동사를 만들어 낼 수 있기 때문에, 동사의 숫자가 정해지지 않은 무한한 개념이라고 생각한 데서 비롯되었다. 동사가 변화무쌍하다는 의미도 포함하고 있다고 할 수 있다. 우리가 사전에서 동사를 찾으려고 할 때의 모습이다. 따라서 한국어로 풀어쓰는 동사원형(to infinite)의 뜻과 현재형 동사 (present tense verb)의 뜻은 엄연히 차이가 있다.

집에 돌아가면, (내가) 너에게 전화(를) 줄게.
I will give you a call when I come back home. (a call: 명사, 전화)

집에 돌아가면, (나는) 너에게 전화할 것을 약속한다.
I promise to call you when I come back home. (to call: 명사의 뜻으로 쓰인 동사)

이 둘이 다른 점은 원래부터 명사인 a call은 혼자서만 쓰이지만, 명사로 쓰인 동사 to call은 동사의 성질을 여전히 가지고 있어서, to call you로 확장된다는 점이다.

한국어로 다시 설명해 보자.

- 전화: **신속한** 전화, **어머니로부터 걸려 온** 전화, **미국에서 온** 전화, **갑자기 걸려 온** 전화
- 전화하는 것: **주말마다** 전화하는 것, **어머니에게** 전화하는 것, **친구 몰래** 전화하는 것, **밤늦게** 전화하는 것, **미국으로** 전화하는 것

두 가지 표현 방법의 차이를 이해하였는가? 원래 명사인 '**전화**'를 구체적으로 설명해 주는 방법은 [**형용사**]를 활용하는 것이다. 동사에서 변신한 '**전화하는 것**'은 명사의 모습을 하고 있지만, 동사의 성질을 그대로 가지고 있기 때문에, **목적어(대상)**를 데려오거나 [**부사**]를 활용하여 더욱 구체적으로 설명할 수 있다. 그리고 형용사는 '**어떠한**'의 의미를 설명해 주지만, 부사는 '**언제, 어디서, 어떻게, 왜**'를 설명해 주기 때문에 당연히 표현할 수 있는 설명의 폭이 훨씬 더 넓다. (**동사의 승리!**)

물론 경우에 따라 원래 명사인 단어를 사용해야 하는 경우도 아주 많다. 어쨌거나 명사는 수적으로 우세하니까.

2) to+동사/동사+ing의 차이 ①

간혹 이 둘을 가족(family)이라고 표현하는 경우도 있다. 그리고 이 둘은 영어 전체를 통틀어 가장 중요하고 유용한 친구들이라는 것을 밝힌다. 이렇게 중요한 얘기를 사전 예고 없이 하다니! 일단 나머지 챕터를 다 설명한 뒤에 다시 한번 복습할 테지만, 이 둘은 차이가 거의 없다. 95%는 쌍둥이라고 할 만하다.

| to+동사를 목적어로 사용하는 동사의 예시 |

~할 것을 원하다, ~할 것을 결정하다, ~할 것을 희망하다, ~할 것을 (무척이나) 좋아하다, ~할 의도가 있다, ~할 것을 선호하다, ~를 하고 싶다, ~할 것을 동의하다, ~할 것을 거절하다, ~할 것을 약속하다, ~할 것을 요청하다, ~할 것을 기대하다, ~할 것을 말하다(~하라고 말하다), ~를 하게 되다

| 동사+ing를 목적어로 사용하는 동사의 예시 |

~하는 것을 싫어하다, ~하는 것을 즐기다, ~하는 것을 (아주 많이) 좋아하다, ~하는 것을 개의치 않아 하다, ~하는 것을 인정하다, ~하는 것을 고려하다, ~하는 것을 거절하다, ~하는 것을 상상하다, ~하는 것을 기억하다, ~하는 것을 제안하다, ~하는 것을 시작하다/끝내다, ~하는 것을 계속하다, ~하는 것을 그만두다, ~가 ~하는 것을 보다(듣다, 냄새 맡다), ~하는 것을 찾다, ~하는 것을 예방하다

※ 다음 페이지의 박스에서 이런 의미에 해당하는 동사들을 찾아보자.

    다만, 영어권에서는 이 둘을 데리고 다니기를 좋아하는 동사를 대략적으로 구분해 놓고 있다. 만약 혼란스럽다면, 일상생활에서 가장 많이 사용되는 것부터 먼저 기억하는 것이 좋다. 자신에게 적절한 예문을 만들어서 문장 전체를 기억하는 것이 좋고, 별로 사용하지 않는 동사들은 나중에 천천히 생각하는 것이 좋다. 많이 사용하지 않는 동사(그리고 많이 사용하는 동사라도)는 때로 두 가지 모두를 다 사용하는 때도 있으니, 너무 염려하지 않아도 된다. 이 둘을 의미상 구분하는 예는 다음과 같다.

동사	목적어의 구분	의미
forget	to+동사	~ (앞으로) 할 것을 잊다(예: 오늘 밤에 숙제하는 거 잊지 마!)
	동사+ing	~ (이미) 한 것을 잊다(예: 숙제한 것을 잊고, 안 가져왔어)
regret	to+동사	~할 것이 유감스럽다(~하게 되어서 유감이다)
	동사+ing	~ (이미) 한 것을 후회하다
remember	to+동사	~할 것을 기억하다
	동사+ing	~ (이미) 한/했던 것을 기억하다

3) to+동사/동사+ing의 차이 ②

이 둘은 **주어** 자리에도 종종 나타나는데, 여기서도 약간의 차이가 있다. 쉽게 생각하면, to

do(2단어)와 doing(1단어)의 차이다. 누가 봐도 2단어보다는 1단어가 사용하기 쉬워 보인다. 즉 말하고 쓰기 편한 1단어의 ~ing가 더 흔히 주어 자리에 나온다. 동시에 **to+동사**는 왠지 형식적인/엄격한 느낌이나 굳이 강조하고 싶은 행동을 얘기할 때 사용하는 것이 보통이다.

<u>**Waiting for**</u> the food for such long time was a waste of time. (훨씬 더 일반적인 활용)

<u>**To wait for**</u> the new iPhone was my most important mission this year. (정말 너무 강조하고 싶을 때 활용)

이렇게 듣는 사람에게는 좀 어색할지 몰라도 말하는 사람이 의미를 부여하는 어떤 행동이라면, **to+동사**도 **주어 자리**에 쓸 수 있다.

1. to+동사를 사용하는 경우

[예시] I decided to go home as soon as possible.
　　　We all wanted to have more English classes.

- 생각이나 감정을 나타내는 동사 뒤에 :
choose/decide/expect/forget/hate/hope/intend/learn/like/love/mean/plan/prefer/remember/would like/would love

- 의사를 나타내는 동사 뒤에: agree/promise/refuse

- 다른 예의 동사 뒤에: arrange/attempt/fail/help/manage/tend/try/want

- 동사 뒤에 명사(목적어)가 오고 바로 그 뒤에 쓸 때:
She asked him to send her a text message.
He wanted all his friends to come to his party.

- to+동사를 목적어로 갖는 가장 흔한 동사 :
want/need/hope/decide/plan/promise/offer/learn/forget/try

- 의사를 나타내는 동사 뒤에 :
advise/ask/encourage/invite/order/persuade/remind/tell/warn*

- 원하거나 비교의 의미를 가진 동사 뒤에 :
expect/intend/would/prefer/want/would like

- 기타 동사 뒤에 사용: allow/enable/force/get/teach

* 주의: warn(경고하다)은 보통 not(~하지 말라)과 함께 쓰인다.
The police warned everyone not to drive too fast.

2. 동사+ing를 사용하는 경우[34]

- 호불호(좋아하거나 싫어하는)를 나타내는 동사 뒤에 :
  detest/dislike/enjoy/hate/fancy/like/love
  [예시] I love swimming but I hate jogging.
  　　　They always enjoyed visiting their friends.
  　　　A: Do you fancy going for a walk?
  　　　B: I wouldn't mind.

- 꺼려 하다라는 의미의 표현에서 :
  [예시] wouldn't mind (=would like)
  　　　don't mind (=I am willing to)
  　　　would you mind (=will you please…?)
  　　　I wouldn't mind having some fish and chips.
  　　　I don't mind waiting for a few minutes.
  　　　Would you mind holding this for me?

- 의사 표현이나 의도의 뜻을 가진 동사 뒤에 :
  admit/consider/deny/imagine/remember/suggest
  [예시] Our guide suggested waiting until the storm was over.
  　　　Everyone denied seeing the accident.

- 기타 동사 뒤에 사용 :
  avoid/begin/finish/keep/miss/practise/risk/start/stop
  [예시] I haven't finished writing this letter.
  　　　Let's practise speaking English.

- 수동태의 활용 :
  [예시] I don't like being interrupted.
  　　　Our dog loves being stroked under the chin.

- 감각동사의 목적어(명사) 뒤에: see/watch/hear/smell/listen to
  [예시] We saw everybody running away. I could hear someone singing.

- 기타 동사 뒤에 사용 :
  catch/find/imagine/leave/prevent/stop
  [예시] I caught someone trying to break into my house.
  　　　We couldn't prevent them getting away.

---

34) [참조] https://learnenglish.britishcouncil.org/en/english-grammar/verbs/verbs-followed-infinitive

💬 연습 문제

1. 다음 문장에서 **to+동사** 또는 **동사+ing**를 활용할 수 있는지 구별하시오.
   ① 선생님은 우리들에게 청소할 것을 지시하셨다.
   ② 아침 일찍 일어나는 것이 힘들어요.
   ③ 네가 어떻게 이렇게 할 수 있니?
   ④ 해가 지는 것을 막을 수는 없지요.
   ⑤ 겨울이 춥다는 것은 너무 당연합니다.
   ⑥ 직원은 우리에게 버스에 빨리 올라타라고 안내했다.

2. 다음 문장에서 **to+동사** 혹은 **동사+ing** 중 어느 것을 활용할 것인지 고르시오.
   ① 20킬로미터를 한 번에 달린다는 것은 무리입니다.
   ② 나는 스페인을 여행하고 싶어요.
   ③ 수업을 계속 하기로 결정했나요?
   ④ 현관문을 잠그는 것을 깜박했어요.
   ⑤ 선생님은 우리에게 운동장에서 모여 있으라고 하셨다.
   ⑥ 우리는 장난치는 것을 그만두었다.
   ⑦ 그들은 오늘 밤에 파티를 할 것에 대해 모두 찬성하였다.
   ⑧ 창문 좀 열어 놓아도 괜찮겠지요?

CHAPTER 6
동사의 변신(형용사)

1. 형용사와 분사(分詞, 쪼개진 단어라는 의미)

형용사가 명사를 구체적으로 설명해 주는 단어라면 분사는 형용사라는 큰 범위에서 일부분을 차지하는 형용사의 일종이라고 우선 이해하면 좋겠다. 아래와 같은 표를 보고 설명해 보자.

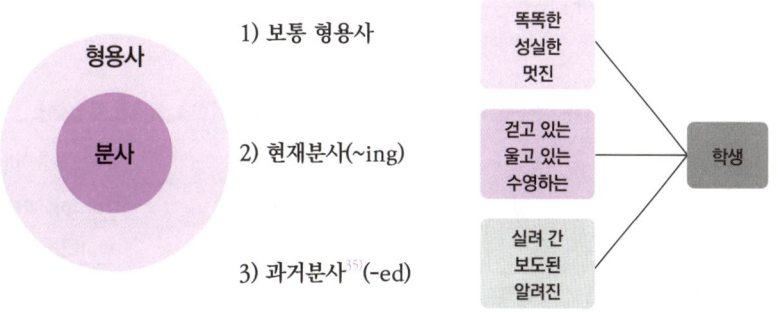

위의 그림을 보면 이해가 쉽다. 명사를 구체적으로 설명(수식)해 주는 말들을 모아 보면 위와 같이 세 종류로 볼 수 있는데, 2와 3은 동사가 변신한 모양이다. 셋 모두 공통점은 'ㄴ 받침'으로 소리가 끝나는 말이며, 2, 3은 1과 달리 확장이 가능하다. 예를 들어 보자.

---

35) 동사의 과거분사형은 규칙적인 것과 불규칙적인 것이 있다. (32쪽 과거형 동사 참조) 불규칙적인 동사의 과거분사형은 -ed로 끝나지 않으니 따로 기억해야 한다. 과거동사와 함께 세트로 외우는 것이 유리하다. [예: go-went-gone, have-had-had, drink-drank-drunken] 이 역시 많이 사용하다보면 구구단처럼 기억되기 쉬우니, 걱정하지 말자. 상대적으로 ~ing형은 일부러 외우지 않아도 활용하기 쉽다. [주의: swim-swimming, begin-beginning]

1) 매우 **똑똑한** 학생, 남들보다 **성실한** 학생, 교복이 **멋진** 학생
2) 조용히 길을 **걷고 있는** 학생, 혼자 거리에서 **울고 있는** 학생, 남들과 떨어져 수영하는 학생
3) 지난밤에 병원으로 **실려 간** 학생, 오늘 아침 뉴스에 **보도된** 학생, 수능 만점을 받았다고 알려진 학생

이처럼 보통(일반) 형용사와 비교하여, 동사가 기본인 형용사(분사)는 동사의 성질을 가지고 있기 때문에 목적어(명사)는 물론이고, 부사(언제, 어디서, 어떻게, 왜)들도 데리고 다닐 수 있으므로 자연히 문장을 길게 확대하는 데 유용하게 활용된다.

2. 'to+동사'도 역시 형용사로 활용된다!

혹시나 했겠지만, 역시나 사실이다. 명사로 활용되는 동사의 경우 'to+동사'는 '~할 것'으로, '동사+ing'는 '~하는 것'으로 해석되는 경우를 생각해 보자. 그렇다면, 형용사로 활용되는 경우 역시 'to+동사'는 '~할'로, '동사+ing'는 '~하는'으로 해석될 것이라는 답은 금방 얻을 수 있다.

형용사로 활용되는 to+동사(to 부정사) 및 동사+ing(현재분사)의 예시

~할	~하는	to+동사	동사+ing
마실 물	마시는(마실 수 있는) 물	water **to drink**	**drinking** water
걸어갈 길	걸어 다니는 사전	a road **to walk**	a **walking** dictionary
나는 할 일들이 있어요.	나는 일하는 사람입니다.	I have things **to work**.	I am a **working** man.
너 할 말 있니?	이것은 말하는 로봇입니다.	Do you have words **to talk**?	This is a **talking** robot.

이제 여러분은 water to drink(마실 물)와 to drink water(물 마시는 것)를 바로 구분할 수 있어야 한다. 'I like drinking water.'는 '나는 물 마시기(마시는 것)를 좋아해. 또는 나는 마시는 물(생수)을 좋아해.' 어느 뜻으로 쓰거나 같은 내용이니, 이해하는 데는 무리가 없다.

😊 연습 문제

1. 다음 문장에서 **to+동사(to부정사)** 또는 **동사+ing(현재분사)** 중 어느 것을 활용할 수 있는지 구별하시오.
   ① 요리할 재료들이 더 있나요?
   ② 저기 노래하는 새들을 보세요.
   ③ 가게에는 팔아야 할 물건들이 수북이 쌓여 있었다.
   ④ 이번 모임에 내야 할 회비가 상당하네요.
   ⑤ 동생은 신을 신발이 없다고 울상입니다.

2. 다음 문장에서 **현재분사(~ing)**와 **과거분사(-ed)** 중 어느 것을 활용할 수 있는지 구별하시오.
   ① 홍차를 만들 때는 끓는 물을 사용해야 합니다.
   ② 약을 먹어야 하는데 끓인 물 좀 주시겠어요?
   ③ 저 찢어진 편지가 제가 적은 겁니다.
   ④ 우리가 가 보니 우는 아이는 한 명도 없었다.
   ⑤ 깨진 벽 틈으로 찬 바람이 많이 들어와요.

CHAPTER 7
동사의 변신(부사)

1. to+동사(to부정사)가 활용되는 몇 가지 뜻

[부사]라는 말에 집착하다 보면 실제로 중요한 '의미'를 놓치기 쉽다. '~할 것(명사)' 또는 '~할 (형용사)'의 의미 이외에도 부사의 의미가 있다면 우리는 가장 먼저 '**언제, 어디서, 어떻게, 왜**'의 뜻 중 하나일 것이라는 생각을 하면 된다. 이들 가운데 '**언제**'와 '**어디**'는 대체로 명사가 함께 나와 주어야 적당한 말의 묶음이 성립되기 쉽다. [예: **내일 아침**에, **지하철역**에서 등] 그렇다면, 다른 경우에는 어떻게 가정할 수 있을까?

- **왜(원인/이유)**: 오다(왜? 뭔가를 하려고), 먹다(왜? 배고파서), 제출하다(왜? 승인받으려고), 운동하다(왜? 건강해지려고), 대학에 가다(왜? 더 좋은 직장을 구하려고), 전화하다(왜? 궁금해서/물어보려고/만나려고), 기쁘다(왜? 시험에 합격해서), 슬프다(왜? 남자친구와 헤어져서), 늦었다(왜? 버스를 놓쳐서/늦게 일어나서)

이들 대답 중에 '~하려고/~해서'라는 말은 모두 to+동사(to부정사)를 사용하면 된다.

혹시 '그래서?'라는 상황은 어떻게 생각하는가? 누가 무엇을 했다. 그래서 어떻게 되었냐고? 이런 경우도 to+동사(to부정사)를 사용하면 된다.

- **그래서(결과)**: 자라나다(그래서? 발명가가 되었다), 눕다(그래서? 잠잔다), 먹는다(그래서? 살찐다)

또 다른 경우는 '~한다면'이라는 뜻이다. '~하면, ~한다'라는 상황을 생각해보자. 이때는 to+**동사(to부정사)** 부분만 따로 앞에 내어놓고 활용한다.
- **어떤 상황에서(조건)**: 웃다(어떤 상황에서? 그 영화를 본다면), 다른 것을 발견하다(어떤 상황에서? 자세히 들여다보면)

부사는 동작에 대한 구체적인 정보는 주는 일도 하지만, 형용사의 **정도**를 나타내는 역할도 한다.
- **예쁜(어느 정도?) - 매우 예쁜**: 이 경우 부사는 단순히 한 단어(very)로 표현한다.
- **착한(어느 정도?) - 다시 만나고 싶을 정도로**: 이 경우는 '만나다'라는 의미가 포함되어 있으니, to+동사(to부정사)를 활용하는 것이 편하다.

이상으로 여러 가지 부사의 뜻으로 활용되는 **to+동사(to부정사)**를 살펴보았다. 여러 경우의 수가 있기 때문에 어떤 상황에서 활용되는지 앞뒤 문맥을 잘 살펴야 정확한 우리말의 의미로 다가올 수 있다는 것에 주의하자.

영어 문장	가능한 해석
I <u>exercise</u> everyday to keep myself healthy.	1) 나는 건강을 **지키기 위해** 매일 운동을 합니다. **(이유)**
	2) 나는 매일 운동을 하다 보니, **건강을 지키게** 됩니다. **(결과)**
	3) 나는 건강을 **지킬 만큼** 매일 운동을 합니다. **(정도)**

위 예문을 보고 무슨 생각을 하는가? 사실 이 하나의 문장만으로 본다면 그리 큰 차이가 없다. 중요한 것은 한 문장에서 주어가 두 개의 동작을 할 때, 주어 바로 다음에 오는 밑줄 친 동작이 실제 중심이 되는 동작이라는 점이다. 엄격히 말하면 위 문장은 '**운동한다**'로 매듭지어야 맞는 말이다. 그러나 다른 방식으로 해석한다고 해서 완전히 틀렸다고는 보기 힘들다. 나중에 수준이 더 올라가면 그 미세한 차이를 알아내고, 달리 표현하는 방법도 알게 될 것이다.

여태까지 살펴본 '**동사의 변신**' 중, 부사로 변신할 때의 특징은 **이유**가 되었거나 **결과**가 되거나, 두 개의 동작이 함께 또는 **동시**에 또는 **순차적**으로 **연관**되어 있다. 이보다 더 생동감 있는 **다중 동작(행동)**을 표현하는 방법이 있는데, 역시 동사가 만들어 내는 마술과도 같은 변신이다. 그러나 새로운 것은 아니다. 이미 알았던 것을 활용하여 더욱 많은 문장을 만들어 내는 묘기를 보여 줄 것이다.

2. 분사의 활용과 변신

형용사로 활용했던 [분사: **현재분사**와 **과거분사**]들이 여기서 큰 역할을 하게 된다. 대략의 해석은 **언제, 왜, 어떤 상황(조건)**에 대한 설명이다. 위에서도 말했지만, 언제에 해당하는 설명이 '9시에, 작년에'와 같은 경우라면 동사가 개입할 상황이 아니다. 그러나 '**방문을 열자**, 나는 강아지가 재빨리 침대 아래로 숨어 들어간 것을 보았다.' 또는 '**밥을 먹다 보니**, 돈이 없다는 사실을 알게 되었다.' 혹은 '**버스에 올라탔을 때**, 나는 안도의 숨을 쉬었다.'라는 좀 더 세밀한 행동을 동시에 하면서 벌어지는 상황을 설명할 때는 그 '**언제**'에는 또 다른 **동작**이 포함되기 마련이다. 물론 정식으로 더 길게 문장을 만들다 보면 '**~할 때**'를 나타내는 관계부사(또는 접속사)[36] when을 사용하는 방법이 있다. 그러나 분사를 활용하는 것이 더욱 간단한 방법이고, 동시에 더 수준이 높은 표현이라는 것을 미리 얘기해 둔다. 예를 한 문장만 들어 보겠다. 한 문장을 제대로 만드는 실력이 쌓여야 이들을 활용할 수 있기 때문에 지금 당장 활용하지 못한다 해도 아쉬워하지는 말자. 영어의 길은 아주 멀고 먼 것이니.

When I opened the door, I saw the puppy has quickly sneaked under the bed.
→ <u>Opening the door</u>, I saw the puppy has quickly sneaked under the bed. (~할 때)

Because he was left alone, he was locked in the building again.
→ <u>Being left alone</u>, he was locked alone in the building again. (~해서)

She was walking along the seaside and she was singing K-pop at the same time.
→ <u>Singing K-pop</u>, she was walking along the seaside. (~하면서)

Because he was exhausted after work, he has no energy to talk to the stranger.
→ <u>(Being) Exhausted after work</u>, he has no energy to talk to the stranger. (~되어서)

---

36) 초급자인 경우 아직은 **관계부사, 접속사**라는 용어에 미리 겁먹을 필요는 없다. 실제로 필요한 경우가 되어서야 이해해도 늦지 않다.

💬 연습 문제

1. 아래 문장들을 영어로 말한다면 문장의 어느 부분이 현재분사를 활용할 수 있는 부분인지 표시하시오.
   ① 눈이 너무 많이 와서 나갈 수가 없어요.
   ② 회의에 참석해서 중요한 발표를 해야 합니다.
   ③ 너무 빨리 뛴 나머지, 그는 할 말을 잊어 버렸다.
   ④ 엄마는 자전거를 타면서 전화 통화를 하고 계신다.
   ⑤ 너는 그렇게 아무것도 안 하면서 매일 바쁘다고 투덜거리는 거냐?

2. 다음 문장에서 '부사적인 의미'로 to+동사(to부정사) 또는 동사+ing(현재분사) 중 어느 것을 활용할 수 있는지 구별하시오.
   ① 너무 바빠서 (그 여자를) 안 만나는 거야, 만나기 싫어서 바쁘게 일하는 거야?
   ② 그녀는 기차를 놓치지 않기 위해 서둘러야 했다.
   ③ 그는 나를 보자마자 웃기 시작했어요.
   ④ 나는 아침에 일어나서 조깅을 해요.
   ⑤ 구두쇠처럼 굴면 돈을 절약할 수 있지만, 때로는 우정을 잃을 수도 있다.

CHAPTER 8
명사 총정리

1. 명사의 개념 바로 알기

한국어로 명사인 단어들은 영어로도 명사이기 마련이다. 그런데 명사를 바라보는 관점에 서로 차이가 있다. 명사가 어려운 것이라 말하기도 쉽다고 말하기도 힘든 상황이다. 다만 모든 정답은 '**사전**[37]'에 있다는 것을 반드시 기억하기 바란다. 이미 배운 부분을 참고하여 명사를 구분하는 틀을 소개한다.

확인 학습

영어 문장에서 명사가 나올 만한 자리를 다시 한번 따져 보자.

~한 ~는 / ~다 / ~한 ~를 /	~한 ~에서,	~한 ~에,	~한 ~와 함께,	~가 ~를	~했기 때문에(하려고 해서…)
주어 + 동사 + 목적어 +	장소	시간	방법		이유 ⇒ (부사)
① ② ③	④	⑤	⑥		⑦

이미 앞에서 설명한 바 있는 (반드시 기억해야 하는 개념의 2+1+4=7) 내용들이다.
①, ②번은 필수 요소, ③번은 상당히 많이 사용되는 요소, ④번부터 ⑦번까지는 옵션인 요소들이다.

1) 분홍색 단어들은 모두 [**명사**]로 채워져야 한다.
2) 검정색 두꺼운 단어(~한)는 모두 [**형용사**(단어/구/절)]의 자격을 가진 애들이 차지한다.
3) 검정색 얇은 부분(~다, ~했기 때문에, 등등)은 모두 [**동사**]가 차지한다.
4) ③번 자리에 오는 단어들이 '~[명사]를'이거나, '~한[형용사]'의 뜻이 있는 단어들이다. 때로는 그 자리에 [명사없이 [형용사]만 나온다면, 이것을 〈보어〉라고 한다. 여기엔 형용사뿐만 아니라, 명사와 비슷한 성격을 가진 단어들이 올 수도 있다. **동사가 [상태(be)동사]인 상황에서 그렇다.**

---

[37] '올바른 사전의 사용'에 대해 따로 챕터를 만들어야 할 정도로 매우 중요하다. 참고로 사용하기 권장하는 사전은 Oxford, Collins, Longman 등이며, 자세한 설명은 블로그에서 소개한다.

1) 영어에서는 숫자 개념이 중요하다.

이 말은 앞서도 한 적이 있다. 이미 말의 단위(3개), 중요한 단어의 종류(4개), 문장을 만드는 전체 요소들의 숫자(7개) 등을 말하면서 얘기한 바 있다. 그런데 여기서 다시 명사의 종류는 5개(**보통, 추상, 물질, 집합, 고유 명사**)라고 또 숫자를 얹는다면, 초급자들에게는 너무 부담이 된다. 그 정도까지는 할 수 없기에 나는 과감히 생략한다. 그 대신 영어로는 <u>명사를 세는 것을 기본으로 한다</u>는 것을 반드시 기억하기 바란다. 주변에 있는 물건, 생물, 무생물 등을 한번 셀 수 있는지 살펴보자. 그러니까 영어에서 명사는 크게 **세느냐/셀 수 없느냐**에 따라 구분된다고 보면 된다.[38]

일반적으로 공장에서 만들어 내는 것들이나, 생물이 생성해 낼 수 있는 것들은 여러 개이며, 셀 수 있는 것일 확률이 높다. [예: 책상, 가방, 자동차, 연필, 바지, 전화기, 나무, 꽃, 메뚜기] 그런 물건/생물을 얘기할 때는 **a/an**('하나의'라는 뜻)을 사용한다. 사용하지 않으면 어색하다. (우리가 어색한 게 아니고, 영어권 사람들이 어색하다고, 뭔가 빼먹은 것 같다고 느낀다.) 다시 강조하면 그런 일반적인 명사들은 애초에 a/an을 달고 태어났다고 인정하는 것이 외국인인 우리 사고에 유리하다. 그 물건들이 여러 개일 때는 a/an은 사라지고, 대신 뒤에 **-s/-es**[39]를 붙여서 쓰고 말한다.

그렇다면 세상의 모든 명사를 숫자로 세는 것이 가능한가? 물론 아니다. 가령, 믿음, 소망, 사랑, 충성, 성실…. 이런 단어들은 눈에 보이는 물건이 아니라 그냥 추상적인 개념이기 때문에, 명사라고 할 수는 있어도 셀 수는 없다. 그래서 대개는 **a/an** 그리고 **-s/-es**를 사용하지는 않는다. 그렇다고 해서 100% 다 그런 것은 아니다. 추상개념인 단어인데도 복수(여러 개라는 뜻임, 단수의 반대 개념)로 사용하는 경우가 종종 있다. 가령 위의 예시 중 4개의 단어(faiths, hopes, loves, loyalties)는 특정 맥락에서 복수로 사용할 수도 있다.

---

38) 이 역시 사전에 답이 있으며, 모든 사전에서는 명사를 U/C로 구분한다. **U=Uncountable/C=Countable**
39) 초급자에게는 어렵다고 생각되는 -s/-es의 개념에 대해 스트레스를 받지 말기를 바란다. 인간의 언어가 쓰는 것이 우선인가 (말을) 하는 것이 우선인가를 생각해 보자. 발음상 [스]라는 것을 덧붙여서 자연스러운 발음이 되는 것이 중요하다. 철자가 맞고 틀리는 것은 몇 번 시행착오를 겪으면 자연적으로 고쳐지기 나름이다. 가령 bus라는 단어는 이미 [스]로 소리가 발음된다. 여기에 다시 [스]를 붙이면 [버스스]하고 우스꽝스러운 소리가 나지 않는가. [이스/es]를 대신 붙여 보자. [버시스]라고 발음하게 될 것이다. 그게 더 자연스럽다면 buses로 활용하면 된다. church(교회), box(상자) 등도 이에 해당하는데, 다만 child/children, ox/oxen과 같은 특이한 단어들도 실제 생활에서 사용하다 보면 그리 어려운 단어는 아니라는 것을 직감하게 된다.

2) 단위도 수를 세는 것을 기본으로 한다.

또 한 가지, 눈에 보이는 물건일지라도 형태가 뚜렷하지 않아서 혹은 너무 작아서 '한 개, 두 개, 한 마리, 두 마리'처럼 세기가 힘든 물체들도 많다. 공기, 물, 밀가루, 설탕, 공기 이런 것들이다. 고체, 액체, 기체로 구분이 가능하다. 활용법을 찾다 보면, 유독 영어는 까다롭게 **수, 단위**를 챙기는 경향이 있다는 느낌이 든다. 이런 것을 어떻게 셀까? 형태가 잡히지 않는 사물에 대해서 영어권에서는 그것들을 그릇이나 용기에 담아서 센다. 물 한 컵, 설탕 한 스푼, 산소 1 리터, 이렇게 말이다.

셀 수 없는 명사의 종류	예시
액체(liquids)	milk, water
추상적 개념(abstract ideas)	advice, chaos, motivation
가루, 곡물(powder, grain)	rice, wheat, sand
집합명사(mass nouns)	furniture, hair, transportation
자연현상(natural phenomena)	sunshine, snow, rain, weather
상태(state of being)	sleep, stress, childhood
감정(feelings)	anger, happiness, enthusiasm, courage
기체(gas)	oxygen, air

셀 수 없는 명사(포괄 개념) much / a lot of / lots of [40]	셀 수 있는 명사/표현 방법 (상세 항목/종류) many (-s, -es)
accommodation	a house, a flat, a place to live, a place to stay
baggage/luggage	a suitcase, a bag, a rucksack
bread	a loaf (of bread), a (bread) roll
lightning	a flash of lightning
luck	a stroke of luck
money	a note, a coin, a sum of money, a euro, a dollar
poetry	a poem
rain	a shower, a downpour, a storm
travel	a journey, a trip
work	a job, a task

---

40) 이러한 명사들이 '많은' 경우를 표현할 때, 셀 수 없는 명사와 셀 수 있는 명사에 사용하는 '많은'의 뜻을 가진 형용사가 다르게 구분된다. a lot of/ lots of는 양쪽에 모두 공통으로 활용된다. 생긴 모양에서 우리는 'lot'이 명사이며, 'of'가 붙어서 형용사 역할을 하게 된다는 것을 알 수 있다.

때로는 셀 수 있다가도, 세지 못하는(한마디로 이랬다저랬다 하는) 명사들도 있는데, 대부분 추상적인 개념을 나타내는 명사들이다. 일반적인 뜻일 때는 세지 못하지만, 특정한 것을 가리키는 경우에는 셀 수도 있다.

education, experience, hatred, help, knowledge, life, love, sleep, time, understanding 등이 이런 종류다.

어떤 단체나 그룹을 나타내는 의미인 명사는 모습을 바꾸지는 않고 항상 단수로 사용한다. 그러나 그 의미가 경우에 따라 그 단체 안의 개인들이 모여, 여럿을 의미한다면, 동사를 단수가 아닌 복수로 사용한다. 무슨 의미냐 하면, '3인칭 단수 현재형'의 동사는 -s/-es를 붙이는데 복수라면 그럴 필요가 없기 때문이다.

예를 들어 가족(family)이 한 가족 전체를 의미한다면, "The family is big(그 가족은 대가족이다)."라고 표현한다. 그런데 만약 가족 구성원 개개인을 모두 지칭하는 것이라면(가령 그 가족의 구성원이 4명이라 하자), "The family are tall(그 가족들은 다들 키가 큽니다)."라고 표현할 수 있다.

마지막으로 가장 흔하게 헷갈리는 경우가 고유한 이름을 가진 명사들이다. 우리 모두 나만의 이름을 가지고 있듯이, 나라, 지명, 산, 강, 바다, 호수 등 자연적인 것들과 단체, 학교, 회사 이름 등 무수히 많은 고유한 이름들이 세상에는 있다. 영어에서는 그런 고유한 이름을 대문자로 시작하는 규칙을 정하고 있다. 'I'도 세상에 유일하게 '나'만 지칭할 수 있는 것이기 때문에 항상 대문자로 쓴다고 기억해도 좋다. 우리 학교, 우리 회사, 우리나라 이름(Korea)도 항상 맨 첫 글자를 대문자로 써야 한다. 가끔 영어의 소문자로 이루어진 회사(브랜드) 이름이 눈에 띄는데, '첫 글자 대문자'의 규칙을 깬 예외로 받아들이자. 그 이름의 '주인'이 (대부분은 시각적인 이유에서) 그렇게 결정한 것이니, 다른 사람들이 따라 주는 것이 예의라고 생각하자.

2. 명사에 반드시 따라오는 친구들: 우리말에는 없는데 영어에는 있다. 그리고 매우 이해하기 힘들다.

1) 관사(冠詞)의 사용

우선 관사(article)란 무엇인가 알아보자. "영어, 프랑스어, 독일어 따위의 서구어에서, 명사 앞에 놓여 수(數), 성(性), 격(格) 등을 나타내는 말"이라고 한다. 한 가지 다행이라면 영어에서는 명사의 수와 성격 정도를 나타내는 데 활용할 뿐이다. 성(性)은 남자냐 여자냐 혹은 중성(남자도 여자도 아닌)이냐에 따라 명사 앞에 붙는 [관사를 각각 다르게 사용할 수 있다. 다행히도 영어에서는 성(性)을 구분하여 관사에 적용하지는 않으니 공부할 내용이 줄어든 것 아닌가? 감사해야 할 것이다.

영어에서의 관사는 일단 등장하는 캐릭터가 단출하다. a 그리고 the, 이 둘밖에 없다. 정말 다행이다.[41] 영어에서의 모든 '명사'는 a나 the를 그 명사 앞에 사용한다고 생각하면 된다. 그러나 그 명사가 하나(한 개)가 아닐 때는 a를 쓸 수는 없다. 기본적으로 a는 '하나의'라는 뜻을 가지고 있기 때문이다. (물론 우리말로 해석하지는 않는다. 매번 해석하면 상당히 어색하다.) the가 매우매우 많이 사용되지만, the를 사용하면 안 되는 명사도 꽤 많다. (다음 페이지 참조) 즉, **모든 명사에 꼭 a/the가 사용되는 것은 아니지만, a/the가 앞에 나온 단어들은 반드시 [명사라고 생각하면 된다.** 이들의 위치하는 자리를 보면 아래와 같다.

> a (또는 the) + 수식어(형용사) + 명사 = a (또는 the) + 아주 예쁜 + 꽃

명사의 숫자를 구분하기는 아주 쉽다. 한 개인지, 여러 개인지만 구별하면 된다. 가끔 여러 개의 개념으로 사용해도 될는지 헷갈리는 명사들도 있긴 하지만, 말하는 사람이 잘 정하면 된다.
격(格)을 나타낸다는 말을 좀 쉬운 말로 이해해 보자.

---

41) 독일어의 경우 영어의 a/the에 해당하는 단어(관사)들이 각각 16개이다. 영어에는 고작 주격, 목적격 정도가 있지만, 4개의 격(格)이 있다고 한다. 여기에 남성, 여성, 중성, 복수 각각(4×4=16). 또한 스페인어의 경우 형용사조차 성(性)별, 단수/복수별로 단어가 변한다. 우리에게 어려운 영어일지라도 이렇게 세계의 다른 언어와 비교해 보면, 감사히 공부하고 싶다(?)는 생각이 들게 된다.

(1) 관형형 어미나 명사 뒤에 쓰여, '셈', '식', '꼴'의 뜻을 나타내는 말
(2) 주위 환경이나 일의 형편에 걸맞게 어울리는 분수와 품위
(3) 신분이나 지위, 주위 환경 따위에 맞는 일정한 방식

영어에서 우리는 이것이 말하는 사람인 내가 어떤 명사를 얘기할 때, 정황상 내가 또는 내 말을 듣는 사람이 이미 다 아는 물건(사물, 사람)을 지칭하는 것인지, 또는 그 사물의 신분에 따라 정해진 관사를 쓸지, 쓰지 않을지를 지정해 놓는다는 말로 이해하면 쉽다.

2) a를 쓸 것인가 the를 쓸 것인가

a는 한마디로 **부정관사**(정해지지 않은 관사)라고 하고, the는 **정관사**(정해진 관사)라고 부른다. 이미 이름에서 알 수 있듯이, 정해지지 않은 관사라는 뜻은 말하는 입장에서 특정한 사물(또는 사람)을 가리키는 명사가 아니라는 뜻이다. 내가 빵을 먹었는데, 아무거나 '그냥' 빵을 하나 먹은 것인지 또는 몇 날 몇 시 어느 제과점에서 어떤 맛을 가진 '**특정한**' ○○빵을 먹은 건지에 따라 '빵'이라는 명사 앞에 붙는 관사가 a가 될지 the가 될지 달라질 수 있다는 뜻이다. 굳이 우리말로 하자면 이런 차이다.

- **너 연필(한 자루) 있어?** - 아무 연필이나 상관없이 그냥 연필이기만 하면 되니까, a pencil 이라고 말하면 된다.
- **너 (그) 연필 가지고 있니?** - 말하는 사람이나 듣는 사람이나 혹은 말하는 사람 혼자 생각에라도, 이미 염두에 두고 있던 특정 연필(가령, 내가 전에 선물로 줬던 연필이라든지)이다. 상대방도 반드시 그걸 알아야 한다는 것은 아니지만, 상대방이 모르더라도 말하는 사람 마음속에 생각하고 있던 연필이라면 the pencil이라고 쓴다. 어찌 보면 **정관사**(the)는 상당히 **주관적**이라고 할 수 있다. 상대방이 알거나 모르거나 일단 말하는 사람 입장에서 그 명사(사물, 사람)가 마음속에 정해진 '**특정한**' 대상일 때 사용하면 된다. 다만 the를 반드시 사용해야 하는 것과 사용하면 안 되는 것들이 정해져 있어서 몇 가지는 기억하는 것이 좋다.

3) the를 사용하도록 정해진 명사들

일반적으로 자신만의 고유한 이름 앞에는 the를 쓰지 않는다. 이미 특정 사물(사람)의 이름

으로 지정해 놓은 것이기 때문에 굳이 정해진 관사를 쓸 필요가 없다. 모든 사람 이름, 특정 브랜드, 지명 등등. 강아지라는 동물 명칭에는 a, the를 사용하지만, 우리 집 강아지(예를 들어 '사랑이'라는 이름을 지어 줬다면, 그 '사랑이'라는) 이름 앞에는 a, the 중 어느 것도 사용하지 않는다. 이미 **특정 이름**으로 지정해 주었다는 뜻이니, 정관사를 다시 쓸 필요가 없다.[42]

위에서 설명한 '말하는 사람 입장에서 정해 놓은 어떤 물건이나 사람' 말고도 the를 사용하는 대표적인 명사들을 보면 이런 것들이 있다.

(1) 세상에서 유일한 것

the universe, the sun, the earth, the moon, the sky, the world

(2) 일상생활에서 자주 보는 것들

the hairdresser, the bus, the train, the bath, the post office, the airport

(3) 종족이나 그룹, 가족을 대표해서 지칭하는 경우

the cat(고양잇과 동물), the Maui, the Simpson

(4) 섬으로 이루어진 곳(나라)과 긴 수식어가 붙는 나라 이름 앞에서 사용

the Netherlands, the Hawaiian Islands, the Philippines, the United States of America, the United Kingdom, the Irish Republic, the French Republic, the Republic of Korea

(5) 바다, 산맥, 사막, 강, 해협, 운하, 반도

the Pacific ocean, the Himalayas, the Sahara, the straits of Dover, the Panama Canal, the Korean Peninsular

---

42) 여기서 알아보는 영어의 특성: 가능하면 중복되는 개념을 피한다. 또한 중복되는 말도 피한다. 중복되는 단어도 잘 안 쓴다. 가령 한 페이지의 글 안에 같은 뜻인데도 다른 단어로 표현하는 것들이 종종 발견되는데, 그 단어가 가장 경제적(나는 영어의 '효율성'에 대해 '경제적'이라는 표현을 종종 즐긴다)이고 뜻이 가장 적절하게 전달되는 단어라면 반복해 쓸 수밖에 없지만, 그렇지 않다면 여러 가지 비슷한 의미의 다른 단어(유의어/synonym)들을 사용하는 것이 영어적인 표현 방법이다. 거꾸로 유의어를 잘 활용하지 않을 경우, 글의 수준이 (낮은 쪽으로) 바로 드러난다는 특징이 있다. 오죽하면 영어에는 일반 사전과 함께 '유의어 사전(thesaurus)'이 따로 있어서 원어민들도 많이 활용한다. 영어를 잘하는 사람들은 당연히 '어휘력'이 좋은 사람들이고 또한 그 풍부한 어휘력을 잘 활용하는 사람이 영어를 '잘한다'는 평을 받는다.

(6) 큰 배, 철도, 고속도로 이름

the Titanic, the Orient Express, the M1

(7) 중요한 기능을 하는 건물, 호텔, 영화관, 극장, 박물관, 미술관 등

the White House, the Hyatt, the Mega Box, the British National Museum

(8) 특정 단체나 언론사, 기관

The New York Times, the BBC, the Red Cross

(9) 특정 신체 부위

the head, the knee, the leg, the cheek

(10) 발명품, 실험도구, 악기

the telephone, the guitar, the computer, the piano

(11) 전쟁, 특정 사건

the Korean War, the Vietnam War

(12) 형용사 앞에 쓰이는 경우

- '가장 ~한'이라는 의미의 형용사 앞에서 그 명사는 특정한 것으로 보아, 정관사를 사용한다. first, next, last, same, only를 앞에 쓰는 명사도 정관사를 사용한다.
- the와 형용사로만 이루어진 단어는 마치 명사처럼 역할을 하여, '~한 사람'이라는 뜻이 된다. the poor, the rich, the ugly

4) the의 사용은 누구에게라도 어렵다.

한국 사람들에게는 물론 영어권의 원어민이라 할지라도, the의 사용에 대해 통달하기가 매우 어렵다고 한다. 즉, the는 영어 수준이 높은 외국인들이 가장 어려워하는 부분이다. 그러니 초보자들도 너무 힘들어하지 말자. 많이 읽고 들으면 점점 더 올바르게 사용할 수 있게 된다.

또한 공공의 것으로 정해진 것이 아닌 사물에 대해 the를 사용하는 경우, **말하는 사람이 마음 속에서 이미 지정해 놓은** 어떤 특정한 것이기 때문에 the를 사용하였노라고 말한다면, 듣는 사람 입장에서도 딱히 '틀렸다'고 지적하기가 애매한 점도 있다. 이 '주관적인 입장'이라는 점 때문에 우리와 같은 외국인은 물론 영어권 원어민들도 어렵다고 말한다. 따라서 반드시 사용해야 하는 몇 가지의 경우를 기억하고, 자주 사용하여 익숙해지도록 노력해 보자.

💬 연습 문제

1. 다음 문장에서 모든 명사(명사의 성질을 가진 모든 단어)에 밑줄을 그어 표시하시오.
   ① 동생은 떡볶이와 어묵 먹는 것을 제일 좋아합니다.
   ② 세상의 모든 것들이 다 파랗게 물들어 보입니다.
   ③ 이번 설날에는 고향에 혼자 가기가 싫어지네요.
   ④ 나는 친구들과 함께 한라산 등반을 계획하고 있습니다.
   ⑤ 여기서 부산과 구미 중 어디가 더 가깝습니까?

2. 다음 문장에서 밑줄 친 명사가 한 개가 아니라 여러 개(많은 수/양)라면 어떻게 영어로 표현할 것인지 생각해 보시오.
   ① 이것이 이번에 새로 출시된 스마트폰입니다.
   ② 마트에 가서 밀가루를 사 오거라.
   ③ 새 달력이 몇 개 배달되었다.
   ④ 깨진 벽 틈으로 찬 바람이 많이 들어와요.
   ⑤ 그의 차 창문을 통해 더 많은 먼지가 들어왔다.

CHAPTER 9
형용사 총정리

■ 명사를 위해 존재하는 형용사: 그러니 명사 뒤에 졸졸 따라옵니다.

1. 실제 활용되는 형용사(단어) 찾기

앞서 공부해 온 내용을 기초로 형용사가 실제로는 어떤 형태로 우리 입과 손으로 표현되고, 우리는 어떻게 받아들여서 영어로도 할 수 있는지 정리해 보자. 대략적으로 형용사는 (우리말 순서로 볼 때) "~한 ○○[명사], ~은 ○○[명사], ~의 ○○[명사], ~적(인) ○○[명사]" 등으로 표현이 된다. 따라서 이에 해당되는 형용사들에는 어떤 종류가 있는지 둘러보자.

1) 성질과 상태를 나타내는 형용사

(1) 동사에서 나온 형용사
CHAPTER 6 참조, ~하는(~ing)/~할(to+동사)

(2) 나라 이름에서 온 형용사
한국, 미국, 중국, 일본 등과 같은 고유 명사에서 나온 형용사
Korea 한국 → Korean 한국(어)의 / English 영어 → English 영국(어)의 / France 프랑스 → French 프랑스(어)의 / China 중국 → Chinese 중국(어)의 (모든 국가 이름의 형용사형은 '그 나라의/그 나라 언어/그 나라 사람(의)'의 뜻이 모두 있다.)

(3) 물질의 이름에서 나온 형용사

금, 은, 돌 따위 물질의 이름에서 나온 것으로, 원래의 명사를 그대로 쓴다. 즉, gold는 '금'이라는 뜻의 명사인데 동시에 '금의', '금으로 된', '황금의'란 뜻의 형용사도 된다. [예: a gold ring 금(으로 만든) 반지(gold는 '금으로 된'이란 뜻이고, golden은 '금빛 나는'이란 뜻)]

(4) 일반적인 형용사

big 큰, small 작은, pretty 예쁜, good 좋은, round 둥근, sharp 뾰족한, long 긴, thick 두꺼운

※ 특히 이 보통 형용사는 '더 ~한, 가장 ~한'과 같은 표현을 쓴다. 연습할 때는 아래와 같이 외워 두면 편리하다.

세 마디(음절) 이하 짧은 형용사			세 마디(음절) 이상 긴 형용사		
기본	비교급 (~ than)	최상급 (the 사용)	기본	비교급 (~ than)	최상급 (the 사용)
good	better	best	beautiful	more beautiful	most beautiful
long	longer	longest	comfortable	more comfortable	most comfortable
pretty	prettier	prettiest	popular	more popular	most popular
small	smaller	smallest	sensitive	more sensitive	most sensitive

A: You are beautiful. But I am more beautiful <u>than</u> you.
B: No, I am <u>the most</u> beautiful person in the world!

2) 대상과 관련된 형용사

(1) 소유 형용사

나의/너의/그들의(my/your/their) 이 밖에 또 무엇이 있을지 생각해 보자.

(2) 지시 형용사[43]

이(this/these), 저(that/those)

(3) 부정(不定) 형용사

정해지지 않은 포괄적인 것(인원, 물건, 생물)들을 가리킨다.

all men 모든 사람/모든 남자, some boys 어떤 소년들

3) 수와 관련된 형용사

(1) 정해진 수를 나타내는 경우
- 기수: 하나(의), 둘(두 개)의, 셋(의) … one, two, three
- 서수: 첫 번째(의), 두 번째(의) … the first, the second, the third, the fourth, the fifth…

(2) 정해지지 않은 수를 나타내는 경우

many 많은, few 거의 없는, some 약간의, several 여러 개의, a few 조금 있는, quite a few 아주 적은, a little 조금 있는, quite a little 아주 적은

<u>those</u> <u>three</u> <u>little</u> <u>cute</u> girls(저 세 명의 작고 귀여운 여자아이들)
  ①   ②   ③   ④

① 지시하는 형용사가 일반적으로 제일 앞에 나온다.
② 숫자를 표시하는 형용사가 그다음에 나온다.
③, ④ 해당 명사의 고유한 성질을 나타내는 일반 형용사는 2개 이상 쓰게 되면 (원래 성질/형태를 알려 주는 형용사는 명사 뒤에 오게 되어 있었기 때문에) 상당히 부담스러워진다. 따라서 ③, ④번과 같은 형용사는 명사와 더 가까이 놓아두어 그 명사의 고유 성질임을 알려 주는

---

43) 이미 우리가 일상생활에서 많이 활용해 온 것이지만 새로 배우려는 사람들에게는 헷갈리기 쉬운 내용이다. 이 친구들은 단독으로 활용되면 명사(이것, 저것)이지만, 명사 앞에 활용되면 형용사(이것의, 저것의) 역할을 하게 된다. 그러나 그대로 해석하면 어색하지 않은가? this pencil(이것의 연필?) 그래서 우리말로는 '이 연필'이라고 해석하는 것이 자연스럽다.

것이고, 굳이 ①, ②번의 내용도 함께 전달해야 하는 경우라면, 위와 같은 순서로 활용한다. 또한 이미 "저(those)", "세 명의(three)"라고 구체적으로 밝히고 있기 때문에 the나 a를 추가하면 이상해진다는 것쯤은 알고 있어야 하겠다.

2. 형용사의 확장(단어/구/절)

　동사가 문장 전체를 좌우한다면(사실은 주어가 하는 행동, 상태를 나타내는 것이 주 역할이지만, 워낙 쓰임새가 다양하다 보니), 명사는 주체(subject, 주제/주인), 또는 객체(object, 대상/손님)가 되는 경우가 대부분이다. 그리고 명사는 우선 수적으로 매우 우세하다. 그런데 명사를 구체적으로 설명해 주는 단어들(이들이 바로 형용사다)이 없다면 문장은 매우 단조로워질 수밖에 없다.

<u>학생</u>은 <u>학교</u>에 간다.

　밑줄 친 부분이 '명사'라는 것은 이제 우리에게는 확실하게 다가온다. 분홍색 부분이 영어에는 없는 개념인 [조사][44]인데, 특히 '은, 는, 이, 가, 을, 를'이 붙어서 자연스럽게 발음이 되거나 문장에서 활용된다면, 그 단어는 반드시 [명사]일 것이다. 우리가 영어를 하면서 평생토록 위의 예시 문장처럼만 말하고 말 것인가 아니면 '어떤' 학생이고 '어떤' 학교인지 추가적인 정보를 함께 말할 수 있을 정도의 수준이 될 것인가는 바로 [형용사]와 어떻게 친해지느냐에 달려 있다.

① **저 멋진** 학생은 **자기** 학교에 간다.

---

44)　[**조사**(助詞)]에 대해서는 영어 교재에서 깊이 다루기는 힘들지만, 한국 사람인 우리가 반드시 유념해야 하는 단어의 종류이다. 영어에는 없는 이 단어들이 한국어에서는 엄청난 뉘앙스의 차이를 줄 수 있다. '당신을 사랑한다'와 '당신만을 사랑한다'가 다르고, '학교에 간다'와 '학교에도 간다'가 많이 다르듯이, '나는 빵을 먹는다'를 섞어서 '나를 빵이 먹는다'라고 하는 것도 의사소통에 문제를 일으킨다. 이렇듯 한국어에서 유용한 [**조사**]가 영어에는 없다. 없이도 잘 살아가는 방법은 '각 단어들의 역할 분담에 따른 위치가 고정'되어 있다는 이유와 [**전치사**]라는 단어들의 활약이다. 우리말에서는 [**조사**]와 [**부사**]가 영어의 [**전치사**]가 하는 역할을 상당 부분 대신하고 있는 셈이다.

이렇듯 명사 앞에 나타나 명사가 '어떤'지 추가적인 설명을 해 주는 친구들이 [**형용사**]다. 그러나 살다 보면, 짧은 한마디로(단어 한 개)만 표현하기보다는 좀 더 많은 정보를 주고 싶을 때가 많다. 즉, 단어보다는 구(句)로, 구보다는 절(節)로 설명해 준다면 더 구체적인 정보가 전달될 수 있다.

② 편의점에서 아침을 먹은 저 학생은 ③ 길 건너편에 있는 자기 학교에 가고 있다.

우리는 모두 이런 정도 실력의 영어를 하고 싶은 것이 희망 사항이다. 그런데 막상 손을 대려 하면 너무 막막하다.

이 책의 맨 처음에 소개한 개념을 잘 활용해야 이 모든 것을 이룰 수 있다.
단어(한 글자), **구**(두 단어 이상), **절**(주어와 동사가 모두 있는 것)들이 모두 형용사의 모습을 하고 명사 주변에서 명사를 더욱 구체적이고 풍부하게 수식해 줄 것이다.

기본적으로 ①번의 경우가 **한두 개의 개별 단어**(형용사)로 명사를 꾸며 주는 경우다. 이때 그 형용사는 명사 앞(그리고 the나 a 사이에) 자연스럽게 놓고 활용하면 된다. ②번의 경우 엄밀히 보면 **주어와 동사가 사용된 절**이다. 이를 이해하기 위한 추가 설명이 필요하다.

이런 문장을 만들어야겠다고 생각하는 순간 우리나라 사람들은 우리말의 문장 맨 앞에 놓인 '편의점에서…'라는 단어를 어떻게 말해야 하는가에 집중하게 된다. 그러나 영어는 웬만해서는 그 본연의 법칙에서 벗어나지 않는다는 것을 반드시 기억하기 바란다. 즉, 일단은 [**주어**]+[**동사**]의 기본 틀을 지켜야 한다. 분홍색 굵은 단어 '**학생/가고 있다**'가 문장의 핵심이다.

학생(어떤 학생?) = 편의점에서 아침을 먹은 (학생) = 그 학생(**주어**), 먹었다(**동사**), 아침을(**목적어**), 편의점에서(**부사적인 내용들**), 단어가 어려운 것은 아니니 한번 해 보도록 하자.
The student had breakfast at the convenient store. 하지만 이것은 완전한 문장이 아니라, 학생을 설명해 주는 '명사절[45]'이다. 따라서 뒤의 **마침표는 찍으면 안 되고**, 한국어로도 해석은 '먹었다'로 하면 안 된다. 학생을 수식해 주는 말이니 '**~ 먹은 학생**'이라고 해석이 되어

---

45) 자주 하는 얘기지만, '명사절, 형용사절, 부사절' 이런 용어들에 대해 절대 스트레스받지 말기 바란다. 시험에 답으로 절대 나오지 않는 용어들이다.

야 한다. 기존의 복잡한 고전 문법에서는 '관계대명사'라는 역할로 이렇게 가르쳐 왔다.

① The student (주어/명사)
② The student had breakfast at the convenient store (주어를 수식해 주는 부분/형용사 절)
③ The student who had breakfast at the convenient store [형용사 절로 수식해서 설명이 충분해진 주어 (명사)]

①+② = ③ 즉 중복된 부분(the student)을 제거한 결과로 ③이 되었다.

여기 분홍색으로 쓴 단어가 중복된 것이므로 오른쪽에서 보듯이 그 중복된 단어를 없애는 대신 '주어 역할'을 하는 관계대명사 who를 쓰고, 연이어 동사+목적어+부사 순의 문장을 풀어나가면서 그 '절'을 완성하게 된다. 예전에는 이런 내용을 이용해 'who'가 들어가야 할 자리에 빈자리를 채우는 식의 문제가 시험에 출제되었다. 이제 시대는 많이 변했다. 이것들이 사용되어 이루는 단위가 큰 의미에서 주어인지, 목적어인지, 혹은 문장 전체를 보면서 이들이 하는 역할을 구분하고, 전체를 보는 눈을 키우는 것이 더 중요하다. 그래야 문장 전체가 (우리말로) 해석되기 때문이다.

우리가 우리식의 표현 방법(말하는 순서)에 익숙해서 이해하기 어렵다고 생각해 왔던 영어식의 표현 순서에 대해 좀 더 열린 시각으로 받아들여야 덜 고생을 하기 때문에, 가장 기본적인 영어의 법칙[46]을 항상 기억해야 하겠다.

편의점에서 아침을 먹은 저 학생은

이 예문에서 보듯이 (우리말은 꾸며 주고 설명해 주는 말이 우선 나오고, 정작 중요한 말은 항상 가장 나중에 나온다. 그래서 끝까지 듣지 않으면 매우 낭패를 본다. '**편의점에서 아침을 먹은**'이라는 말만 듣고 말아 버리면, 진짜 누굴 지칭하는 것인지 알 방법이 절대 없다. 그러나 영어는 다르다. 우선 '**저 학생**'이라는 말을 먼저 한다. 그 학생을 구체적으로 설명해 주는 말(한 문장이나 다름없는 긴 설명 문구)은 그 뒤에 나오지만, 주의 깊게 듣지 않더라도 일단 중심이

---

46) 그 기본은 영어는 '**중요한 것**(S+V+O 중 V에 **중점**)을 **먼저 얘기한다**'이다.

되는 (중요한) 단어를 먼저 얘기하였으니, 의사소통에 큰 지장은 없다. 따라서

The student (who had breakfast at the convenient store)

이렇게 주어 부분이 완성된다. 그다음엔 당연히 동사가 나와야 한다. '가고 있다', 여기서 '가다/간다/갔다/가고 있다' 등의 구분은 **동사의 시제**에서 더 정확히 얘기하겠지만, 일단 우리는 '지금 그 학생의 상태가 학교를 향해 가고 있는 상태를 나타낸다'고 보는 것이 더 정확하다. 따라서 **상태(be)동사**를 활용하여, is going이라고 쓰면 된다. 앞서 동사가 형용사로 변신하는 '동사+ing: ~하는' 패턴을 기억하는가? '간다'는 행위는 자연스럽게 '**목적지**'가 따라 나와야 하므로 '자기 학교로'에 해당하는 to his/her school이 나와야 한다. 또 한 가지 그 학교를 추가적으로 설명해 주는 (학교라는 명사를 설명해 주는 말은 '형용사'이며, '길 건너편에 있는'이라는 말도 역시 '학교'라는 단어 뒤에 따라 나와야 한다.

위에서 '**편의점에서 아침을 먹은(먹다)**'의 표현과 '**길 건너편에 있는(있다)**'라는 표현이 조금은 다르다는 것에 주목해 보자. 편의점에서 아침을 먹은 행위는 〈주어(누가)+동사(한다)+목적어(무엇을)〉의 일반적인 순서로 이루어지는 내용이지만, "(학교가) 길 건너편에 있다"라는 내용은 학교가 사람처럼 어떤 동작을 해야만 이루어지는 내용은 아니다. 그렇다고 해서 [**상태(be)동사**]를 써야 할 정도로 상황을 복잡하게 만들 일도 아니다.

명사를 설명해 주는 가장 간단한 방법은 다음과 같다.
① 형용사라는 <u>단어</u> 하나를 앞에 넣어 주는[47] 방법.
② 전치사<u>구</u>(전치사+명사)를 활용하여 명사 뒤에서 수식해 주는 방법. = '형용사구'가 된다.
③ 관계대명사<u>절</u>(관계대명사+주어+동사+목적어)를 활용하여 명사 뒤에서 수식해 주는 방법. 물론 뒤로 갈수록 문장은 더욱 길어지게 된다. = 이건 당연히 '형용사 절'이다.

---

47) 이 챕터의 처음에 명시하였듯이, 형용사는 원래 명사 뒤에 따라 나오는 것이 원칙이다. 그런데 한 단어로 된 형용사는 a(또는 the)와 명사 사이에 넣어 주어 깔끔하게 처리하는 방식으로 진화되었다. 형용사가 두 단어 이상(또는 절)으로 이루어진 내용이라면 원래대로 명사 바로 뒤에 위치한다. 결혼식에서 꽃바구니를 들고 신부 앞에서 걸어가는 화동(1명)과 신부의 긴 드레스를 들고 뒤에 쫓아가는 3~4명의 들러리들을 연상하면 이해하기 쉬울 것이다. 3~4명이 신부보다 앞장서면 좀 어수선하고 복잡해 보이지 않는가? 주인공은 '신부'인데…. 대신 1명은 앞에 나와도 귀엽고 깜찍해 보이지 불편해 보인다고 느껴지지는 않을 것이다.

여기서 ② 전치사구의 역할이 상당히 (너무나도 많이) 실제 생활에서 활용된다는 것을 기억해야겠다. 이는 영어 특유의 다양하고 광범위한 전치사의 기능으로 가능해진다. 실제 우리가 살아가면서 이런 표현을 얼마나 많이 사용하고 있는지 안다면 영어로도 표현하는 것 역시 매우 쉽다는 것을 깨닫게 될 것이다.

길 건너편에 있는 학교 = (the) school across the street
책상 위에 놓인(있는) 책들 = books on the desk
꽃무늬가 그려진 치마 = the skirt with flower patterns
고속도로 위를 달리는 트럭 = a truck on the highway
교실 안에 있는 의자들 = chairs in the classroom
가격표가 없는 상품 = goods without the price tag
미소 가득한 점원 = the salesman with a big smile
스트레스를 받고 있는 영화배우 = the movie star under pressure
내 생의 최고의 날 = the best day of (또는 in) my life

편의점에서 아침을 먹은 저 학생은	길 건너편에 있는 자기 학교에	가고 있다.
① 주어	③ 부사	② 동사

The student who had breakfast at the convenient store	is going
① 주어	② 동사
to his school across the street.	
③ 부사	

※ 위 두 상자 안의 한국어와 영어의 문장 구조를 비교해 보고 이해하기 바란다.

연습 문제

1. 아래 이야기를 읽고 형용사(word), 형용사구(phrase), 형용사절(clause)로 표현하면 좋을 것이라고 생각되는 곳을 골라 표시하시오.

   엄마, 아빠, 할머니, 할아버지들과 함께 초콜릿 공장 바로 옆, 다 쓰러져 갈 듯한 작은 오두막집에서 살고 있는 찰리 역시 초콜릿 공장에 가고 싶은 건 마찬가지였다. 찰리는 매일 밤 잠들기 전 공장 안이 어떻게 생겼을지를 상상하며 잠이 들곤 했다. 하지만 찰리는 1년에 단 한 번, 자신의 생일에 딱 한 개의 웡카 초콜릿을 먹을 수 있기 때문에 당첨될 확률은 거의 희박했다. 한편, 세계 각국에서 행운의 당첨자들이 속속 나타나기 시작했다. 첫 번째 당첨자는 독일의 먹보 소년 아우구스투스. 언제나 초콜릿을 입에 달고 사는 소년이다. 두 번째 행운은 뭐든지 원하는 건 손에 넣어야 직성이 풀리는 부잣집 딸 버루카에게, 세 번째는 껌 씹기 대회 챔피언인 바이올렛에게 돌아갔다. 네 번째 주인공인 마이크는 자신이 얼마나 똑똑한지를 세상에 과시하기 위해 도전에 응해 목적을 달성한 집념의 소유자다. 그리고 마지막! 눈 쌓인 거리에서 우연히 돈을 주워 웡카 초콜릿을 산 찰리가 다섯 번째 황금 티켓을 발견한 주인공이 되었다!

2. 위 이야기에서 마음에 드는 문장 하나를 선택하여, 영어로 적어 보시오.

※ 실력이 늘면, 두세 문장 또는 그 이상도 도전할 수 있다. 나중에 원문을 가져와서 자신이 적은 영어와 비교해 보자.

CHAPTER 10
쓰임새가 너무도 많은 부사

1. 문장에서 부사의 역할

지금까지 아홉 개의 CHAPTER를 기록하면서, 나는 재미있는 이야기처럼 영어에 대한 나의 논리를 펼쳐 나가리라 마음먹었던 것이 잘 실현되고 있는지 참으로 궁금했다. 사람들은 종종 거울을 보면서 '이 정도면 어디 가서 빠지지는 않을 거야.' 하며, 자신에게 관대하기 마련이니까. 내가 영어를 듣고 말하고 쓰는 것이 불편하지 않다고 해서 내 나름대로의 논리를 무작정 독자들에게 설명하면서 '이 정도면 이해하기 쉽지 않나요?'라고 강요하는 것 같아 염려스럽다.

실제 영어에는 8품사가 있다고 하는데 (그리고 중국어의 경우 적어도 12~13개의 품사가 있다고 하니, 나는 또 한 번 영어에 대해 감사할 따름이다.) 나는 고전적인 방식으로 그들을 모두 나열하여, 여러분에게 부담을 주고 싶은 생각이 없다.

첫째, 그것들을 꿰지 않고도 실제 영어를 사용하는 데는 거의 문제가 없기 때문이다. 모두 영어 교사나 영어학자가 되려는 목적이 아닌 이상, 실질적으로 이해하는 수준이면 충분하다는 생각이다. 그래서 고심 끝에 최소한 5개만 기억했으면 한다(**형, 명, 부, 동, 전**). 이는 **둘째로, 더 많은 사람들이 쉽게 영어에 다가가기 위해서는 최소한의 문법적인 접근은 있어야**, 나의 열망이 실현 가능해지기 때문이다.

번역을 주로 해 오던 내 습관 때문에, 나는 한국어와 영어와의 관계에 대한 이해가 더욱 절실하다고 느껴 왔다. 우리말을 보면서 영어식의 표현으로는 어떤 중요한 부분이 빠져 있는지, 에두른 표현이나 직격탄을 날릴 만한 표현으로 어떻게 바꾸어야 하는지 고민하다 보니, 자연적으로 우리말을 이해하지 않으면 영어로 표현하기가 어렵다는 깨달음을 얻게 되었다. 그리고 대중들이 이해하기 쉬운 다음과 같은 도식을 만들어 냈다.

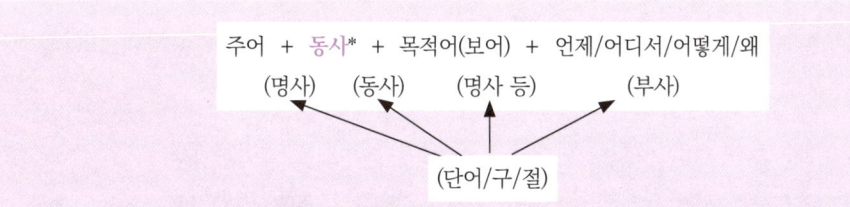

1. [**동사**]에 **별표**: 동사가 무엇이냐에 따라 목적어 자리의 단어가 결정된다. (명사가 아닐 경우, 목적어가 없는 경우, 목적어가 두 개인 경우 등)
2. 모든 성분은 낱말 1개(**단어**), 단어 여러 개(**구**), 또는 '주어+동사'로 이루어진 문장 속의 문장(**절**)과 같은 형태로 되어 문장이 길어지게 된다.
3. [형용사]는 문장성분 중 [명사] 가까이에서 '어떠한'의 의미를 더해 준다.
4. [부사]는 위의 4가지 성분 이외에 '**어떻게** ~한'의 경우처럼 형용사의 '**정도**'를 설명해 줄 때도 활용된다. 따라서 단어/구/절의 범위를 모두 포함한다면 영어에서 [부사]의 활용은 대단히 무한하다고 할 수 있다.

영어의 구조를 최소한으로 표현한다면 위와 같다. 더욱이 네 번째 성분인 부사(**언제, 어디서, 어떻게, 왜**)들은 필수 성분이 아니라, 말하는(글 쓰는) 사람 마음대로 해도 되고 안 해도 된다 (이상할 것이 없다). 즉, 반대로 얘기하면, 혹시라도 말하는 사람이 그 부사를 얘기하지 않아서 이상하다고 생각될 경우에는 설령 부사라고 할지라도 해 주는 것이 상대방을 배려하는 의사소통이 된다. (이것은 영어나 한국어나 어떠한 외국어도 모두 다 해당될 것이다.)

즉, 언어란 철저히 '**의사소통**'을 염두에 두어 표출하는 인간의 활동이라는 것을 상기해 주기 바란다. 가령, "나는 연필을 (놓아)두었다."라는 말을 하면서, '**어디에**' 두었는지 얘기하지 않으면 듣는 사람이 이상하게 생각할 것이다. 또한 "지금 어디 가니?"라는 질문에, "저는 지금 가고 있어요."라고만 답한다면, 듣는 사람은 '이 사람이 내 얘기를 못 들었나?'라고 생각할 것이다. 위 상자에서 [**동사**]에만 별표를 붙인 것은 단지 '목적어'가 나오는지만의 문제가 아니라, 어떤 성격의 단어가 목적어 자리에 나오느냐는 물론 어떤 부사가 반드시 활용되어야 마땅한지를 결정하는 것이 순전히 [**동사**]의 성격과 의미에 따라 좌우되기 때문이다. 또한 그 동사의 의미를 실제 영어가 사용된 그 상황에서 가장 가까운 우리말의 의미로 이해할 때, 그 문장에서 사용되어야 하는 '부사'도 자연스럽게 해석되고, 나도 그렇게 말할 수 있기 때문이다.

2. 부사가 많이 활용되는 이유

아래 문장 하나를 예시로 생각해 보자.

이 문장에서는 우리말의 조사를 제외한 단어의 품사(영어 기준)를 모두 순서대로 나열해 보았다.

| 명 | 명 | 동 | 명 | 명 | 관 | 명 | 전 | 부 | 동 | 명 | 명 | 명 | 동 |

한파가 절정을 이룬 5일 추풍령의 한 비닐하우스/에서 탐스럽게 익은 겨울/딸기 수확이 한창이다.

[한파가 절정을 이룬 5일] [추풍령의 한 비닐하우스에서] [탐스럽게 익은 겨울딸기 수확이] 한창이다.
언제(부사절)　　　　어디에서(부사구)　　　　　　　주어(명사구)　　상태 동사
　　　　　　　　　　　　　　　　　　　　　　　　　　　　　　　　　(목적어/보어)

분홍 박스 [**명사**]들을 보면, 우리가 평소에 사용하는 단어들 중 [**명사**]가 단연코 으뜸으로 많은 것을 알 수 있다. 또한 붉은 박스 [**동사**]들에 주의해 보자. 이들 모두 '~다'의 형태가 가능하지만, 셋 중 하나만 '~다'로 끝나며, 나머지 둘은 '~ㄴ받침'으로 변형된 것을 볼 수 있다. 즉, 동사를 형용사처럼 활용하였다. 만약에 그 단어(**동사**)들 중 하나만 변형하여 형용사 역할을 하게 도왔다면, [(과거/현재)분사로 사용한 것일 테고, 전치사를 사용하여 '**구**'를 만들어 활용할 수도 있고, 혹은 그 동사가 들어가는 '**절**'을 만들어 '누가(또는 무엇이) ~한'의 뜻으로 좀 더 길게 앞의 명사(한국어는 뒤에 따라 나오는 명사)를 수식한다. 한국어 문법으로 맨 앞에 얘기하고 있는 '언제, 어디서'는 물론 부사적인 성분이고, '익은 겨울딸기'에서 어떻게 익었는지를 알려 주는 '탐스럽게'라는 단어도 [**부사**]이다. 기본적으로 [**부사(副詞)**]란 '부수적인' 성분이라는 의미이다. 형용사[48]가 '어떤 [**명사**]'를 설명하기 위한 역할을 하는 데 반해, 부사는 어떤 기본적인 성분(**동사/형용사**)들이 있고, 그다음 순위로서 추가적으로 더 얹어 주는 성분이다(명사는 형용사가 도와주므로 부사의 도움은 필요치 않다). 위에서 예를 든 문장을 크게 살펴보면 아래와 같다.

---

48) 우리말에서는 형용사라는 말 대신에 '관형어'라고 한다. 이는 형용사를 '명사를 꾸며 주는 역할'로만 한정하는 것이 아니고, 서술어(동사)로도 변환이 가능한 더 넓은 역할임을 의미한다. 즉, '예쁘다'라는 단어는 우리말에서는 형용사가 동사의 기능도 하는 '관형어'이다(참고로 중국어도 그렇다). 하지만, 영어에는 '관형어'라는 개념이 전혀 없으므로, '예쁘다'라는 표현은 **상태동사**인 'be'동사를 쓰고, 그 뒤에 **형용사**인 '예쁜'이라는 단어를 사용해야만 한다(즉 상태동사는 항상 보충해주는 단어가 뒤따른다). 따라서 위 예문에서 '한창이다' 역시 우리말에서는 '관형어'인 '한창이다'라는 단어를 하나만 사용하면 되지만, 영어에는 **상태동사+형용사**의 형태로 표현해야 마땅하다. 우리나라 사람들이 영어의 'be동사' 활용을 힘들어하는 이유가 바로 이 때문이다. 영어에서 [동사]를 생각할 때 항상 '동작과 상태'를 구별해야 하는 이유도 (영어를 잘하기 위한) 이러한 기본적인 배경 때문이다.

언제+어디서+무엇이+~인+(상태)이다. 이것을 다시 영어식으로 표현한다면,

↓

무엇이 + (상태)이다 + ~인 + 언제 + 어디서
주어   동사   목적어(**보어**) 부사(언제, 어디서, 어떻게, 왜)

> **동작동사**에서 목적어가 오는 자리에, [**상태동사**]에서는 '**어떤**' 상태에 해당하는 〈보(충해 주는) (단)어〉가 온다.

다시 말해 문장에서 가장 자주 출현하는 단어들은 [명사]일 확률이 높고, 명사를 꾸며 주는 단어에는 형용사 또는 명사를 활용한 **형용사 구/절**이 있다면, [동사]나 [형용사]에 덧붙여 설명해 주는 단어들은 모두 [부사(어)] 또는 [부사구/절]의 성분이므로 부사의 활약이 더 광범위하다는 것은 두말할 필요도 없다. 기본적으로 '**언제/어디서/어떻게/왜**'라는 내용은 모두 [부사]의 성격을 가졌기 때문이다.

① **상태동사 ~이다**: <u>어떻게</u> ~한 **~이다**.
② **동작동사 ~하다**: <u>언제 어디서 어떻게 왜</u> **~하다**.
③ **명사**: <u>어떻게</u> ~한 ~(명사)
④ **형용사**: <u>어떻게</u> **~한**(형용사)

우리말에서는 부사 성분보다 분량이 더 적은 [주어+동사] 부분이 문장의 뒤쪽으로 물러나 있음이 확연히 눈에 보인다. 우리말이나 영어는 모두 주어와 동사가 서로 멀리 떨어지는 것이 부자연스럽다. 부사어가 그 사이에 들어가는 경우도 종종 있다.[49] 이는 일반적으로 단어의 형태일 때는 가능하지만, 구나 절에서는 단어가 여러 개 부담스럽게 나오기 때문에 주어와 동사 사이로 비집고 들어가는 것이 부자연스럽다. 그러나 특히 영어에서는 **주어와 동사가 문장에서 중심**을 차지하고, 그 **중심 성분들이 우선 나오는 것**이 원칙이라서, 우리말의 문장과는 전체적인 순서가 일치하지 않는다. 다만, 영어에서도 부사구나 절은 순서가 자유로운 만큼, 지금처럼 부사 성분이 여럿일 때 적당히 한 개 정도는 문장의 맨 앞에 두는 일도 자주 발견된다. 물론 그 부사

---

49) 우리말에서는 이러한 예를 자주 찾을 수 있다. [예: 나는 <u>어제</u> 친구와 공원에 갔다. 엄마는 <u>주방에서</u> 이모와 함께 요리를 하신다. 너 <u>내일</u> <u>우리 집에</u> 올래? 동생은 <u>맛나게</u> 김밥을 <u>다</u> 먹었다.] 이렇듯 밑줄로 표시된 단어들은 모두 [부사]라는 것을 명심하자. 짧은 단어로 된 부사들은 우리말에서는 모두 주어와 동사 사이에 위치하는 것이 자연스럽다. 즉, 우리말은 처음 시작은 주어로 끝말은 동사(~다.)로 맺는다는 특징이 있다.

어를 말하는 사람이 강조하고 싶을 때 문장 맨 앞에 먼저 말하고 쓰는 것이 자연스럽다. 그렇지 않다면 영어에서는 '주어'를 제일 먼저 말하는 것이 일반적이다.

우리말은 관습적으로 '언제, 어디서'의 내용이 길어지게 되면, 문장 맨 앞에 우선 얘기하고, 진짜 주어가 하는 행동인 '~다.'를 문장 맨 뒤에 놓아야 자연스럽게 마무리할 수 있다. 영어에서나 우리말에서나 시작은 주어가 대부분이지만(이 말은 주어로 문장이 시작하지 않는 경우도 있다는 뜻이다[50]), 우리말과 영어의 문장 중 100% 확실한 한 가지는 한국어는 무조건 '~다'(~요, ~까? ~니? 모두 동사에 붙는 **'종결어미'**로 한 식구들이다.)로 문장이 끝난다는 사실이다. 그러나 영어의 문장은 일정치 않다. 더구나 동사는 항상 문장 중간(주어 뒤, 목적어/보어 앞, 그 뒤에 부사어들이 줄줄이 나온다)에 위치하기 때문에 **주어의 동작**이 무엇인지 고민할 필요가 없었던 한국 사람들이 영어를 어려워하는 이유는 너무나도 명백하고 자연스러운 현상이다.

중급자들을 위한 영어의 이해

본문에서 나온 예시문을 영어로 옮겨 보니 우리말과 영어의 표현 차이가 두드러진다. 개인별 의견 차이가 있겠지만, 나의 해석은 이러하다. 참고로 아래 예문은 우리나라 유력 신문사의 영어 버전 기사에서 발췌한 것이다.

<u>On the 5th day,</u> <u>when a cold wave reaches its peak,</u> the harvest of winter strawberries <u>is in full swing</u> at a greenhouse in Chungpungryong.

한파가 절정을 이룬 5일 추풍령의 한 비닐하우스에서 탐스럽게 익은 겨울딸기 **수확이 한창이다.**

우선 한국어에서의 경우 부사어/구/절은 모두 문장 앞에 위치한다. 위에서 이미 설명한 바와 같다. 그리고 주절(main sentence)은 문장의 뒤에 위치한다. 특이한 것은 '탐스럽게(이것도 [부사]이다.) 익은 겨울딸기'와 같이 주어의 일부(실제 주어는 '수확'임)인 딸기를 화려하게 수식했다. 따라서 동사인 '한창이다'는 당연히 문장 맨 뒤를 장식하는 모습이다. 누가 보아도 한국어는 '긴 부사 구문, 수식이 긴 주어'에 가려져 문장의 중심이어야 하는 〈동사〉는 왠지 초라해 보인다.

반면, 영어는 비록 한국어의 순서를 따라 부사어(절)이 문장 앞에 위치하기는 하였지만, 이들을 통째로 문장 맨 뒤로 보내어도 어색하기는커녕 상당히 자연스럽다. 다만, 추운 겨울이라는 부분을 부각하기 위해 (영어는 강조하고 싶은 말을 먼저 하는 것이 순리이기 때문에) 먼저 했다고 자연스레 (듣는 사람들은) 생각하게 된다. 그리고

---

50) 우리말과 영어에 모두 공통적으로 '부사절'로 문장이 시작하는 경우(위 박스 안의 문장) 본문의 예문처럼)에 그 부사절 안에 등장하는 주어가 원래 말하고자 하는 주된 문장의 주어와 일치할 수도 있지만, 그렇지 않을 수도 있다. 따라서 우리가 접하는 모든 문장들이 무조건 주어(말하는 사람이 의도하는, 그 명사)로 시작한다고 장담할 수 없다.

문장 중간에 나오는 주어와 동사, 심지어는 한국어의 "탐스럽게 익은"이라는 부분은 영어에는 없다. 영어의 특징 또 하나, 가능하다면 사물(생물/무생물)의 성질을 표현하는 형용사를 중첩해서 두 개 단어 이상 수식하는 일은 잘 하지 않는다. 불필요한 형용사의 남발을 자제하는 것이 '말/글을 잘한/쓴다'고 여기는 경향이 있다. [예: He is very handsome and kind. 이 정도는 문제없지만, He is a very handsome kind strong man. 이런 식으로 성질(성격)에 대한 형용사를 너무 여러 개 사용하는 것은 부자연스럽다.] 따라서 수확할 정도면 당연히 잘 익은 딸기일 텐데, '탐스럽게 익은' 수식어까지 붙인다면 부담스러워진다. 더구나 주어는 '딸기'가 아니라 '수확'이다.

영어 문장에서의 하이라이트는 동사(분홍색 표시 글자)이기 때문이다. 어느 단어에 강조점을 두는지는 비단 영어냐 한국어 표현의 문제만은 아니다. 한 문장만 보는 것이 아니라, 그 문장 주변의 얘기는 어떠한지에 따라 해당 문장이 강조하고자 하는 부분에 변화가 있을 수 있다는 것은 한국어와 영어 모두 공통이다. 즉, 추운 겨울 날씨에 대한 얘기가 오갔는지, 딸기 농사에 관한 이야기를 하던 중이었는지, 또는 그 밖의 다른 화제가 오갔는지에 따라 글을 쓸 때 주어의 수식 여부나 부사어(절)의 위치 등에 영향을 줄 수 있다. 이런 것을 통칭하여 **'맥락(context)'**이라고 하는데, 한국어에서는 민감한 부분이 아닐 수 있으나, 영어에서는 미묘하게 차이가 난다.

비록 글자 수로는 영어 문장이 더 길어졌지만, 말로 하는 경우 영어 단어는 우리가 생각하는 것보다 음절 수가 적다. 기능어(전치사, 관사 등 의미가 중대하지 않은 단어들)의 경우 약하고 빠르게 발음하며, 한 단어에서 강세가 없는 모음들도 아주 약하면서 빠르게 발음하기 때문에 읽기(듣기)에서는 결코 우리말에 비해 길게 느껴지지 않는다.

💬 연습 문제

1. 다음 각 문장에서 부사어/구/절에 해당하는 부분에 밑줄을 긋고, 영어 어순에 맞게 재구성해보시오.
   ① 윈스턴호는 지난 25일 스페인의 항구도시 발렌시아 앞바다에서 예기치 못한 폭풍에 부딪쳐 침몰했다.
   ② 담임교사 한 명이 모든 과목을 가르칠 수 있는 초등학교의 경우 작은 학교가 무조건 나쁘다고 볼 수 없다.
   ③ 부탄에서 지난 17일 인도 관광객을 태우고 가던 버스가 강으로 추락해 20명이 사망했다.
   ④ 이번 주 수도권 등 전국 대부분 지역에서 폭염과 열대야가 지속 될 것으로 보인다.
   ⑤ 금융감독원은 유한은행의 자체감사 결과를 보고 대응이 필요한지 여부를 판단할 계획입니다.
   ⑥ 영호관광재단과 낙원호텔그룹은 26일 '영덕군 관광 활성화와 생활인구 증대'를 위한 업무협약(MOU)을 체결했다.

2. 위의 각 문장에서 부사어/구/절에 해당하는 부분을 모두 제외 한 후 남는 부분을 두고 부사가 했었던 역할에 대해 논하시오.

CHAPTER 11
전치사가 중요한 이유

　이제까지 우리는 영어를 말하고 쓰는데 중요한 4가지 단어의 종류들에 대해 학습했다. 인간으로 치면 뼈대를 만들어 온 것이다. 사람에게는 (어른을 기준으로) 총 206개의 뼈가 있다고 한다. 그런데, 사람이 움직이는데 뼈만 있으면 될 것인가? 우리가 흔히 피와 살이라고 부르는 부위 중 '살'에 해당하는 것, 정확히 말하면 200여 개의 뼈들을 서로 연결하여 움직이는 작용을 돕는 것은 다름 아닌 '**근육**'이라는 부위이다.

　혹시 '근육'이 좋아야 기초대사량이 높아진다거나, 근력이 좋아야 건강하고, 뼈도 튼튼해진다는 말을 들어 보았는가? 근육이 작용하기 위해서는 칼슘이 활성화되어 제 역할을 해야 가능하고, 따라서 근육이 튼튼할수록 몸 안에 칼슘이 많이 있어야 하며, 그럼 자연스럽게 우리 뼈가 튼튼해진다는 것은 과학적인 근거가 있는 말이다.

　지금까지 우리가 공부한 [**동사, 부사, 명사, 형용사**]들이 인간의 몸에서 뼈에 해당한다면, 영어에서 [**전치사**[51]]는 그런 '근육'과도 같은 존재이다. 덩치가 작고, 숫자가 적으므로 어쩌면 뼈와 근육을 이어 주는 '**인대**'에 더 가까울 것이다. 즉 내가 여러분들에게 강조하고자 하는 부분은 뼈와 인대의 형성까지이고, 거기서 근육을 만들고 키워 나가는 것은 여러분들의 몫이 된다. 물론 여기서 언급하지 않는 나머지 3개의 품사들은 대략 머리카락, 손톱, 치아 등에 해당되리라 여겨진다. 이들도 반드시 필요한 성분임에는 틀림없다. 하지만 나무만 보느라고 숲을 보지 못하는 실수를 범하기 싫다면, 너무 많은 것에 집착하지 말자. 영어의 중심이 되는 부분을 유의해서 많이 접하다 보면, 저절로 알게 된다.

---

51)　전치사는 '앞(前)에 위치(置)하는 낱말'이라는 뜻이다. 다시 말해 그 뒤에 무언가가 있어야 한다. 이때 그 무언가는 (영어에서는 반드시) [**명사**]여야 한다는 법칙이 있고, 전치사 뒤에 따라오는 명사를 흔히 '전치사의 목적어(대상)'라고 부른다.

'**인대**'에 비유한 [전치사]란 애들은 비록 드러나지는 않지만, 결정적인 순간에 뼈를 연결해 주는 역할을 하면서 우리 몸이 움직이는 데(문장 전체가 문장으로서 역할을 하는 데) 빠져서는 안 되는 존재이며, 전체 문장이 세련되지는 데 대단히 많은 기여를 하는 친구들이다. 종류(수)도 많지 않다. 이제까지 학습한 바에 따르면, 숫자가 많지 않은데도 이처럼 중요하다고 한다면, 아마도 그 적은 숫자의 단어들이 각각 대단히 많은 역할들을 하고 있다고 짐작할 수 있다.

우리들은 누구나 근육을 가지고 있다. 그러나 어떻게 단련을 했는지에 따라, 우리 몸의 움직임과 체형이 모두 다르다. 말하자면 날씬하고 건강한 체형을 가지면서도 최대 근력을 발휘하는 힘은 근육의 단련을 통해 가능해진다. 영어와 우리말 표현의 차이를 극복하고 세련된 영어를 활용하는 데 전치사만큼 큰 역할을 하는 단어들이 없다고 해도 과언이 아니다. 영어 전체에서 매일 사용하는 것은 10~20개 안팎이고, 가끔 두셋이 짝을 이루어 좀 더 미묘한 뜻을 만들어 내기도 하지만, 영어 사전에 있는 모든 전치사를 다 데려와서 조합해도 50개 정도면 현존하는 영어 전치사의 표현이 모두 가능하다. 당신의 사전에 백만 개가 넘는 단어들이 있고, 그중 50개 정도의 '전치사'가 그토록 유용한 것이라면 당신은 그것들을 배우고 기억할 용의가 있는가? '그렇다'면 한번 전치사 활용의 세계로 들어가 보자.

1. 전치사에 대한 이해

앞서 각주 50에서 잠깐 설명하였듯이, 영어의 전치사는 우리말의 조사와 사뭇 유사한 점을 보인다. 아래 표를 다시 한번 봐 주기 바란다.

	한국어의 조사(助詞)		영어의 전치사(Preposition)	
1	교실에서	교실+에서 (붙여 씀)	in the classroom	in+the classroom (띄어 씀)
2	시장으로	시장+으로 (붙여 씀)	to the market	to+the market (띄어 씀)
3	2020년에	2020년+에 (붙여 씀)	in 2020	in+2020 (띄어 씀)
4	연필로	연필+로 (붙여 씀)	with a pencil	with+a pencil (띄어 씀)
5	책상 위에	책상+위에 (띄어 씀)	on the desk	on+the desk (띄어 씀)
차이	**명사** 뒤에 놓이며, 붙여 쓰거나 띄어 쓰는 경우가 각각 다르다.		**명사** 앞에(pre) 놓이며(position), 항상 띄어 쓴다.	
공통	단독으로 혼자 쓰여 독립된 뜻으로 통용되지 못한다.			

2. 대표 전치사들

1) 장소의 대표 전치사: at, in, on

(1) at: 특정 장소에 위치함을 나타냄

- She studied at the library all day.
- I left my homework at home.
- He arrived at the party early.

(2) in: 해당 구역 '안'에 위치함을 나타냄

- The players are in the stadium.
- We live in Seoul.
- I was in the car when it happened.
• 추상적인 '구역'도 해당됨
- She works in the field of sports. (스포츠 분야에서)

(3) on: 해당 구역 '위'에 위치함을 나타냄

- I left my homework on the table.
- Soccer players run on the field.
- We travelled on the train.

2) 시간의 대표 전치사: in, on, at, by

(1) 연도: in

• I was born in 1985.

(2) 월: in

• The wedding will be in April.

(3) 주: in
- We are in the sixth week of the semester.

(4) 요일: on
- The party is on Friday.

(5) 시간: at
- Arrive at 3 p.m.

(6) 기한: ~까지, 어떤 단위이건 모두 'by'를 사용함
- Your payment is due by 5 p.m./Tuesday/April/2018.

3) 방향의 대표 전치사: to, into, onto

(1) to: 특정 장소를 향해 움직임
- We are moving to Jeju next month.
- He flew from Tokyo to Beijing.
- She walks to the market.

(2) into: 특정 장소 안으로 움직임
- 'in'과 'into'는 동사에 따라 혼용해서 사용하기도 한다.
  - The dog jumped into the pond.
  - The dog jumped in the pond.
- 'in'과 'into'의 차이점은 아래와 같다.
  - He poured the water into the cup. (동작에 중점을 둠, '컵 안으로 따라 부었다.')
  - There is water in the cup. (위치에 중점을 둠, '컵 안에 있다.')
  - She hurried in to buy the milk. (to+동사와 함께 쓰인 in으로 into와는 전혀 다름, '사기 위해서 안으로 급히 들어왔다.')

(3) onto: 특정 장소, 위로 움직임

- 'on'과 'onto'는 동사에 따라 혼용해서 사용하기도 한다.
- The book fell onto the floor.
- The book fell on the floor.
- 'on'과 'onto'의 차이점은 아래와 같다.
- She tossed the pen onto the table. (동작에 중점을 둠, '테이블 위로 던졌다.')
- The pens are on the table. (위치에 중점을 둠, '테이블 위에 있다.')
- She turned the TV on to watch the show. (to+동사와 함께 쓰인 on으로 onto와는 전혀 다름, '보기 위해서 TV를 켜 놓은 상태로 있었다.')

3. 자주 쓰이는 전치사들

about	despite	outside
above	down	over
across	during	past
after [전/형/부/명]	except	plus [전/형/부/명/접/동]
against	excluding [동: exlude]	regarding [동: regard]
along	despite	respecting [동: respect]
among	for [전/접]	round
around	from	since [전/부/접]
as [전/부/접]	in	through
at	including [동: include]	throughout
before [전/부/접]	despite	till
behind	inside	to (cf. to+동사)
below	into	toward
beneath	like	under
beside	near	underneath
between	next	unlike
beyond	of	until [전/접]
but [전/접]	off	up
by	on	upon
concerning [동: concern]	onto	with
considering [동: consider]	out	within
		without

이상이 알파벳순으로 나열한 자주 쓰이는 대부분의 전치사들이다. 각 단어들의 뜻을 함께 적어 놓지 않은 이유에 대해서는 아래 인용구를 참고하기 바란다. 분홍색 단어들이 우리가 조금 더 관심을 가져야 할 전치사들이다.

> **'영어 단어 암기'를 절대 권장하지 않는 이유, plus**
>
> 위 박스 안에서 눈에 띄는 단어 하나를 예시로 설명해 보자.
>
> plus [전/형/부/명/접/동*]
>
> 이렇게 간단한 단어를 일부러 외울 한국인은 없을 것이다. 1+1=2 (흔히 '원 플러스 원은 투.'라고 말하곤 하지만, 실제 = 부호는 'equals(또는 is)'로 읽어주는 것이 맞다. 아무튼 우리는 흔히 '더하기/더하다' 정도의 의미로 알고 있는 plus는 이때 [**전치사**]의 역할이다. 하나의 예시를 더 찾아보자.
>
> "We need to fit three of us plus all our luggage into the van."
> [**전치사**]는 반드시 그 뒤에 〈목적어(대상)〉을 필요로 한다는 사실!
> "The Red Cross logo is a red plus."
> 여기서는 셀 수 있는 [**명사**]로 활용되었다.
> "The membership costs $50 plus per year."
> 수량이나 금액 뒤에서 사용되어 '이상' 또는 '추가적으로'라는 의미의 [**부사**]
> "There is a plus factor in choosing this option."
> '긍정적인, 유리한'의 의미로 뒤에 있는 [명사를 수식하는 [**형용사**]
> "The hotel is very affordable, plus it's located near the beach."
> 여기서는 두 문장을 연결하는 [**접속사**]로 활용되었다.
> "She added a plus sign to the equation." 아쉽지만, plus는 [**동사**]로는 활용하지 않는다. '추가하다, 더하다' 의미의 동사로 add를 사용하는 것이 보통이다.
>
> 이 같은 경우가 영어 단어에는 무수히 많아서 우리말에 대응되는 한 가지의 의미(또는 품사)로 영어 단어를 '**암기**'하는 것은 언어 습득 면에서는 바람직하지 않다. 물론 배우는 처지에서는 쉽지 않겠지만, 최대한 쉬운 예문을 선정하여 '**맥락**'을 이해한 후 해당 '**문장**'으로 접해야 한다. 내가 개인적으로 훈련했던 방식은 머리로는 우리말을 기억(**입력**)하고, 입과 손으로는 영어로 표현(**출력**)하는 기법인데, 이를 통해 〈**영어 어순의 법칙**〉이 절대적으로 중요하다는 것을 확실히 깨닫게 되었다.

즉 concerning(~에 관하여)/considering(~를 고려하면)/excluding(~을 제외하고)/including(~을 포함하여)/regarding(~에 관하여)/respecting(~에 관하여) 등은 원래 동사

인 모습에서 ~ing가 붙어 변형된 전형적인 부사의 의미를 갖고 있지만 자주 사용하면서 '전치사화'된 단어들이다. '~에 관하여(대하여)'라는 의미의 더 간단한 전치사 'about'이 있는데도 이처럼 유사한 전치사들이 많이 보인다. 이 단어들이 좀 더 복잡해(어려워) 보이는 만큼 조금 더 격식을 차린 표현에 쓰인다고 생각하면 된다.

앞서 설명에서 전치사는 항상 명사를 데리고 다녀야 하는데, [**부사/접속사**]로 활용될 때는 '**문장**: 주어+동사+목적어 등등'을 데리고 다닐 수 있다. 다음의 글 상자에서 나오는 예를 주의하여 확인해 주기 바란다.

전치사로 활용 (명사만 출현)	부사/접속사로 활용 (주어+동사 출현)	비고
after you (너 다음에)	after you reach home (네가 집에 도착한 후에)	
same as you (너와 같은)	as you said yesterday (네가 어제 말한 것처럼)	
before him (그 사람 앞에/전에)	before you go to school (네가 학교 가기 전에)	전치사가 부사나 접속사로 활용될 때 둘 중 어느 것으로 활용되는지에 대해 구분하고자 논쟁하는 것은 의미가 없다고 생각한다. 굳이 구분한다면, 우리말에서도 느낄 수 있듯이 분홍색 단어가 접속사(앞뒤 문장을 서로 이어 주는 역할)라고 볼 수 있다.
nobody but you (다른 사람 말고 너)	but you told me not to do (그러나 넌 나에게 그러지 말라고 말했어)	
for money (돈을 위해)	for I did not trust him (내가 그를 믿지 않았기 때문에)	
plus meal (식사를 포함하여)	plus he has a lot of money (게다가 그는 돈도 많아)	
since 1998 (1998년 이래로)	since I met her (그녀를 만난 이후로)	
to the market (시장에/으로)	I am here to be with you. (너와 함께하려고 여기 있는 거야.)	
until tomorrow (내일까지)	until you come back (네가 돌아올 때까지)	

한마디로 전치사의 역할이 너무 광범위하기에, 그 역할을 굳이 분리해서 암기할 필요가 없기 때문이다. 물론 전치사의 활용이 외국인인 우리에게는 어려운 것이 사실이다. 일반적으로 너무도 명백한 내용은 여러 번 사용하면서 익숙해지는 방법이 있고, 각 전치사의 '기본 의미 혹은

뉘앙스'를 알고 있으면서, 그때마다(특히 동사 뒤에 따라다니는 경우)의 예문을 기억하여 활용하는 방법이 있다.

4. 자주 쓰이는 복합 전치사들

according to	in accordance with	in terms of
as well as	in addition to	instead of
because of	in front of	next to
by way of	in place of	on account of
due to	in regard to	out of
except for	in spite of	with regard to

위에 제시한 예는 사실 영어에서 사용 가능한 복합전치사의 극히 일부에[52] 지나지 않는다. 왜냐하면, 표시해 둔 분홍색 굵은 글자들이 우리가 흔히 알고 있는 [**전치사**]이며, 그 앞뒤에 함께 오는 단어들이 모두 [**명사**]인 것만도 아니기 때문에, 우리는 더 이상 깊이 캐묻기가 난감하다.

가령 because는 '~ 때문에'라는 뜻을 가지고, 그 앞뒤에 나오는 또 다른 문장을 연결해 주는 다리 역할을 하는 일종의 [**부사**][53]이다. 우리말의 뜻처럼 혼자서만 사용하게 되면 도대체 무엇 때문인지 알 수가 없으므로 그 뒤에 실제 이유가 되는 내용을 말해 주어야 한다. 이 친구는 '~할 때/~ 후에/~ 전에/~라면' 등의 비슷한 친구들과 함께, 항상 문장을 얘기해 준다는 특징이 있다. 즉, '네가 늦게 왔기 때문에, 그가 집에 도착했을 때, 네가 나가고 난 후에, 그가 오기 전에, 내가 점심을 굶는다면… 등등'처럼 말이다. 그런데, '너 때문에/망친 시험 때문에/늦은 버스 때문에…' 이런 식으로 말하고 싶다면 어찌해야 할까? 우리말에서도 느끼겠지만, 문장이 아니라 단어만으로 그 '때문에'라는 이유나 변명을 설명할 수 있다는 것을 알 수 있다. 따라서 영어에서도 역시 because 다음에 문장이 아닌 단어가 오도록 하는 방법이 있다. 다음과 같은 예문을 보자,

---

52) 앗! 그렇다면 영어에는 얼마나 많은 복합 전치사가 있다는 말인가? 하고 절망하지 말기 바란다. 우리가 한 번은 들었음 직한 '**숙어, idiom, 관용구**'가 모두 이에 해당된다. 그들 모두 '외운다'고 외워지는 것이 아니라, '실제 생활, 업무에서 사용하다 보면' 익숙해지는 표현들이다. 숙어(熟語: 익을 숙, 말씀 어)이며, 관용(慣用: 습관적으로 사용)하는 것이기 때문이다.

53) 특별히 이런 연결고리가 되는 단어들을 [**접속사**]라고 부르는데, 어려우면 기억하지 않아도 상관없다. 우리는 그 단어들을 활용할 줄 아는 것이 목적이지, 문법학자가 되려는 의도는 전혀 없으니까.

- I came late because I missed the bus. (접속사 뒤에 문장)
  I came late because of the bus. (전치사 뒤에 명사)
- He called me after he finished his breakfast. (접속사 뒤에 문장)
  He called me after his breakfast. (전치사 뒤에 명사)
- You can give me the letter when you see me. (접속사 뒤에 문장)
  You can give me the letter when seeing me. (전치사 뒤에 명사)
- She did not know about the news before she heard it from me. (접속사 뒤에 문장)
  She did not know about the news before hearing it from me. (전치사 뒤에 명사)

위의 예문이 이해되기를 바란다. 이는 대단히 고도의 활용 기술이 되는 기법임을 알려 드리며, 혹시 이 간단한 예문들이 어렵다면, 조금 더(아니 아주 많이) 실제 영어책, 기사, 드라마, 영화, TV show 등을 보면서 느끼기 바란다.

우리가 보기에는 because of를 제외한 다른 예문들은 도대체 단어도 그대로 사용하고, 그 접속사/전치사 뒤에 나오는 단어 수도 차이가 없는데 (전치사로 사용할 때 일반적으로 단어 수가 하나 줄어들 뿐이다.) 이게 무슨 대단한 기술이라고 말하는지 이해하기 어려울 수도 있다.

여기서 '영어'라는 언어의 특징을 다시 한번 언급하고 싶다.

영어의 특징

1. 중요한 말을 (절대적으로) 먼저 한다.
2. 같은 말을 자꾸 반복하는 것을 싫어한다.
3. 숫자에 민감하다. (즉, 경제성 따지기를 좋아한다.)

나의 스타일대로 설명한 세 가지 특징이다. 이것은 내가 외국인으로서 수십 년간 영어를 사용하면서 느낀 것이다. 한국인으로서 우리말과 너무도 대조되는 부분이고 영어의 이런 특징을 잘 살리는 것이 우리말과 영어의 경계를 무너뜨리는 데 중요한 '**개념**'을 세워 주기 때문에 자꾸만 강조하고 싶은 내용이다. 따라서 아주 눈에 띄는 색으로 표시한다. 다음은 우리말의 특징이다. 혹시 공감되지 않는다면 알려 주시기 바란다.

> **한국어의 특징**
>
> 1. 중요한 말은 맨 끝에 한다. 그래서 말을 끝까지 들어 봐야 한다.
> 2. 강조하고 싶을 때 같은 말을 중복해서 하면 효과적이다.
> 3. 숫자를 따지는 것은 (실리적인 것으로 보고) 박하다고 생각한다.

여러분들이 영상물을 보면서 영어의 말하는 속도가 굉장히 빠르다고 느끼는 것은 순전히 우리말과 영어의 '모음'의 차이[54] 때문이다. 그러나 똑같은 시간 1분을 주고 말을 시켜 보면, 영어로는 어떻게 고급기술을 활용하느냐에 따라 우리말보다 더 많은 내용을 담아 얘기할 수 있다. 그것이 바로 전치사를 활용해서 문장을 구(전치사+명사, 단어가 최소 2개 이상 사용되었으니, '구'라고 부른다)로 바꾸는 기술이다.

- 버스를 놓쳤기 때문에 늦었습니다. (접속사 뒤에 문장)
  버스 때문에 늦었습니다. (전치사 뒤에 명사)
- 그는 아침 식사를 마친 뒤에 제게 전화를 주셨어요. (접속사 뒤에 문장)
  아침 식사 후에 그가 제게 전화를 주셨어요. (전치사 뒤에 명사)
- 저를 만날 때 제게 편지를 주세요. (접속사 뒤에 문장)
  저를 만나면 제게 편지를 주세요. (전치사 뒤에 명사)
- 그녀는 나에게서 그 얘기를 듣기 전까지는 그 뉴스에 대해 몰랐다. (접속사 뒤에 문장)
  나에게서 그 얘기를 듣기 전까지는 그녀는 그 뉴스에 대해 몰랐다. (전치사 뒤에 명사)

92쪽의 영어 예시 문장을 우리말로 바꿔 보았다. 많은 차이를 느끼는가? 별로 차이가 없어 보인다. 우리말의 경우 '**문장을 구로 전환하는**' 것에 대한 효율성이 그다지 체감되지 않는다. 우리가 공감하지 않는 부분이 영어에서는 자주 활용된다면, 우리가 이해하고 활용하기 쉽지 않기 때문에 조금 더 신경을 써 주어야 할 부분이라는 의미이다. 이 중에서 특히 because of는 매우 활용도가 높고 가성비가 좋은 구문이 아닐 수 없다.

---

54) 영어를 이해하기 위해서는 이 책에서 대부분 다루고 있는 '구조'나 '어순', '문법' 등도 중요하지만, 언어는 '글자'만 다루는 것이 아니고 '(말)소리'도 함께 다루어야 하는 것이므로, 설명을 누락해서는 안 되겠다. 이에 대해서는 Part 2(Day 89의 박스 글)에 설명을 추가하였다.

5. 전치사의 활용과 문장성분

우리는 반복적으로 영어 문장의 구조와 단어(문장성분)의 순서에 대해 복습해 왔다. S+V+O가 그것이다. 'The **boy** had an **apple**(그 소년이 사과를 먹었다).'과 같은 예시이다. 이제 이런 단순한 구조의 문장이 더욱 풍부해지는 방법에서 자유롭게 전치사를 활용하는 기본적인 틀을 제시하고자 한다.

앞서 [동사]가 [명사, 형용사, 부사]로 변신하는 모습을 기억해 보자. 이제는 [전치사+명사]가 어떻게 [형용사(구), 부사(구), 명사(구)]로 자신의 역할을 다양하게 해내는지 살펴보기로 한다.

1) 형용사구(명사 수식하기=설명 더하기, 명사 바로 뒤에 위치)

The **boy** with a red shirt had an **apple**. (빨간 셔츠를 입은 소년)
The **boy** had the **apple** on the table. (식탁 위에 있는 사과)

2) 부사구(언제/어디서/어떻게/왜=동작에 대한 설명 더하기, 문장 앞뒤에 위치)

The boy **had** the apple at night. (언제? 밤에)
In the office, the boy **had** the apple. (어디서? 사무실에서)
The boy **had** the apple in a hurry. (어떻게? 서둘러=서두르는 모양으로)
The boy **had** the apple for fun. (왜? 재미로)

3) 명사구(전치사+명사=주어/목적어/보어 자리에 활용)

Before the meeting is the best time for breakfast. (주어: 회의 전)
He talked about the project. (목적어: 그 프로젝트에 대해)
The best time for exercise is in the morning. (보어: 아침(시간에))

4) 동명사구[전치사+동명사(명사와의 차이[55])]

She is **interested** in learning new languages. (be interested in ~ing)
The **key** to succeeding is persistence.
The **key** to success is persistence.

이로써 우리는 모든 단어(품사)들을 이끌어 가는 [명사, 형용사, 부사]가 각각 [동사]와 어떠한 관계가 있는지 이해한 뒤, [**전치사**]가 명사를 데려오면서 어떤 방식으로 다른 단어(품사)들의 역할을 더 다양하게 하는지 알게 되었다. [전치사는 또한 [동사]를 도와 동사의 의미와 동작의 범위를 확장하는 역할을 한다.

5) 구동사(동사+전치사)

He **gave up** smoking. (give → give up: 그는 담배를 끊었다.)
She **looks after** her younger brother. (look → look after: 그녀는 남동생을 돌본다.)

6) 전치사구를 사용한 강조(위치에 따라 앞서 나오는 문장성분을 강조)

On the table, there was an apple. [on을 강조: 테이블 위!(에)]
There was, on the table, an apple. [was를 강조: 테이블 위에 (있잖아!)]
There was an apple on the table. [문장 전체 강조: 사과 하나가 있었단 (말이지!), 이 스타일이 일반적인 영어의 어순이라 딱히 강조라고 보지는 않지만]

6. 영어의 특징에 대한 이해와 활용

- Mr. Bush called me after he finished his breakfast. (접속사 뒤에 문장)
- Mr. Bush called me after his breakfast. (전치사 뒤에 명사)

---

55) 'succeeding'은 동명사(성공하는 것, 성공하는 과정이나 행위 강조)이며, 'success'는 명사('성공' 자체를 의미, 성공이라는 결과나 상태 강조)이다. 따라서, 'The key to succeeding is persistence.'는 성공의 과정에서 지속적으로 노력하는 것의 중요성을 이야기한 것이고, 'The key to success is persistence.'는 성공이라는 결과를 이루기 위해 끈기가 중요하다는 것을 강조하여, 두 문장의 뉘앙스(느낌)에서 차이가 난다.

위의 예문 중에서 주어만 구체적인 사람 이름으로 바꾸어 보았다. 여기서 Mr. Bush를 자꾸만 말하는 것은 영어에서는 매우 불편한 일이기에 Mr. Bush를 he로 대신하게 된다. 그것을 우리 한국 사람들은 전혀 공감하지 못한다. 왜? 우리말에서는 오히려 지칭하는 대상이 대화상에서 다 알 만한 경우라면 아예 지칭하는 것을 **생략**하기 때문이다. 같은 맥락에서 주어와 목적어가 자리를 바꾸어도 전혀 문제 되지 않는다.

아래 상자에서 보듯이 우리말에서는 주어를 사용하는 것이 오히려 대화를 어색하게 만든다. **그러나** 영어에서는 주어가 빠지면 안 된다. 그렇기 때문에 사람(물건) 이름을 대신해서 지칭해 주는 단어들(총칭해서, **대명사**代名詞)의 활용이 무척 활발하다.

[**대명사**]는 물론 풍부한(엄청난) '유의어'의 존재와 활용도 다 같은 맥락이다.

주어를 생략하는 한국어의 특성

한국어	영어
A: (너) 점심 먹었니?	A: Did you have lunch?
B: 네, (저는) 밖에서 먹고 왔어요.	B: Yes, I had it outside.
A: (내가) 간식 좀 줄까?	A: Do you want some dissert?
B: 네, (저는) 과일 먹고 싶어요.	B: Yes, I'd like some fruits please.
A: 영희는 점심 먹었니?	A: Did Younghee have lunch?
B: 네, (그녀는) 밖에서 먹고 왔어요.	B: Yes, she had it outside.
A: (영희에게) 간식 좀 줄까?	A: Does she want some dissert?
B: 네, (그녀는) 과일 먹고 싶데요.	B: Yes, she'd like some fruits please.
이름이 나오는 단 한 번을 제외하고 주어는 모두 생략함	주어 생략 없음/생략하면 안 됨

어차피 주어가 한 행동이기 때문에 '그가 아침 식사를 했다'는 '문장'을 '그의 식사'라고 '**구**'로 바꾸어 말하는 편이 더 경제적(단어 수를 줄임으로써 시간을 절약하는 방법)이라는 판단이다.

💬 연습 문제

1. 다음 각 문장에서 중심(main) 절, 부사부분을 구분하고, 전치사가 사용될 법한 부분에 표시하시오.
   ① 이 프로젝트의 성공적인 완료를 위해서는, 모든 팀원들이 각자의 역할을 명확하게 이해하고, 그에 따라 업무를 체계적으로 수행해야 할 필요가 있습니다.
   ② 이번 연구의 결과는 기존의 학설을 뒤집을 만한 중요한 발견을 제시하고 있으며, 이에 따라 학계의 관심이 집중될 것으로 예상됩니다.
   ③ 그는 여러 가지 어려움에도 불구하고 자신의 목표를 달성하기 위해 꾸준히 노력했으며, 결국 원하는 바를 이루어 냈습니다.
   ④ 환경 보호를 위해 각국이 협력해야 한다는 국제사회의 요구가 점점 더 커지고 있는 상황에서, 우리는 보다 구체적인 행동 계획을 수립해야 합니다.
   ⑤ 이 문제를 해결하기 위해서는 단순한 해결책만으로는 부족하며, 문제의 근본 원인을 분석하고 다각적인 접근 방식을 통해 포괄적인 대책을 마련해야 합니다.

2. 다음 문장에서 '구동사'를 구분하고, 그 의미를 유추하시오.
   · The plane will take off at 3 PM.
   · He took off his jacket because it was too hot.
   · She decided to take on the new project.
   · The company is taking on more staff this year.
   · The meeting took up the whole afternoon.
   · I took up jogging to improve my health.
   · He took out his wallet to pay for the meal.
   · The dentist took out my tooth.
   · She gave up trying to fix the old car.
   · He refused to give in to pressure.
   · The teacher gave out the test papers.
   · The company is giving away free gifts with every purchase.
   · They finally made up after their argument.
   · She made up a story to explain her lateness.
   · I couldn't make out what he was saying.
   · He made over his property to his children.
   · They made over the room into a cozy study.
   · She made for the exit when the fire alarm went off.
   · Fresh air and exercise make for a healthy lifestyle.
   · They decided to put off the meeting until next week.
   · They put up a new sign outside the building.
   · The firefighters quickly put out the fire.

Part 2

English for Tourism 101

UNIT 1
DAILY CONVERSATION

Objectives

그날그날 떠오른 내용(사건) 혹은 화제가 되었던 뉴스를 부담 없이 상대방과 나누는 목적의 일상 대화 수준의 주제들입니다. 설명에서 구어체로 느껴지는 부분이 있을 수 있습니다.

본 유닛의 학습을 마친 후에는 사람들과의 대화에서 부끄러움 없이 새로운 화제를 제시하는 기술을 익히는 것이 목표입니다. 또한 '일상'에서 대화 주제로 어떤 이야기를 선택할지도 고려하는 습관을 익혀 보는 것입니다. 제안 답변을 먼저 찾기보다는 자신만의 답변을 먼저 생각해 보는 습관을 들이도록 합니다. 반복되는 학습을 통해 자신이 가진 습관적인 영어의 '오류'를 알아내고 '개선'하는 것이 최종 목표입니다.

Day 1

한국 드라마 '더 글로리'는 학교 폭력에 대한 이야기이다. 넷플릭스에서 현재 방영하고 있는 이 드라마가 인기를 끌자, 많은 나라에서도 '학교 폭력'에 대해 뜨거운 관심을 보이고 있다.

Day 2

어제 학교에서 커다란 '헌혈 홍보 버스'를 보았어요. 아마도 '적십자'에서 나온 분들인 것 같았습니다. 내 딸아이는 그것(버스)을 보고 '작은 흡혈귀'라고 부르더군요. 하하하!

우리가 **전치사 in, at, on+(장소)**를 사용할 때, 어떤 장소 앞에 어떤 전치사가 사용되는지 능숙하게 만들기가 어렵다는 것을 모두 공감할 것이다. 그렇다면 우리가 항상 사용하는 장소부터 먼저 확실히 익혀 보자. 전치사를 사용할 때 우리는 그 '느낌적인 느낌(뉘앙스)'을 먼저 몸으로 받아들여야 한다.

in: 왠지 (건물처럼) 어딘가에 둘러싸인 공간이 느껴질 때
at: 어떤 지점(point)이 떠오르는 경우
on: 표면에 닿는 느낌이 날 때

이처럼 느낌으로 먼저 구분한다. 따라서 같은 학교 관련 장소라도 아래와 같이 활용하는 전치사가 달라진다.

I waited for you at school. (학교라는 넓은 지점/구역, 여기서 school에는 왜 the를 안 쓰는지 따로 설명되어야 함.)
I waited for you at the school gate. (교문이라는 지점)
I waited for you in the school cafeteria. (구내식당 안에서)
I waited for you in the classroom of our school. (교실 안에서)
I waited for you on the street in front of the school. (길거리에서 — 내 발이 그 거리 표면에 닿아 붙어 있음)
I saw a big bug on the ceiling of our classroom. (천장에 — 벌레가 천장 위에 붙어 있음)

call이라는 **동사는 자주 수여동사와 유사한 방식**으로 사용된다.
[그냥 목적어 1개만 취하는 일반적인 타동사] I called you. 내가 너한테 전화했었잖아.
[수여동사 — 목적어 2개를 취하는 경우] I called you 'Pretty.' 내가 널 '이쁜이'라고 불렀지.

오늘 문장에서 call은 아래의 경우에 해당한다. 따라서 'She called it a little vampire.'라고 목적어를 연달아 2개를 쓰는 의도로 사용하기 바란다.

little과 small의 차이: 리틀(little)은 사이즈도 작은 것을 의미한다(여기서는 흡혈귀를 떠올리면서 **사이즈뿐만 아니라 충격의 정도를 비교**하여, 진짜 흡혈귀보다는 충격을 덜 줄 테니 '리틀'이라고 표현한 것). 반면 small은 그냥 사이즈만 작은 것을 의미한다. 즉 외형적으로 흡혈귀보다 덩치가 작은 것을 의미하므로 (헌혈 버스가 흡혈귀보다 절대 작은 사이즈는 아니니) small보다는 little이라는 형용사가 더 어울린다.

Day 3

> (저는) 대개는 아침에 배고픔을 잘 몰라요. 그래서 거의 먹는 것이 없죠. 그런데 왜 저녁때가 되면 왜 꼭 배가 고픈 걸까요? 그래서 자꾸만 다이어트에 실패하는 거 같아요.

이를 구글이 쉽게 파악하도록 재구성해 보았다.

> 나는 대개 아침에 배고픔을 잘 느끼지 않는다. 그래서 나는 아침식사를 먹지 않는다. 그런데 왜 저녁식사 때 나는 배가 고픈 걸까? 그것이 아마도 내가 다이어트에 계속해서 실패하는 이유일 것이다.

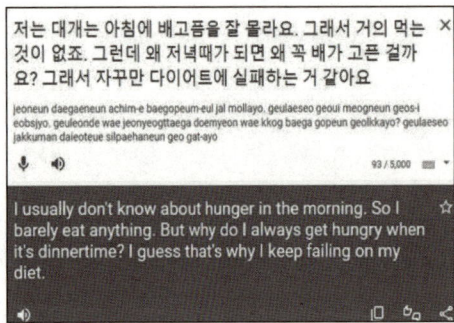 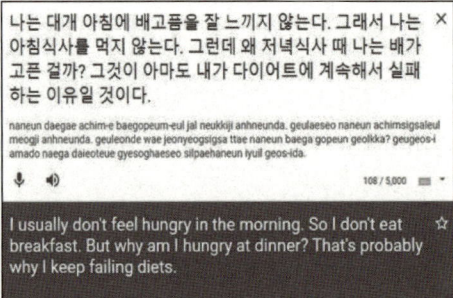

위 박스 안에서 좌우의 구글이 제시한 번역문을 서로 비교해 보기 바란다. 그리고 왜, 어느 단어 때문에 이러한 결과가 나오게 되었는지 지적한 후 개선한다면 기계는 우리가 원하는 답변을 제시해 준다는 것을 알게 된다.

[왼편 1번 결과]

I usually don't know about hunger in the morning. So I barely eat anything. But why do I always get hungry when it's dinnertime? So I guess I keep failing on my diet.

[오른편 2번 결과]

I usually don't feel hungry in the morning. So I don't eat breakfast. But why am I hungry at dinner? That's probably why I keep failing diets.

Day 4

오늘의 충격 뉴스: 40년 동안 친딸인 줄 알고 키웠던 딸이 병원의 실수로 뒤바뀌었던 것을 알게 된 부모가 병원을 고소하였다.

[힌트] 한 문장이 너무 길다. 적당히 나눠서 표현해 보도록 하자. 이런 기사 내용을 영어로 조금 쉽게 풀어 보는 것도 시도해 보자. (고소하다 = sue).

Day 5

I enjoy the thriller genre, especially dramas/movies that explore the psychology of criminals. How about you? (영어로 자기 대답을 적어 주세요.)

Day 6

몇몇 외국 항공사에서 곧 제주 노선을 운행할 것으로 전해졌다. 크루즈 관광객들도 제주를 방문하기 시작했다고 한다. 곧 제주도에 외국 관광객의 숫자가 늘어날 것으로 예상한다.

Day 7

우리 집 근처에는 유명한 국수 가게가 있어요. 나는 그 국수가 맛있다고 생각하지 않는데, 관광객들은 끊임없이 줄을 서네요. 관광객들은 종종 우리 집 주차장까지 차를 세워서, 그 사람들 때문에 짜증이 나요. 내가 나쁜가요?

TASK 1

인터넷의 영어 뉴스 또는 블로그 글에서 관광 관련 기사를 선택한 후 적당한 길이의 한 단락을 여기에 옮겨 적습니다. 그 후 그 내용을 한국어로 해석하여 적습니다. 자연스러운 한국어를 연습하기 위한 것입니다. 인터넷 번역기나 사전의 도움 없이 해 보도록 하고, 만약 부득이하게 추측할 수 없는 단어는 사전에서 뜻만 검색하여 익힌 후 과제를 완성하세요.

UNIT 2
TALKS ABOUT TOURISM

Objectives

이번 장은 자신의 견해를 (모국어로) 먼저 깊이 생각하는 시간을 먼저 가진 후에 참여하는 것이 좋겠습니다. 관광학과 관광시장에 대한 고찰이 필요합니다. 너무 깊은 이야기가 아니더라도 약간의 토론이나 논의가 필요한 경우 모국어로 생각을 정리하고 자신의 생각을 단 한두 문장이라도 영어로 표현하는 것이 이번 유닛의 목표입니다. 비교적 어려울 수도 있지만, 반드시 성취하시기 바랍니다.

Day 8

어제 뉴스에서 제주관광공사의 조사 결과를 들었다. 제주 관광객들이 제주도 관광에 대해 비용이 높은 것에 불만을 갖고 있다고 하는데, 결론적(전반적)으로는 (제주 관광에는) 만족하고 있다고 한다. 왠지 모순되는 느낌이 든다.

여기서 이 둘의 **뉘앙스 차이**는 다음과 같다.

* I was told: 여기서는 I를 강조한 뉘앙스다. 누가 말한 것이던 '내가 (직접)' 들었다는 것을 강조하고 있다.

* I heard: 여기서는 그냥 동사 중심으로 생각하면 된다. 주어(I)에 다른 주어가 와도 되지만, 중요한 것은 hear라는 동사 부분이다. 그야말로 '들은' 것이다. (누가 얘기한 건지는 중요하지 않고, 나도 안 중요하고, **들은 게** 중요한 것이다.) 그래서 직접 들은 것이 아니고 (출처가 어디든 간에) 그냥 '들은 경우'면 된다.

> 며칠 전 지나쳤던 predict와 유사한 친구들을 살펴보겠습니다.
> (모두 동사형을 기준으로 한다.)
> **예측(하다) ≈ 예상/기대 ≈ 예견 ≈ 예보(하다)**
> predict ≈ expect ≈ foresee ≈ forecast
> **추산(하다) ≈ 추정 ≈ 추측 ≈ 추리 ≈ 추론(하다)**
> estimate ≈ assume ≈ guess ≈ infer ≈ deduce

Day 9
결국 제주관광공사는 제주도 여행은 절대 비싼 것이 아니라는 주장을 했다. 그런데 나는 종종 인터넷 댓글에서 제주도 관광을 갔던 사람들이 너무 과한 바가지요금에 대해 불만을 토로하는 것을 목격했다.

Day 10
JTO의 주장과 관광객의 견해에는 너무나 큰 차이가 있다는 것을 알게 되었다. 과연 무엇이 문제일까? 나는 정말로 '그것이 알고 싶다'.

너무 많은 답변들이 올라와서 한 번에 볼 수 있는 방식으로 정리해 보겠다. 우선 동사 '알게 되었다'를 살펴보자.

알다-알았다/알게 되다-알게 되었다.

이 두 동사의 뉘앙스가 다르다는 것을 여러분 모두 눈치챘을 것이다. 원래 아는 것 또는 마땅히 알아야 할 것들에 우리는 know라는 동사를 쓴다. 반면 (이번 기회를 통해) 알게 된 것 또는 (갑자기 어떤 계기가 되어) 알게 된 것 등은 느낌이 조금 다르다. 다음과 같은 표현들이 있다.

- get to know (come to know와 거의 유사): 일반적인 '알게 되다'.
- come to know (find out '찾아내다'보다는 '알아내다'와 많이 비슷): (알아내려고 의도해서, 배우거나) 알게 되다.
- happen to know: (다른 사람들이 내가 알 것이라 생각을 못 한 경우, 어쩌다 보니) 알게 되다.

- come across: 우연히(라는 의미를 강조하는 경우) 알게 되다.
- realize: 깨닫다. (배우거나 들어서 알게 된 것에 대해 깊게 생각해서 느끼는 과정이 추가된 행동이라 볼 수 있다.)
- be known: 이것은 수동태로 '(주어가) 알려지다'이다. He was known as a richest man in the town. 그는 (그) 마을에서 가장 부자로 알려졌었다.

difference는 셀 수 있는 경우/셀 수 없는 경우 모두 가능하다. 따라서 한 가지만 말하고자 할 때는 a difference/여러 개의 경우 many differences가 가능하고, 셀 수 없는 경우에는 대부분 the/much를 사용한다. the difference/much difference

~이 있다: there is/are의 가주어 형식이 매우 유용하다. 특히 여기서 '(의견 등에) 차이가 있다'라는 의미를 전달해야 하기 때문에, 'there is a difference'라는 말이 먼저 떠올라야 한다. [연습: 사람들이 많이 있다. (어디에? 공원에) → There are many people (in the park)] 이렇게 연습하면 된다.

(차이가) 많은 = big, huge, much ~ 등 다양한 표현을 알아 두자.

여기서 '차이'는 gap이라는 단어도 가능하다.

Day 11

가능하다면, 우리 관광학을 공부하는 대학생들이 모여서 진지한 토론을 하고, 문제 해결의 방안을 모색하는 자리를 만들면 좋을 것 같다.

[힌트] 문장이 길다고 느낄 때는 부분적으로 끊어서 과감히 문장의 개수를 늘리는 것도 도전해 보시기 바란다.

Day 12

이번 주에는 우리 학교에 관광객들이 심심치 않게, 아니, 많이 올 것 같다. 왜냐고? 우리 학교는 제주도에서 가장 핫한 벚꽃 축제 구역이기 때문이다.

Day 13

아침 TV 뉴스에서 벚꽃 축제 방문객들로 몸살을 앓는 주민들의 불평에 대한 것을 보도하였다. 진해라는 도시인데, 내가 가 보지 않아서, 그곳의 벚꽃 축제는 얼마나 (규모가) 큰지 짐작할 수가 없다.

Day 14

I wonder what made you choose to study tourism.
(제가 영어로 문자를 보낸다면 그것은 여러분께 질문을 드린 것이며, 여러분들은 영어로 그 답을 해 주시면 됩니다.)

[질문 의도] 나는 당신이 관광을 공부하게 된 계기가 뭔지 궁금합니다. (해석은 어느 방향으로든 관계없다. '당신은 왜 관광을 공부하게 된 겁니까?'라는 의도이다.)

Day 15

What is the most delicious food on Jeju Island (for you)? And why?

[질문 의도] 나의 질문 의도는 충분히 알았을 테니, 기왕이면 여러 가지 음식이 나오면 좋겠다.

Day 16

벚꽃을 즐길 수 있는 날이 너무 짧다는 생각이 들지 않나요? 그게 오래 가는 꽃이라면, 거리가 정말 아름다울 거예요!

[힌트] 부정의문문을 사용한다. 또한 If 조건(부사절)도 활용한다.

TASK 2

자신이 경험했던 우리(또는 다른) 지역의 '지역 축제' 중에서 관광 상품으로 성공한 것으로 여겨지는 예시를 찾아보고, 어떤 요인이 관광객을 만족시켰는지를 찾아서 영어로 설명하는 글로 적어 봅니다. 만약 그런 경험이 없다면, 국내외의 다른 지역의 축제를 찾아서 만약 내가 사는 지역에서 그런 축제를 기획한다면, 우수한 관광 상품으로 개발이 가능할 것이라고 생각되는 예시를 찾아 영어로 그 내용을 적어 보는 연습을 해 봅시다.

UNIT 3
TOUR AGENCY/PHONE CONVERSATION

Objectives

이제는 마음을 좀 더 가볍게 하고, 실전으로 들어가겠습니다. 그러나 전화 영어는 실전에서는 가장 어려운 상황 중 하나입니다. 상대의 얼굴을 보지 않고 대화를 이끌어 간다는 것은 외국인에게는 매우 부담되는 상황입니다. 따라서 한 문장 한 문장 실습을 통해 전체 5~10분가량의 대화에도 부담을 갖지 않는 관광 실무자가 되어 보는 시뮬레이션의 첫 단계입니다. 파트너와 텍스트를 보지 않고 완전한 한 통의 전화 대화를 완성하는 것이 목표입니다.

Day 17

여보세요, '제주 여행사' 홍길동입니다. 어떻게 도와드릴까요? 아, 김 과장님을 찾으시는군요.

Day 18

[위 대화 연결] 과장님이 (전화 받기) 괜찮으신가 보겠습니다. (전화 끊지 말고) 잠시만 기다려 주세요. 곧 과장님 방으로 (전화) 연결해 드리겠습니다.

[힌트] '전화 받기 괜찮다'라는 말은 다른 데와 통화 중이거나 회의 등으로 (바빠서) 전화를 받을 수 없는 상황이 아니라면, 통화가 가능할 것이라는 의미이다. 이를 영어로 'be available'이라고 표현할 수 있다.

전화 통화에서 주로 사용하는 단어는 아마도 'put you through'일 것이다. 대부분의 회사에서는 직원들끼리 '내선'으로 연결되어 있어서, 상대방이 수화기를 내려놓지(hang up)만 않으면, 내 쪽에서 내선 번호(extension number)를 누르고 상대방과 다른 직원의 전화선(line)을 연결(connect)해 줄 수 있다. 이런 상황을 한마디로 'put you through'라고 한다.

whether[56]는 if와 같은 의미로 접속사(의미: ~인지 아닌지) 역할을 한다. 여기서는 안부를 묻는 것이 아닌, 전화 받을 시간/사정이 되는지에 대한 이야기이다. 따라서 he is available/ I'm not available이라는 표현을 활용해 보도록 하자. 전화 통화가 아니더라도 이런 대화도 가능하다.

Tom: Hi Kelly, are you free tonight? I need your help for my school assignment. (나 과제 때문에 오늘 밤, 네 도움이 필요해.)
Kelly: Oh, dear! I'm sorry, Tom. I won't be available tonight. I am taking night shift this week. (미안, 근데 나 이번 주에는 야간조라서, 시간이 안 될 거야.)

① talk[말하다] talk to me about ~ (~에 대해서 나에게 말하다)
   ※ 자동사이므로 ~에게(to)라는 표현이 추가되어야 함.

② tell[~에게 말하다] tell me about ~ (~에 대해서 나에게 말하다)
   ※ 타동사이므로 ~에게(to)라는 표현은 불필요함.

③ speak[말하다] speak to me about ~ (~에 대해서 나에게 말하다)
   ※ 자동사이므로 ~에게(to)라는 표현이 추가되어야 함.

④ say[말하다/~라고 말하다] He said he didn't see me. (said=say 과거형, say는 '~에게 말하다'라는 표현으로는 거의 사용하지 않음.)

전화상에서 '잠시만요, 잠시 후에, 곧'은 'one moment, a second (복수 아님)' 이런 식으로 1분, 1초라는 표현을 주로 사용한다.
connect[동사]는 물리적으로 선/끈/줄 등을 사용해서 연결하는 방법도 있고, 인간관계와 같은 보이지 않는 연결고리도 가능하다. (그리고 connection[명사]도 자주 사용한다.)
He must have been connected with the spy. [저 남자, 그 스파이랑 뭔가 (관계가) 있었을 거야. (틀림없이)]

---

56) 날씨를 뜻하는 단어 weather와 발음이 동일하지만 스펠링이 다르므로 주의해야 한다.

Can you connect my computer power cable to your room outlet, please? (내 컴퓨터 전원 케이블을 네 방 콘센트에 연결해 주겠니? 부탁해~)

Day 19

[고객의 전화] 제가 3박 4일 일정으로 제주도 힐링 투어를 가고 싶은데요. 투어 일정과 항공편, 숙박 등을 짜 주실 수 있을까 해서 전화드렸습니다.

[힌트] 자주 사용하는 여행사 표현: 3박 4일/일정/… 등이라는 표현이다.

Day 20

[고객의 전화] 우리는 배드민턴 동호회 회원들이고 총 30명 정도 됩니다. 여행 기간은 여름 성수기를 피해서 9월~10월 사이로 하고 싶습니다.

Day 21

[여행사의 응답] 아, 그러시군요. 출발지는 김포가 맞는지요? 그런데 고객님, 7~8월이 여름 성수기인 것은 맞는데, 9~10월이라고 딱히 성수기가 아니라고 말씀드릴 수는 없습니다. 추석 연휴도 있고 해서….

[힌트] 출발지가 김포라는 의미는 '김포에서 (항공편이) 출발한다'는 의미와 동일하다. 또한 '성수기'라는 단어가 (한국어에서는) 두 번 나오지만, 영어에서는 똑같은 단어를 반복할 필요가 없다. "추석 연휴랑, 어, 그리고 또 …."와 같은 표현으로 사용하는 느낌을 알아보도록 한다.

답변에서는 '출발'이라고 생각한다는 공통점이 발견된다. 한국어로는 어떻게든 표현하는 방법이 있겠지만, 영어의 범위에서 '여행을 시작하는 곳'은 depart라는 행동을 하는 장소로만 범위가 한정된다. 따라서 "당신은 김포에서 출발하시죠?"라는 표현이 적합하다. 두 개의 달을 묶은 A and B는 복수로 취급해야 한다.. 따라서 be 동사(현재)는 'are'를 사용한다. 위 힌트에서 미리 얘기한 것처럼 the peak summer season은 중복되는 표현이므로 뒤에 자연스럽게 생략하며 말한다. 아주 간단하고 쉬운 예이지만, 아래 대화를 주의해 살펴보자. (실제 생활에서 이렇게 대화가 짧게 연결되는 경우가 많다.)

A: You must be tired.
B: I am.
A: Did she come to you and talk about the bad news?
B: She did.

say와 tell의 차이점을 다시 한번 확인해 보자. say는 거의 말할 특정 대상이 없는 경우에 쓰인다. "~라고 말했다/~라고 한다"라는 느낌으로 내가 말할 때에도 상대방을 꼭 집어서 말하는 것이 아니고 (그래서 대부분 자동사로만 사용한다.) 'say to 상대방'의 형식으로 활용하지 않는다. 반면 tell은 상당수의 경우에서 'tell whom'이라는 형식으로 whom 자리에 그 말을 듣는 대상이 나온다. Tell도 'tell to 상대방'의 형식을 사용하지는 않는다, tell이 [완전타동사]이기 때문이다. 즉, 목적어가 그 뒤에 그냥 나오면 된다. 'tell'이 곧 '~에게 말하다'니까.

Day 22

[여행사의 응답] 솔직히 말씀드리면, 제주도 여행은 일 년 내내 성수기라고 볼 수 있습니다. 다만 학교 방학 중인 7~8월과 1~2월은 대체로 '극성수기'가 포함되어 있는 거죠.

[힌트] 일반적으로 '극도의' 의미를 가진 형용사는 'extreme'이다. 그러나 '극성수기'에는 그 표현을 써야 할지 고민을 했다. super~가 역시나 더 유용하고 자연스럽다. '일 년 내내'라는 표현은 all year round를 많이 사용한다. 또한 '비성수기'는 off-peak season이라는 표현이 일반적이다.

Day 23

[고객의 응답] 아, 그렇군요. 어쨌든 저희는 학교 방학 때를 피하려고 합니다. 개별적으로 제주도 여행은 많이들 가 봤지만, 〈힐링 여행〉이라고 주제를 정해서, 직장이나 사업으로 일 때문에 쌓인 스트레스도 풀고, 뭐 그런 여행을 하고 싶다는 의견들이 많이 있습니다.

[힌트] 두 번째 문장에서 주어는 '내'가 아니고 '우리들, 동호회 회원들'로 보아야 한다.

Day 24

[여행사의 응답] 당연히 좋은 생각이십니다. 코로나도 풀리고 여행이 자유로워져서, 고객님 같은 그런 문의를 해 오시는 분들이 많습니다. 저희가 그래서 관광객들이 적게 찾는 그런 조용하고 쾌적한 장소들을 조사해서 리스트를 가지고 있습니다.

[공통] 우리말로 '코로나'는 영어로 'COVID(뒤에 19를 넣는 표현이 더 공식적)' 즉, '코비드'라고 부른다. '문의하다'라는 표현을 어렵게 여기는 학생들이 있다. 사전에서 찾아보고, 유사한 단어와 예시를 살피면서 improve하는 기회로 삼기 바란다!

TASK 3

영어로 소통하는 외국인 친구가 가족 또는 친지와 함께 제주도로 여행을 온다고 합니다. 그 친구에게 적절한 단체 여행 상품을 권해 준다는 설정입니다. 'English tour agency in Jeju'라는 키워드로 검색하여 찾은 여행사에서 어떤 투어 패키지가 외국인에게 흥미로우며, 가격이 공정한지 선택하여 추천해 주는 시나리오를 구상해 보세요.

UNIT 4
AT HOTEL

Objectives

호텔은 항공사와 함께 관광 실무에서 가장 많이 등장하는 상황이며, 또한 대기업 또는 중견기업들이 많이 관여하는 산업군입니다. 당연히 직업의 수도 많고 직종도 다양합니다. 따라서 각 부서별로 반드시 익혀야 하는 실무 영어의 상황도 많습니다. 업무 부서가 다양하므로 각 부서의 상황을 떠올리며, 그룹 단위로 대화를 완성하는 것이 목표입니다.

Day 25

[체크인 카운터]
안녕하세요, 어떻게 도와드릴까요? / 안녕하세요. 예약한 방이 있는데 체크인을 하려고 하는데요. / 네, 예약하신 이름을 말씀해 주시겠어요? / 이름은 김영희입니다. / 네, 확인해 보겠습니다. 예약하신 방은 슈피리어 더블룸입니다.

[힌트] 대단히 평이한, 전형적인 체크인 대화 내용이다. 영어로 표현하는 데에 집중한다기보다는 내 입에서 자연스럽게 튀어나올 수 있는 습관화된 말하기 자세가 필요하다. **a reservation = booking.** 이 명사는 똑같이 동사형으로도 서로 교차하여 자주 사용하는 말이다. [동사] reserve = book

제안 답안의 몇몇은 Microsoft의 Bing에서 Chat(Chat GPT 4.0)이 작업한 것을 제가 한국어-영어 전환을 변경하여 만들어 낸 결과입니다. 내가 지적하고 싶었던 부분에 더 세심한 부분, 제가 놓칠 수 있던 부분(한국인인 저도 '관사'에는 약합니다.)까지 다 제대로 알려 준 결과이기 때문에 공개합니다. 솔직히 인간인 저보다 더 정확합니다. ChatGPT는 2021년 9월까지 우리 지구상의 인터넷에 올라왔던 모든 인간의 언어(단어 수로는 이루 셀 수 없는 수백 수천억 개 이상일 것입니다)를 총집합한 메가 빅 데이터를 가지고 학습한 '생성인공지능'입니다. 인간이 가지고 있는 언어의 폭과는 비교가 안 됩니다. 다만, 이 기계가 도출해 주는 결과에 대해서는 인간이 '**팩트 체크**'를 해야 할 필요가 있기에, 장문의 글에서는 인간의 '**확인**' 노동이 필요합니다. 아래의 내용에 대해 언어의 창작이 아닌 문법적인 부분에서 영어라는 언어의 본질을 이미 인공지능이 거의 확실하게 학습하고 꿰뚫고 있을 거라(나보다 우월할 것이라)는 믿음이 어느 정도 있기 때문에 활용에 문제가 없다고 생각합니다. 다만 우리 인간(한국 사람으로서)이 외국어인 영어를 학습하여 머릿속의 암기 가능한 신경세포를 자극하기보다는 미각, 시각, 후각, 청각처럼 몸으로 받아들이는 '**습관**'을 들여야 한다는 주장은 여전합니다. '**언어**'는 특정 기술이 아닌 '**감각**' 그 자체이기 때문에 특별한 훈련이 아닌 그냥 받아들이는, 본능적으로 수용하고 대응하는 인간의 생리 현상이라고 생각합니다. 우리는 하루에 2~4끼씩 늘 일정하게 밥을 먹습니다. 한 2주일 안 먹다가, 한 달 동안 하루 10끼 먹다가, 1년 안 먹고 잊어버리고 살고 그러지 않습니다. 매일 일정한 양으로 살기 위해 하는 본능적인 각종 생리 현상이 바로 언어 활동이라는 생각을 하면 '**암기**'라는 관념 자체에서 벗어날 수 있을지도 모르겠습니다.

Day 26

[투숙 후 전화]
저희 방이 좀 시끄럽다고 생각하는데 방을 바꿀 수 있을까요? / 네, 죄송합니다. 다른 방으로 교체해 드리겠습니다. 바로 확인해 보겠습니다. 어떤 방으로 이동하시겠어요? / 가능하면 조용한 곳으로 부탁드릴게요.

[힌트] 여기 나오는 표현 역시 대단히 전형적이고 형식이 굳어진 표현이다. 또한 반복되는 room이 어느 상황에서 one이라는 대명사로 대체되는지 봐 두시기 바란다.

누군가 공짜로 수건을 나눠 주는 상황이라고 생각해 보자. 나는 흰색 수건이 좋은데 파란 수건을 준다. 그래서 "저 흰색 수건으로 (바꿔) 주세요."라고 요청한다면, "Excuse me, can you change it(this) with white towel for me, please?"라고 말하거나. 흔히 change 대신 get을 많이 사용하는데, "Excuse me, can I get the white towel instead of the blue one, please?"라고 한다.

또한 change/switch는 <u>수여동사</u>의 역할도 한다.

즉, change me to something(something을 너에게 바꿔 주다) 또는 change something for me가 더 자연스럽다. something 대신 room을 넣으면, <u>change me to a new room = change a new room for me</u> 이런 식이다.

다른 수여동사의 경우 <u>buy me a lunch = buy a lunch for me</u> 또는 <u>give me that = give that to me</u>인 경우도 있다.

Switch? Change?
- Switch: 주로 두 가지 옵션 또는 상태 사이에서 완전히 전환하는 동작을 나타냅니다. 일반적으로 두 가지 대상 사이의 극명한 전환이나 교체를 시사합니다. 전기 장치나 전자 기기와 관련하여 많이 사용됩니다. [예: Switch on the lights. 조명을 켜 줘. Can you switch your seat for me? 나랑 자리 좀 바꿔 줄래?]
- Change: 어떤 것이 이전과 다른 방향이나 형태로 변화하는 동작을 나타냅니다. 보다 폭넓게 사용되며, 변화하는 상태를 다양한 맥락에서 다룰 때 사용됩니다. 개념적인 변화나 물리적 변화 모두를 포괄합니다. [예: The weather is changing. 날씨가 변하고 있다. You've changed. 너 변했어(달라졌어).]

간단히 말하면, switch는 두 가지 옵션 사이에서 전환하거나 교체하는 것을 강조하며, change는 어떤 것이 이전과 다른 상태로 변화하는 것을 강조합니다.

Day 27

[호텔에서 조식 마친 후]
안녕하세요, 조식은 어떠셨나요? / 아주 만족스러웠어요. 감사합니다. / 좋게 들어 주셔서 감사합니다. 저희 호텔은 항상 손님들께 최상의 서비스를 제공하기 위해 노력하고 있습니다. 다음에 또 방문해 주시면 더 좋은 경험을 드릴 수 있도록 노력하겠습니다.

[인간 Mona] 다음의 1번과 2번의 표현을 비교해 주세요, 한국어로 설명 부탁해요.

(1) Hello, how was your breakfast this morning? / It was very satisfying, thank you. / Thank you for your kind words. We always strive to provide our guests with the best possible service. We will make every effort to ensure that you have an even better experience when you visit us again next time.

(2) Good morning, sir! How was your breakfast? / Great! I really enjoyed it. Thank you (for asking me about that). I'm glad that you enjoyed our food. We are always trying to give you the best service to you. I promise you to provide you even better experience next when you visit us again.

[ChatGPT] 두 문장의 차이점은 미묘하지만, 첫 번째 문장에서는 호텔 직원이 고객에게 친절하게 인사하고 조식이 어땠는지 묻는 반면, 두 번째 문장에서는 호텔 직원이 인사와 함께 고객의 조식 만족도를 확인하는 것으로 시작됩니다. 또한 첫 번째 문장에서는 "thank you for your kind words"라는 표현이 있으며, 이는 호텔 직원이 고객의 칭찬에 감사함을 나타냅니다. 반면 두 번째 문장에서는 "I promise you to provide you even better experience"라는 표현이 있으며, 이는 호텔 직원이 고객에게 더 나은 경험을 제공하겠다는 약속을 한다는 것을 나타냅니다.

[인간 Mona] 조금 더 디테일하게 비교해 줄래요?

[ChatGPT] 물론이죠!
(1)의 문장에서는 "Hello"로 인사하며 "this morning"이라는 구체적인 시간을 명시했습니다. 그리고 "very satisfying"이라는 좀 더 정교한 표현을 사용해 조금 더 섬세한 느낌을 전달합니다. 또한 "thank you for your kind words"라는 고마움의 표현이 있어 호감도를 높입니다. 마지막으로 "an even better experience"라는 더욱 발전된 경험을 약속하는 표현이 사용되어 더 나은 서비스를 제공할 것임을 강조합니다.

(2)의 문장에서는 "Good morning"으로 더 친근한 인사를 전합니다. "Great"이라는 매우 긍정적인 표현과 "thank you"라는 간단한 고마움의 표현이 사용되어 빠르고 간결한 느낌을 전달합니다. 그리고 "I promise you to provide"라는 직접적인 약속이 사용되어 호감도를 높이고 더 나은 경험을 제공할 것임을 강조합니다. 이처럼 두 문장은 각각 서로 다른 어투와 표현을 사용해 미묘한 차이를 보입니다.

※ 1번은 AI가 만든 문장이고, 2번은 인간(Mona)이 만든 문장이다.

대단하지 않은가? **AI**와 대화하는 도중, 영어에서 약간의 미묘한 다른 표현을 두고 고민하는 시간이 어느 정도 필요한데, **AI**는 몇 초 만에 바로 대답을 해 준다. 따라서 인간과 인공지능이 경쟁 관계가 아닌, 보완 관계를 유지하는 것이 좋다는 생각이다.

주어가 생략된 문장은 'I'나 'We'와 같은 주어가 생략되어 있는 경우입니다. 이 문장에서는 "Our hotel always tries to provide the best service to guest. If you visit again, I will give you a better experience."에서 주어가 생략되어 있습니다. 이 경우, **주어가 누구인지** 명확하지 않아서 의사소통에 혼란이 생길 수 있습니다. 따라서 주어를 생략하지 말고 명확히 표현하는 것이 좋습니다. → 우리가 흔히 놓치기 쉬운 것은 여기서 말하는 '주어'를 '사람' 적어도 '생물'로 보는 시각입니다. 엄밀히 말하면 '**우리 호텔**'이 아닌 '우리 호텔의 전 직원'이라는 의미죠. 한국 사람에게는 아무렇지도 않게 자연스럽게 표현되는 것임에도 영어로는 '논리적으로' 계산이 되는 경향이 많이 있습니다. **호텔이 노력을 할 수는 없지 않을까요?** 우리 말의 표현을 자주 생략되는 주어/목적어뿐만 아니라, 주어가 됨 직한지 아닌지도 은연중에 고려해야 하겠습니다.

Day 28

[주변 관광하러 나가면서]
오늘 여기서 뭐 할 만한 게 있을까요? / 네, 물론입니다. 근처에 유명한 랜드마크나 관광명소가 있어요. 예를 들면 이 호텔에서 도보로 5분 거리에 위치한 ABC 공원이나 10분 거리에 위치한 XYZ 타워가 있어요. 궁금한 점이 있으시면 언제든지 물어보세요.

[힌트] 관광객이 '할 만한 것'이라는 단순한 한국식 표현은 '어디 구경할 만한 혹은 재미있는 뭔가'를 의미한다고 보면 된다. '예를 들면'이란 표현은 곧잘 'for example'이라는 영어로 표현하기 쉬운데, 다른 표현도 활용해 보기 바란다. "**도보로 5분 거리**"라는 표현도 쉽지만 안 써 보면 어려울 수 있는 말이다. '필요하시면 언제든지 물어보세요.'라는 표현도 앞뒤 정황상 '어디 가고 싶은 데가 있다면 말해 달라, 가는 방법/방향/지리를 알려 드리겠다.'라는 말로 받아들여서 표현해야 자연스러운 맥락이 이어진다. (즉, 마지막 문장의 'anything else'는 '어디 그 밖의 다른 것'을 의미한다.

Day 29

[체크아웃 직전 전화]
어떻게 도와드릴까요? / 오늘 체크아웃을 하려고 하는데 수건이 좀 부족한 것 같아요. / 네, 죄송합니다. 손님께서 불편하신 점 정말 죄송합니다. 바로 추가 수건을 가져다드릴게요. 체크아웃하실 때, 수건은 데스크에 놓아 주시면 됩니다.

[힌트] '부족하다'는 표현은 에둘러 얘기하는 한국어 스타일이고, 비교적 직접적인 표현은 '수건 좀 더 주세요'이다. 위 상황은 체크아웃을 앞둔 방에는 일반적으로 새 타월을 더 넣어 주지 않기에 벌어지는 해프닝 같은 것이다. 그래서 호텔 직원이 사과하는 모습이다. 추가(여분의) 타월이라는 표현은 두 종류가 있는데, 그 느낌이 어떻게 다른지 느껴 보는 것도 좋다.

Day 30

[투숙 후 민원 사항]
제 방에 에어컨이 안 되는 것 같은데요. 확인해 주실 수 있을까요? / 네, 확인해 보겠습니다. 죄송합니다. 손님께서 불편을 느끼셨을 것 같아 정말 죄송합니다. 바로 기술자를 보내 드리겠습니다. 문제가 해결될 때까지 조금만 기다려 주시겠어요?

[힌트] 대부분의 시간을 많이 필요로 하지 않고 해결될 만한 문제를 해결하는 것은 'fix'라는 표현을 많이 쓴다. 에어컨이니까 '고치다/수리하다'라는 repair를 생각할 수도 있을 테지만, 호텔

에서 시설 관리를 제대로 안 해서 체크인 후에 에어컨을 '수리해야 할'(repair는 좀 더 시간이 걸리는 심각한 '수리'를 뜻함) 일이 발생하면 안 될 일이다. 전자 제품의 경우 fix는 간단한 '조치'를 취하면 문제가 해결되는 경우에 사용하니, 그 단어가 더 적당하다. 그러나 fix가 물건이 아니고 어떤 사건을 해결한다고 할 때, 그 문제가 반드시 '해결'이 쉬운/간단한 문제를 의미하는 것은 아니다. 다만, 문제 해결을 요구하는 상대방에게 '내가 손보면 해결할 수 있어'라는 느낌이 들게 하려는 의도가 있는 표현이다.

Day 31

[체크아웃 앞두고]
안녕하세요, 체크아웃 하시는 건가요? / 네, 맞아요. / 그럼 손님의 체크아웃 시간이 언제인가요? / 12시에 체크아웃할 예정입니다. / 네, 알겠습니다. 손님의 요청대로 체크아웃 시간을 연장해 드릴 수 있습니다. 추가 요금이 발생할 수 있으니 참고 부탁드립니다. 체크아웃 시간을 언제까지 연장해 드릴까요?

[공통] 우리말로 check out을 떼어 쓰면 [동사], check-out 붙여서 쓰면 [명사]로 활용해 주면 된다. 호텔에서의 시간 연장은 'extend'라는 표현을 사용한다. 추가 요금 = additional charge, 똑같은 '연장하다'라는 표현이지만, 영어에서는 반복하여 같은 단어를 사용하기보다는 다른 표현(stay longer)을 활용해 보기를 권장한다.

TASK 4

2인 1조로 파트너를 만듭니다. 한 사람은 호텔 투숙객으로 다른 한 명은 호텔 직원 역할을 합니다. 손님이 뭔가 난처한 요구를 한다는 가정으로 두 사람의 대화를 만들어 보시기 바랍니다. 3인 1조의 구성이 가능하다면, 또 다른 한 사람은 호텔 매니저가 되어서 두 사람의 난처한 상황을 보며 일을 처리하는 역할을 하는 것으로 가정하면 좋습니다.

UNIT 5
TOUR GUIDE

Objectives

이번 유닛에서는 조금 여유 있는 마음으로 우리 주변의 괜찮은 관광지를 친구에게 소개한다는 마음으로 준비해 주면 좋겠네요. 자신의 지역을 소개하는 일은 반드시 관광 전문가가 아니어도 언제든 기회가 생기는 일입니다. 특히 전문용어가 거의 사용되지 않는 유닛이니 편안한 마음으로 주변의 추천 관광지를 마음에 두고 실습을 준비하시기 바랍니다. 자신이 속한 그룹의 친구들에게 멋진 관광지를 소개하는 것이 목표입니다. 우리의 최종 목표는 추가적으로 제공해 드리는 프로페셔널한 투어가이드의 투어 프로그램 소개 스크립트입니다. 언제라도 말할 수 있을 정도로 익숙하게 전체 내용을 내 것으로 만들어 두시기 바랍니다.

Day 32

A: 이 지역에서 **꼭 봐야 할 관광 명소**가 있나요? 오늘은 한 곳을 꼭 방문하고 싶네요.
B: 네, 이 지역에는 유명한 성당과 박물관이 있습니다. 둘 중에 방문하고 싶은 곳이 있으신가요?

[힌트] 딱히 어려울 것이 없는 표현이지만, 밑줄 표시 부분을 추가로 알고 있으면 유용할 것이다. '꼭 봐야 할 곳'이라는 표현을 하이픈(-)으로 연결하여, 형용사로 만들어 활용한다. (영어에는 이런 유사한 표현이 상당히 있다.) 그냥 눈에 띄라고 대문자로 적었을 뿐이다. 또한 명확히 구분하자면 그냥 교회와 성당(일종의 교회, **church**이지만)은 엄밀히 다른 것으로, 가톨릭 교회 중 **Cathedral Church**는 교구장이 있는 규모가 큰 성당을 의미한다. 교회도 엄밀히 말하면, **Baptist**(침례교), **Methodist**(감리교), **Presbyterian**(장로교), **Seven Days Adventist**(제7안식일교: 영어권에서는 많이 보임), **Anglican**(성공회) 등등 너무 많다(위에는 개신교이고 가톨릭, 유대교 등 아브라함 계통의 종교/종파는 더 큰 범위에서 이해해야 하므로 모두를 포괄하여 이해하려면 시간이 많이 걸린다). 우리나라에는 상대적으로 서양 종교의 종류가 많지 않아서, 기독교와 관련이 없는 경우 **church**라는 단어 하나만 알고 있을 것이다. 종교 시설은 세계

적으로도 문화 관광 유산이므로, 관광 전공자들은 조금 더 알아 두는 것이 좋을 것이다. 참고로 temple은 반드시 '절, 사찰'이라고 하여 불교(Buddhism)하고만 연결하는 경우가 많은데, 여러 종교에서 종교 행사를 여는 곳, 제단을 모시는 곳을 공통적으로 temple이라고 부른다. 그러나 church는 거의 십중팔구 기독교(개신교, 가톨릭 모두) 쪽의 종교 시설을 의미한다. 또한 본 제안 답변에서 박물관을 복수로 사용했는데, (대)성당은 그 지역에 한 개일 확률이 확실히 높지만, 박물관의 경우 종류별로 다 모으면, 지역마다 박물관의 종류/수가 한 개만 있지 않기 때문에 자연적으로 나온 답변이다. 그러나 national museum이라면 그 지역에 1개만 있을 수 있을 것이다.

Day 33

A: 박물관을 보고 싶습니다. 그 박물관에 어떤 전시물이 있나요?
B: 그 박물관에는 지역의 역사와 문화에 관한 다양한 전시물이 있습니다. 특히 지금은 지역 예술가의 작품 전시도 진행 중이니 꼭 방문해 보시길 추천해 드립니다.

[힌트] 자주 사용하는 표현이지만, 자꾸 잊어버리게 되는 것 'prefer A to B'/A가 말한 would는 '가정(법 아닌, 그냥 가정해서 하는 의도(조건)'을 나타낸다. 즉, '당신이라면, 나에게 어떤 곳을 추천해 주겠습니까?'라고 할 수 있다. (박물관, 미술관 등에서 부르는) 전시품은 artifacts이며, recommend 뒤에 나오는 동사(visit)와의 관계는 아래 박스를 참조해 보자.

※ 추천하는 행위를 나타내는 동사

보통 'should'를 생략하여 동사 원형을 사용하곤 합니다. 이러한 동사(should)들은 [modal verb(조동사)]라고 한다. 몇 가지 예시는 다음과 같다.

- recommend: I recommend (that) you visit the museum. (should 생략)
- suggest: She suggested (that) we take a taxi. (should 생략)
- propose: He proposed (that) we go on a trip together. (should 생략)
- advise: The doctor advised (that) she rest for a few days. (should 생략)
- insist: She insisted (that) we try the local cuisine. (should 생략)

그러나 때에 따라서는 'should'을 포함하여 사용하는 것이 더 적합한 경우도 있다. 이는 맥락에 따라 다를 수 있으며, 모호한 경우에는 'should'을 추가하여 명확하게 해 주는 것이 좋다.

Day 34

A: 이 지역에서 좋은 식당을 추천해 주시겠어요?
B: 네, 이 지역에는 유명한 해산물 식당이 있습니다. 드시고 싶은 해산물이 있으신가요?
A: 오징어와 문어를 먹고 싶어요. 그런 메뉴를 제공하는 식당이 있나요?
B: 네, 그렇습니다.

Day 35

B: 이 지역의 해산물은 신선하기로 유명하죠. 오징어와 문어 요리 말고도 게와 새우 요리도 유명한 식당이 여럿 있어요. 가시면 좋은 추억을 만들 수 있을 것 같아요. 드시고 싶은 시간대가 있으신가요?
A: 가능하면 저녁에 가 보고 싶어요. 그 식당의 예약은 어떻게 할 수 있나요?
B: 당연히 제가 도와드려야죠.

[힌트] 위에는 총 3번의 for가 등장한다. ① 신선함(으로) 유명하다, ② 저녁을 위해(먹으러) ③ 당신을 위해(표현 그대로, 널 위해, 널 배려하여서) 예약해 주겠다. 대체로 shrimp보다는 prawn이 크기 면에서 더 많이 크다. 그래서, 요리의 메인으로 사용되는 경우는 prawn을 훨씬 더 많이 사용한다.

Day 36

A: 이 시기는 어떤 날씨인가요?
B: 지금은 봄이라서 따뜻하고 쾌적한 날씨입니다. 여름처럼 무더운 날씨가 오기 전에 방문하시는 것이 좋겠어요.
A: 그럼 이 지역에서 가장 추천하는 봄 관광지는 어디인가요?
B: 이 지역에서는 봄이면 유명한 벚꽃 축제가 열리는 곳이 많아요. 그중에서도 규모가 큰 곳은 어디든지 추천해 드릴 수 있습니다. 원하시는 지역이 있나요?

[힌트] '어떤 날씨'를 표현하는 방식에서 what & how가 경합을 벌일 것이다. 우리 한국 사람들은 곧바로 how(어떤)를 생각할 확률이 높다. 왜일까? 여름이 오기 전이라면 'comes'일까? 혹시 다른 표현은 없는 걸까? 고민될 것 같다. '가장 추천하는'으로 highly recommended 이나 must-see라는 이미 배운 표현도 있다. 지역에 대한 표현은 그때그때 상황에 따라 적절한 장소, here, there, in this area, in the town, in the city, in the province, in the district 등등 골라서 사용하면 되겠다.

Day 37

A: 꼭 가 보고 싶은 곳은 없지만, 규모가 큰 곳이라면 어디든 좋을 것 같아요.
B: 그렇다면 ○○○ 벚꽃 축제를 추천해 드릴게요. 규모가 크고 아름다운 벚꽃길이 준비되어 있어서 많은 관광객이 찾는 곳입니다. 방문하셔서 좋은 추억 많이 만드시길 바랍니다.
A: 네, 그럼 ○○○ 벚꽃 축제는 어떤 시기에 열리나요?
B: 보통 3월 말부터 열리는데, 정확한 일정은 조금 더 확인해 봐야 할 것 같습니다. 제가 확인해서 다시 알려 드릴게요.

[힌트] '꼭 가보고 싶은 곳은 없지만'이라는 표현이 어려울 것 같다. '~있다/없다'는 표현을 우리는 보통 'there is/are~'로 알고 있기 때문이다. 그러나 이 문장의 주어는 'I(나)'라는 점을 상기시켜 드린다.

[학생제안]

A: There is no place what I really want to go, But I like large festivals.
B: Then, I recommend you OOO cherry blossom festival. It is large festival and beautiful cherry blossom road, lots of tourist go to there.
A: Then, when OOO cherry blossom festival are starting?
B: It usually starting late March, I'll check correct information and call you again.

[의견]

- There is no place what I really want to go는 문법적으로 올바른 표현이 아닙니다. where을 사용하여 There is no place where I really want to go로 수정해야 합니다.
- recommend you 대신에 recommend만 사용해야 합니다. recommend 다음에는 목적어가 필요하지만, 이미 you가 대화 상대로 지칭되고 있기 때문에 you를 반복해서 사용할 필요가 없습니다.
- starting 대신에 start를 사용해야 합니다. starting은 현재 연속 시제 형태인데, 이 경우에는 일반적인 현재 시제 형태인 start를 사용해야 합니다.
- lots of tourist 대신에 lots of tourists를 사용해야 합니다. tourists는 복수형이므로, 동사나 대명사 등과 함께 사용될 때도 복수형을 사용해야 합니다.
- call you again(내가 일방적으로 전화를 다시 거는 행위) 대신에 call you back(너가 먼저 전화를 했기 때문에 답을 주려고 너에게 전화를 거는 행위/네가 내 전화를 기대하고 있으니 걸어주겠다는 의미임) 을 사용해야 합니다. call you back은 다시 전화 드리겠습니다 라는 의미를 가지는 관용적인 표현입니다.

[개선된 내용]

A: There is no place what I really want to go, But I like large festivals.
B: Then, I recommend you OOO cherry blossom festival. It is large festival and beautiful cherry blossom road, lots of tourist go to there.
A: Then, when OOO cherry blossom festival are starting?
B: it usually starting late March, I'll check correct information and call you again.

[학생제안]

A: It is nothing to want to go yet, but if there are large places, I'd like to go anywhere.
B: I recommend you OOO cherry blossom festival. it prepares a large scale of place and a beautiful cherry blossom road, so a lot of tourist visit there. I hope you make a great time.
A: Okay, when does this festival hold then?
B: It usually holds on last of march, but I'll likely to have to check the schedule again. I'll call you later.

[의견]

- It is nothing to want to go yet은 자연스럽지 않은 표현입니다. A가 원하던 것은 I don't have a particular place in mind yet과 같은 표현일 것입니다.
- it prepares a large scale of place는 문법적으로 틀렸습니다. It offers a large area나 It provides a large space와 같은 표현이 더 자연스럽습니다.
- I'll likely to have to check the schedule again은 I'll likely have to check the schedule again으로 수정되어야 합니다. likely는 형용사이기 때문에 to를 사용하지 않아야 합니다. 그냥 will have to만 해도 충분합니다.
- I'll call you later는 정황상 약간 어색합니다. I'll let you know, I'll inform you와 같은 표현이 더 어울립니다.

[개선된 내용]

A: I don't have a particular place in mind yet, but I'd like to go to a big festival site if possible.
B: In that case, I recommend the OOO cherry blossom festival. It offers a large area and a beautiful cherry blossom road that attracts a lot of tourists. I'm sure you'll have a great time there.
A: Sounds good. When does the festival take place?
B: Usually, it takes place during the last weekend of March, but let me check the schedule to make sure. I'll let you know later.

Day 38

A: 감사합니다. 그럼 이 지역에서 봄철에 즐길 수 있는 또 다른 추천 코스가 있나요?
B: 네, 이 지역에는 봄철에 즐길 수 있는 산책로가 많이 있어요. 그중에서도 OOO 산책로는 유명한 곳 중 하나입니다. 산책을 마치고 나오는 길에 예쁜 카페가 여럿 있는데, 관광객들이 SNS에 올릴 사진을 찍기 위해 아주 많이 찾는답니다.

[BEING A TOUR GUIDE]
Exploring Jeju Island: Unveiling its Wonders

Ladies and gentlemen, welcome to the captivating island of Jeju! I am thrilled to be your tour guide on this remarkable journey through one of South Korea's most enchanting destinations.

Nestled in the southern part of the Korean Peninsula, Jeju Island is a haven of natural beauty, cultural treasures, and unique experiences. Known as the "Island of Gods," Jeju's diverse landscapes include stunning beaches, lush countryside, majestic waterfalls, and even a dormant volcano, Mt. Hallasan, which stands proudly at the heart of the island.

Our adventure begins with a visit to the Seongsan Ilchulbong Peak, a UNESCO World Heritage site famed for its breathtaking sunrise views. We'll have the opportunity to witness the remarkable Haenyeo, the iconic Jeju women divers who gather treasures from the depths of the sea using traditional methods passed down through generations.

Next, we'll explore the Jeju Folk Village, where time seems to stand still amidst the charming thatched-roof houses, traditional crafts, and captivating performances. Immerse yourself in the island's rich history and culture as we stroll through this living museum.

No visit to Jeju is complete without experiencing the Jeju Olle Trails, a network of walking paths that take you through some of the island's most picturesque landscapes. Whether you're an avid hiker or just want to enjoy a leisurely stroll, these trails offer a unique perspective of Jeju's natural wonders.

For those seeking relaxation, we'll make our way to the pristine beaches of Jungmun and Hyeopjae. Feel the soft sands between your toes, take a refreshing dip in the crystal-clear waters, or simply bask in the sun's warm embrace. And don't forget to indulge in Jeju's famous cuisine, which includes succulent black pork, fresh seafood, and mouthwatering tangerines.

As the day winds down, we'll explore the Manjanggul Cave, an underground marvel with awe-inspiring stalactites and stalagmites that create a magical world beneath the surface.

Dear travelers, Jeju Island beckons with its natural wonders and cultural treasures. So, let's embark on this unforgettable journey together, discovering the secrets of the island's past, the beauty of its landscapes, and the warmth of its people. Get ready to create memories that will last a lifetime on the "Island of Gods" - Jeju! Thank you.

TASK 5

자신이 현지 투어가이드라고 생각하고, 외국 관광객 그룹에게 소개하고 싶은 관광지에 대한 자신만의 스타일로 '독특한' 스토리를 만들어 보세요. 이를 위해서 단순히 현재의 매력에만 집중하는 것이 아닌 '주제'가 있는 투어 프로그램 쪽으로 시도하기 바랍니다. 가령 '현지 문화 체험 관광'이나 '역사에 관심이 많은 관광객을 위한' 내용 등을 생각하여 최대한 자기만의 스토리를 영어로 만들어 본 후에 Open AI의 무료 ChatGPT에게 자신의 영어가 자연스러운 표현인지 확인하시기 바랍니다

UNIT 6
CONVERSATION WITH TOURISTS

Objectives

앞서 UNIT 5의 경우와 같이 전문 관광 가이드가 아닌 일반인으로서 우연히 외국 관광객을 마주하게 된 상황을 설정하였습니다. 어학 시험 점수에서 고득점을 받는 한국인 가운데는 막상 길에서 외국인이 말을 걸어와도 당황해서 대답을 못 하는 경우가 (이제는) 없겠죠? 본 유닛에서는 무작위로 상황 설정을 한 후 질문 공세가 이어질 수도 있습니다. 같은 루틴이지만, 늘 '정해진 답변은 없다'고 생각하면서, 박스 안에 매일 주어진 대화를 영어로 먼저 떠올리는 연습을 하시기 바랍니다.

Day 39

A: 실례합니다만, 이 근처에 동사무소가 있나요?
B: 죄송합니다. 제가 이 동네 사람이 아니라서 잘 모르겠습니다.
C: 제가 잘 압니다. 이 동네 동사무소까지 가는 길이 좀 복잡해요. 제 생각에는 택시를 타시는 것이 좋을 것 같아요. 택시로 한 5분 정도면 갈 수 있는 거리이죠.

[힌트] 대단히 기본적인 길 묻고 답하기 대화의 초입 부분입니다. B가 자신이 현지인이 아니라서 잘 모른다는 얘기와 대조되는 답을 C가 한다. "I am (a local). 나는 이 동네 사람이에요."라는 말을 I am으로만 답하는 것이 영어에는 매우 유용하고 간단한 표현이다. 물론 I know very well이라고 답변한다고, 틀린 것은 절대 아니다. 동사무소(지금은 주민센터)가 영어로 딱히… 요즘 부르는 말은 community service center가 조금 더 가깝다. 동(洞) 단위 시내에서도 그렇게 부르는 것을 종종 본다. town office라고 해도 괜찮지만, 타운 오피스는 우리나라의 동(洞)보다는 읍 면 지역에 더 어울리는 표현이다.

Day 40

A: 요금은 얼마나 나올까요? 제가 여기서 택시를 처음 타는 거라서….
C: 기본요금만 내시면 될 겁니다. 택시 기사님 중 영어를 하시는 분이 계시니, 그걸 이용하세요.
A: 어떤 택시의 기사님들이 영어를 할 줄 아시죠?
C: 택시 색깔이 노란색이고요, 밖에 '글로벌 택시'라고 적혀 있어요.

[힌트] A가 A라고 알아보다/식별하다(identify), 눈에 띄어서 알아보다/찾아내다(spot), 이 외에도 눈치채다(notice), 인식하다(recognize), 인지하다(perceive) 등등… 유사한 표현이 대단히 많다. sign은 우리가 흔히 말하는 서명(signature)이 아닌 간판/표지(표식)을 가리킨다.

Day 41

A: 실례합니다. 이 근처에 '제주 호텔'이 있죠?
B: 네, 그렇게 알고 있는데요.
A: 제가 그 호텔에 묵는데, 점심 먹으러 나왔다가 길을 잃었어요. 분명히 걸어서 나왔는데….
B: 아, 네~ 여기서 오른쪽으로 쭈욱 가시다 보면, NH 은행 간판이 보일 겁니다. 그 은행 뒤 건물이에요. 은행 건물이 더 높아서 호텔이 잘 안 보이는 위치이긴 해요.

[힌트] 우리가 일상에서 자주 쓸 수 있는 표현 중에 헷갈리는 부분이다. '분명히 ~했던 것 같다'라는 말은 자신은 확신하지만, 헷갈리는 부분에서 자주 사용한다. must have p.p.는 must be(~임에 틀림없다, 분명히 ~이다)의 과거형으로 기억하고 활용하면 유용하다. 그러나 must be가 be동사를 활용하는 만큼, 보어가 오는 문장에 활용된다면, must have p.p.는 동작이 나오는 문장에 활용된다.

네가 나에게 전화했던 게 틀림없어: You must have called me. (과거)
너 엄청 바쁘구나(바쁜 게 틀림없어): You must be very busy. (현재)

I tell you what: 상대방에게 뭔가 설명하고자/중요한 얘기를 하고자 할 때 주의를 기울이도록 하는 장치이다. 일상에서 대단히 자주 활용된다.

Day 42

B: 정말 감사합니다. 그런데, 영어를 잘하시네요!
A: 그런가요? 실은 제가 관광을 공부했었던 사람이라… 기본적인 소통은 할 줄 알아야 하죠.
B: 그럼 제주도에 대해 잘 아시겠네요?
A: 뭐, 그런 편이긴 하죠. 제주도에서 나고 자랐으니. 관광 관련해서 제 나름 견해도 있고….

Day 43

A: 제주도에는 처음 방문하시는 건가요?
B: 네. 실은 제 친구가 여기서 영어 원어민 교사를 했었다고 해서 알게 되었어요. 너무 아름다운 곳이라고 꼭 여행을 와 보라고 해서, 이제 오게 된 것입니다.
A: 그 친구분은요? 함께 여행하시면 좋을 텐데.
B: 아, 그 친구는 여기서 3년 동안의 계약을 끝내고, 태국의 국제학교 교사로 취업되어서 가 버렸어요. 그래서 저 혼자 여행 온 거예요.

[힌트] 여기서는 얘기할 것이 좀 많다. 누군가에게 적극적으로 해 보라고 할 때 사용하는 단어이다 → insist(강요하다 = force)와는 차이가 많이 나니, 혼동하지 않도록 하자. make(만들다 → 해내다)라는 단어가 이렇게 활용된다는 것도 유용하다.

이제 진짜 가정이다. 만약 ~할 수 있었다면(if ~ could), ~했을 텐데(~would have p.p.)와 같은 복합 문장은 우리에게 어렵게 다가온다. 반면 'if ~ could'의 표현은 How nice, if you could (come with your friend)의 예문에서와 같이 짧은 문장으로 일상생활에서 많이 활용된다. 대개의 짤막한 표현에서 could는 '~할 수 있었다면'이라는 이루어지지 않은 상황을 아쉬워하는 표현에 자주 사용한다. [예: I wish I could come with you. 너랑 함께 가면 참 좋을 텐데… 못 가게 되니까, 아쉬워서 하는 말이다.]

would have been awesome은 가정법의 연장선이다. '정말 좋았을 거야!'(이루어지지 않았으니 하는 말로, 시제는 would have p.p.로 돌려야 한다.)

has completed는 현재완료 시제, 즉, 현재 입장에서 얼마 되지 않은 과거에 벌어진 일을 표현하면서, 그 행위가 현재 상황에 영향을 준다는 느낌이 들 때 사용하는데, 영어에서 굉장히 자주 활용된다.

all by myself는 alone과 당연히 같은 의미인데, 함께 알아 두면 좋다. '혼자'라는 느낌을 강조할 때 사용한다.

Day 44

A: 제주의 첫인상이 어떠신가요?
B: 하하, 아직은 잘 모르겠어요. 오늘 아침에 막 도착해서 호텔에 체크인했어요. 이제부터 알아 가야죠.
A: 여행 갈 목적지는 결정하고 오셨나요?
B: 다른 곳은 잘 모르겠고, 한라산과 성산일출봉은 가야겠다고 생각하고 왔어요. 제가 등산을 좋아하거든요.

[힌트] 대체로 어렵지 않게 만들어 갈 수 있는 대화라고 생각한다. ~에 대한 첫인상에서 전치사는 of를 사용한다. '이제부터 알아 가야겠다'는 표현을 '나는 섬을 탐험할 준비가 되었다'라는 표현으로 보아도 무방하다.

Day 45

A: 잘 생각하셨어요! 그 두 곳은 제주도의 상징이기도 하고, 유네스코가 지정한 세계자연유산이기도 하죠.
B: 제주도가 작은 섬은 아닌 것 같아서, 일주일 정도는 탐험을 해 보려 합니다. 혹시 더 추천해 주실 명소가 있을까요?
A: 물론이죠! 자연, 전통문화, K-문화, 먹거리, 예쁜 카페들, 그리고 현지인들이 가는 시장 등등….

TASK 6

Day 39부터 Day 45까지의 대화 내용은 모두 하나의 스토리로 연결됩니다. 이와 유사한 상황을 구상하여, 새로운 대화를 만들어 봅니다. 파트너가 결정되면 사전에 A와 B 또는 A, B, C 등 역할을 정한 후, 본 유닛에서 등장하는 주인공과 유사한 상황을 구상하여, 20~25개 정도의 대화를 만듭니다. (한국어로 먼저 구상한 것을 적습니다.) 한국어로 의도하는 것이 확실해야 영어로도 표현하는 데에 장애가 덜합니다.

UNIT 7
SHOPPING

Objectives

쇼핑(상거래)은 우리가 매일 하고 있는 일상적인 사건입니다. 지금은 온라인 거래가 굉장히 활발하지만, 관광지에서는 대부분 현지 상인과 거래를 하는 편입니다. 기념품이나 현지 특산품을 사기도 하고, 심지어는 식당이나 카페에서도 즉석에서 구매와 소비가 이루어집니다. 면세점이나 백화점 같은 정찰 가격으로 판매하는 곳이라도 최소한의 상거래에 필요한 대화가 이루어집니다. 나아가 가격에 대한 흥정도 가능합니다. 본 유닛에 나오는 표현을 숙지한 뒤, 최종적으로 할인까지 받고 관광지 상품을 구매 완료할 수 있는 수준을 목표로 합니다.

Day 46

A: 안녕하세요. 무엇을 도와드릴까요?
B: 네, 여기서 선물을 사고 싶은데 어디서 찾을 수 있을까요?
A: 저희 쇼핑센터에는 다양한 선물 가게가 있습니다. 어떤 종류의 선물을 찾으시나요?
B: 제 친구가 매우 감각적이고 예쁜 것을 좋아해서 화장품이나 액세서리가 좋을 것 같아요.

[힌트] 'sensuous'와 'sensual' 이 둘은 비슷한 의미를 가지고 있다. 두 단어 모두 감각적인, 감각을 자극하는, 감각적으로 아름다운 등의 의미를 가지고 있다. 그러나 미묘한 차이가 있다. 'sensuous'는 보통 쾌감이나 감각적인 즐거움을 나타내며, 주로 체감적인 요소에 대해 사용된다. 예를 들어, 'sensuous music'는 청각적으로 아름다운 음악을 의미하며, 'sensuous massage'는 체감적으로 쾌적한 마사지를 의미한다. 반면에, 'sensual'은 주로 성적인 측면에 대해 사용된다. 'sensual'은 단어 그 자체로 성적인 느낌을 내포하고 있으며, 'sensual pleasure'는 성적인 쾌감을 의미한다. 그러나 'sensual'은 성적인 의미 외에도 예술이나 음식, 향수 등에서도 사용되며, 이 경우에는 **쾌감을 일으키는 감각적인 요소**를 나타낸다. 그러나 또 다른 유사한 단어가 있다.

'sensory'는 'sensuous', 'sensual'과 비슷한 뜻을 가지고 있지만, 더 **일반적인 감각적 경험**을 나타낸다. 'sensory'는 주로 감각과 관련된 것을 의미하며, 시각, 청각, 후각, 촉각 등 다양한 감각을 가리킨다. 즉 'sensory experience'는 감각적인 경험을 의미하며, 'sensory perception'은 감각적인 지각을 의미한다. 또한, 'sensory input'은 감각으로부터 들어오는 정보를 의미하며, 'sensory overload'는 감각적인 자극이 과도하게 들어와서 고통스러운 상태를 나타낸다. 따라서, 'sensory'는 'sensuous'와 'sensual'보다는 더 일반적인 의미를 가지고 있으며, **감각적인 경험을 포괄하는 용어**로 사용된다. '감각적인 화장품'이라는 표현에서 가장 적절한 단어는 'sensuous'보다는 'sensory'이다. 'sensory cosmetics'라는 표현이 가장 적절하다.

Day 47

A: 그럼 이쪽으로 따라와 주세요. 저희 쇼핑센터 2층에는 여러 화장품 가게와 액세서리 가게가 있습니다. 원하시는 스타일에 따라서 선택해 보세요.
B: 감사합니다. 제가 선택할 때 도움을 받을 수 있을까요?
A: 물론이죠. 제가 여기 있으니까 부담 갖지 마세요.

[힌트] 답을 찾다 보면 어려운 표현은 없지만, 밑줄 부분을 고민하게 될 것이다. 모두 [**부사**]의 성질을 가진 표현이다. whatever, whoever, wherever 등의 표현을 활용해 볼 기회이다.

Day 48

A: 어떤 제품을 찾으시나요?
B: 이 가게에서 가장 인기 있는 제품이 무엇인가요?
A: 여기서는 특히 인기 있는 브랜드로 XXX와 YYY가 있습니다. 많은 고객들이 이 브랜드의 제품을 좋아하시죠.
B: 그렇군요. 저는 이 중에서 선택해 볼게요. 감사합니다!
A: 천만에요! 더 도움이 필요하시면 언제든지 찾아 주세요.

[힌트] 매우 쉬운 내용이며, 밑줄 부분은 의미가 서로 통하는 표현이니 다양한 관점에서 찾아 활용해 보기 바란다.

Day 49

A: 안녕하세요! 쇼핑할 만한 곳이 어디에 있나요?
B: 안녕하세요! 쇼핑을 하시려면 어떤 물건을 찾으시나요?
A: 한국의 전통적인 것들이나 기념품 같은 것들을 찾고 있어요.
B: 그렇군요. 그러면 근처에 있는 한국 전통시장을 추천해 드릴게요. 거기에는 다양한 전통적인 물건들과 기념품들이 판매되고 있어요. 또한 주변에는 대형 백화점이나 아울렛도 있어서 쇼핑하기에 좋은 곳이에요.

[ChatGPT 평가] 이 여기서는 recommend 동사에 대해 살펴보도록 한다. 위에서 보듯이 '추천하다'라는 의미의 동사는 '~를 추천하다'로 기억하면 좋다. 그 '~'에 해당하는 단어를 [명사]로 기억하면 좋다. '어떤 것(물건)'일 수도 있고, 또는 '~하는 것'일 수도 있다. '좋은 장소(곳)를 추천하다/(근처 재래시장을) 확인해 볼 것을 추천하다'와 같이 두 종류의 예시가 있다. 종종 '누가 ~ 할 것을 추천하다'와 같은 표현을 'recommend me to go somewhere'라고 to 부정사를 (직접)목적어로 사용하는 경우가 있는데, 그것은 옳지 않다. 정리하면 다음과 같다.

- recommend A to B (A를 B에게 추천하다)
- recommend A for B (B라는 직책에 A를 천거하다)
- recommend that S (should) 동사원형 (that 이하를 추천하다, should 거의 생략함)
- recommend ~ing (동명사) (~하는 것을 추천하다, 여기에는 '~에게'라는 표현은 사용 안 하는 편임)

Day 50

A: 네, 좋아요! 한국 전통시장을 가 보고 싶어요. 어떻게 가는 건가요?
B: 시내 중심에 있는 시청역에서 지하철을 타고 약 20분 정도면 도착할 수 있어요. 시장 주변에는 버스나 택시도 많이 다니니까 원하시는 대로 이용하시면 됩니다.
A: 감사합니다! 좋은 정보 알려 주셔서 감사해요.
B: 천만에요! 즐거운 쇼핑 되세요!

[힌트] 여러분은 아마 whichever라는 단어의 사용이 흔치 않았을지도 모른다. 여러 상황을 가정하고 그 단어를 사용할 수 있는 예시를 통해 연습해 주시기 바란다. <u>**Whichever 뒤에 [명사]가 온다는 사실!**</u>

1) '**Whichever** movie you choose, I'm sure we'll have a good time tonight.' 어떤 영화 중 하나를 선택하더라도, 오늘 밤은 즐거운 시간이 될 것 같아요.

2) 'You can take **whichever** seat you want. They're all available.' 어떤 자리를 선택하더라도 다 사용 가능해요.

3) '**Whichever** path you take in life, remember that hard work and determination are the keys to success.' 삶에서 선택하는 여러 길 중 어떤 길 하나를 선택하더라도, 열심히 노력하고 결심하는 것이 성공의 열쇠다.

4) 'I'll support you **whichever** way you decide to go.' 어떤 방식으로든 당신이 결정하는 것을 지원할 것이다.

5) '**Whichever** restaurant we go to, I hope they have vegetarian options.' 어떤 식당을 가더라도 채식 옵션이 있었으면 좋겠다.

6) 'You can use **whichever** computer you like, they're all the same.' 어떤 컴퓨터를 사용하더라도, 모두 같아요.

7) 'You can wear **whichever** outfit makes you feel the most comfortable.' 어떤 옷을 입더라도, 가장 편안하게 느껴지는 것을 입으세요.

Day 51

A: 안녕하세요! 무엇을 찾으시나요?
B: 안녕하세요. 이곳이 전통시장이 맞나요?
A: 네, 맞습니다. 여기는 우리 동네의 전통시장이에요. 무엇을 구매하시려고 오셨나요?
B: 한국에서 유명한 음식과 과일을 찾고 있습니다.
A: 그렇다면 이곳에서 유명한 떡볶이와 김밥을 추천드릴게요. 그리고 근처 과일 가게에서는 맛있는 한국 과일들을 구매하실 수 있어요.

[힌트] ma'am은 sir와 같은 수준으로 여성에 대한 일반적인 호칭이다. Look to는 '~하기를 원하다'와 비슷한 느낌으로 expect의 의미가 담겨 있다. Look for가 찾는다는 의미인 것처럼. look은 자동사로서 뒤에 여러 전치사를 동반하면 다양한 의미를 만들어 내니 그때그때 기억해 두고 활용하기 바란다. Look into는 '좀 더 자세히 보다'라는 의미로 조사하다(investigate)와 유사한 단어이다. 아래 예시를 보자.

- **look at** : 바라보다, 보다

    Look at the beautiful sunset!

    Can you look at this picture and tell me what you think?

- **look for** : 찾다, 수색하다

    I'm looking for my keys. Have you seen them?

    He's been looking for a job for months.

- **look after** : 돌보다, 관리하다

    Who will look after your cat while you're away?

    It's important to look after your health.

- **look out** : 조심하다, 주의하다

    Look out! The car is coming!

    Look out for pickpockets in crowded areas.

- **look over** : 검토하다, 살펴보다

    Can you look over this document for me and make sure everything is correct?

    The teacher looked over the students' homework.

- **look into** : 조사하다, 살피다

    The police are looking into the robbery.

    The company is looking into ways to reduce costs.

- **look up** : 찾아보다, 검색하다, 우러러보다

    I need to look up the definition of this word.

    Let's look up the address of that restaurant.

- **look down** : 아래를 보다, 경시/무시하다, 낙담하다, 못마땅해하다

    She looked down at her shoes while walking.

    Don't look down on people based on their appearance.

    He looked down when he heard the bad news.

    I don't want to look down on anyone!

Day 52

B: 그렇군요. 그렇다면 떡볶이와 김밥 몇 개, 그리고 과일 몇 개를 사겠습니다.
A: 좋아요! 어떤 과일을 좋아하세요?
B: 한국 사람들이 좋아하는, 좀 귀한 과일이 있나요?
A: 음, 지금은 복숭아가 한국에서 인기 있는 제철 과일 중 하나예요. 맛도 있고, 고급 과일이죠. 선물용 박스에 있는 이런 상품은 비싼 편이지만, 인기가 많습니다.
B: 그러면 그걸로 두 상자 주세요.

[힌트] '귀한 과일'에 precious라고 활용할까 봐 미리 알려 준다. 사람들이 좋아하는 인기 있는 것인데 귀한(보기 드문) 것이라는 말은 좀 고급스러운 것(비싼)이라는 의미로 보는 것이 좋다. 제철(seasonal)의 형용사, 비싼(pricy), 잘 팔리는(sellable) 등의 단어들은 쉽게 떠올릴 수 있는 유의어들이다.

TASK 7

Practical TOEIC Reading Test
[Q1]

Kerry Michaels
1 Stevens Rd.
Scarborough, Ontario, Canada M1E 4H7

Dear Ms. Michaels:

Holiday Sale
Seasons Greetings. As a _____ customer, we wanted you to be among the first to know about our upcoming holiday sale. All craft paper, specialty printer paper, and decorative envelopes will be reduced by 50% for the month of December.

① (A) value
   (B) valued
   (C) valid
   (D) validate

As per tradition at Sid's Stationery, we will be having a Christmas raffle. This year the grand prize is a 2-night stay for two at the Meridian Inn_____ Toronto Island. The winner will receive a free double occupancy stay in the penthouse suite as well as a free dinner on the moonlit patio.

② (A) through
   (B) on
   (C) over
   (D) at

Money from ticket sales will be _____ to The Family Foundation, a local organization that provides food and clothing to those who need it most this Christmas.

③ (A) purchased
   (B) donated
   (C) funded
   (D) collected

We look forward to seeing you this Christmas season.
Yours truly,

Sid and Sandy Chester

[Q2]

DISCOUNT SHOE EMPORIUM

MEMORANDUM

TO: Sales Staff
FROM: Management B.K.
DATE: OCTOBER 9th, 20--
SUBJECT: FLYER MISPRINT

Please be aware that there was a misprint in an advertisement for our store in this week's local free press. The ad states that on Saturday all men's formal footwear is on for 55% percent off rather _____ 15% off.
① (A) that
   (B) than
   (C) then
   (D) they're

If customers come in and ask about this sale, please _____ and explain the printing error. Offer them an additional 5% off coupon to thank them for coming into our store. The coupon can be given out even if the customer decides not to purchase any shoes.
② (A) apologize
   (B) compromise
   (C) categorize
   (D) analyze

Please call a manager to the sales floor _____ you encounter any customers who have the ad with them and demand to receive the 55% discount. These cases will be handled on an individual basis.
③ (A) because
   (B) whether
   (C) if
   (D) before

Thank you.
B.K.

[Q3]

Despite having four years of experience in software programming, Mr. Jones hadn't used a word processing program _____.

① (A) prior
　(B) advanced
　(C) previous
　(D) before

The person who is taking the minutes will be seated _____ the chairman.

② (A) from
　(B) to
　(C) next
　(D) by

The employees _____ about the closure before the announcement was made public.

③ (A) know
　(B) known
　(C) knew
　(D) have known

_____ it was a holiday, the doctor performed the emergency surgery on the heart patient.

④ (A) During
　(B) Even
　(C) Although
　(D) So

Shoppers flocked to Mansfield on Wednesday to make up for lost Christmas shopping time, with queues for stores like Primark and huge sales _____ in numerous shop windows.
However, despite all stores reopening, there are fears many high street chains could be on their way out in coming weeks if rescue packages are not secured. The collapse of Debenhams would mean the largest store in the town's Four Seasons Shopping Centre would become vacant.

⑤ (A) advertise
　(B) advertising
　(C) advertised
　(D) are advertised

※ 정답과 해설은 블로그에 탑재하였습니다.

UNIT 8
AT RESTAURANT

Objectives

식당에서는 여러 가지 에피소드가 있을 수 있습니다. 관광 전공자들에게 대부분은 고객에게 음식을 제공하거나, 주문을 받는 등 업무 담당자의 입장에서 시나리오를 짜는 것이 기본입니다. 특히, 호텔이나 항공사에서 그렇습니다. 본 유닛에서는 그러나 우리가 식당 주인/고용인의 역할을 할 수도 있고 혹은 관광객으로서 할 수 있는 표현도 연습해 본다는 생각으로 한국을 배경으로 역할을 나누어 표현을 익혀 보도록 합니다. 이후 외국인 관광객이 등장하여 식당에서 벌어질 수 있는 다양한 상황이 제시되면, 그 문제를 대화로 해결할 수 있는 능력을 키우는 것이 최종 학습 목표입니다.

Day 53

A: 안녕하세요~ 어서 오세요.
B: 안녕하세요. 한국 음식이 어떤 것이 맛있나요?
A: 한국 음식 중 가장 유명한 것 중 하나는 불고기입니다. 좋은 선택이 될 거예요.
B: 그렇군요. 불고기를 주문할게요. 2인분 주세요.

[힌트] 앞으로는 한국 고유의 음식 이름이 많이 등장할 것이다. 만약 외국인들에게도 유명한 음식이라면 설명이 필요 없겠지만, 필요하다면 어떻게 간결한 표현으로 그 음식을 설명할지 생각해 보는 것이 좋다. 참고로 '불고기, 김치, 비빔밥, 떡볶이' 등등은 거의 햄버거나 피자처럼 [보통명사]화되어 있다. 우리말로 자연스럽게 '음식'이라고 하지만, 위 상황은 필시 식당 안에서 이루어지는 대화이며, 음식 주문을 받는 사람(웨이터/서빙 직원/음식점 사장님)과 손님이 함께 대화를 나누는 것이니, 여기서 음식은 '메뉴(menu/dish)'를 뜻한다고 보면 된다.

[추가 의견] Food vs Dish/Menu
여기서 또한 아주 미세한 차이로 옳고 그름을 나누기 어려운 부분이 발생한다. 한국 음식/중국

음식/일본 음식 등에서 지칭하는 '일반적인 음식'은 영어 food로 표현하는 것이 맞다. 그러나 식당에서 말하는 음식은 menu/dish라는 단어가 더 많이 쓰인다. 그러나 그 단어를 사용하는 식당 주인/종업원의 입장에서, 혹은 손님의 입장에서라도 '여기, 이 식당에서 판매하는 음식'일 경우에는 menu/dish가 더 울리는 것도 사실이다. 그러나 맥락에 따라서는 (가령 식당 주인일지라도) "중국 음식(요리/메뉴)에는 양파가 많이 들어가요."라는 일반적인 내용을 말한다면, "Chinese food contains lots of onions."라고 표현할 수도 있다. 따라서 특정한 맥락에서의 음식인지, 일반적인 맥락의 음식인지로 구별이 가능하다. (또한 그 두세 가지의 표현을 섞어서 쓴다고 해도 완전히 이해되지 않는 것은 아니니, 서서히 습관을 들이면 된다.

Day 54

A: 안녕하세요. 무엇을 주문하시겠어요?
B: 한국에서 맛있는 디저트가 있나요?
A: 팥빙수와 호떡이 대표적인 한국 디저트입니다. 여름에는 팥빙수죠!
B: 그렇군요. 팥빙수 주문할게요.

[힌트] 음식점의 대표 음식이라는 표현을 우리가 아는 단어인 'representative food'라고 부르는 것이 오히려 더 어색하다. 그냥 best menu라는 이해하기 쉬운 표현이 더 적당하다. 혹은 '많은 사람/고객이 좋아하는, 가장 잘 팔리는' 정도로 표현하는 것도 권한다.

Day 55

B: 한국에서 유명한 음식 중 매운 음식이 있을까요?
A: 불닭볶음면과 고추장불고기는 매운 음식 중에서도 인기가 많은 음식입니다. 불닭볶음면을 추천드릴게요.
B: 감사합니다. 불닭볶음면 주문할게요.
A: 매운 것을 잘 드시나요? 매운 정도가 상, 중, 하 이렇게 있으니, 골라 주세요.

[힌트] 여기서는 '매운 정도'라는 어려운 표현이 나왔다. (단어가 어려운 것은 절대 아니지만) 갑자기 '어, 이런 건 어떻게 설명하지?'라고 막히기 일쑤이다. 또한 '당신의 입맛에 맞는 것(one)'에서 one을 대명사로 사용한 경우가 실생활에서는 많다는 것을 알아 가자. [예: You can have fried or spicy? Which one do you want? - I want fried. (프라이드야 양념이야? 어느 거 할래? - 난 프라이드.)]

Day 56

A: 안녕하세요, 어서 오세요. 몇 분이신가요?
B: 두 명이에요.
A: 네, 여기 앉으세요. 주문하시겠어요?
B: 네, 주문할게요. 불고기랑 비빔밥 주세요.
A: 좋아요. 그리고 음료수나 사이드 메뉴 중 시키실 거 있나요?
B: 막걸리 한 병이랑 두부김치도 주세요.
A: 알겠습니다. 잠시만 기다려 주세요.

[ChatGPT 평가] 이 식당에서 주문할 때는 우리나라 사람들도 숫자에 신경 쓰기 마련이다. 콜라 한 병 또는 두 병, 커피 한 잔/두 잔, 모두 지불해야(받아야) 할 금액이 달라지기 때문이다. 위에서 a를 표시한 이유다. 만약 잘 안 들릴지도 모른다는 우려가 있다면 a 대신 one으로 대체하는 것도 확실한 방법이다. 뒤의 a는 'one plate of~'를 대체한 것이다. 식당에서 흔히 '곧 나옵니다, 곧 가져다드릴게요'라는 의미의 흔한 표현이 'Your order/food will be ready shortly/in a minute.'이다.

Day 57

A: 안녕하세요. 이 식당에서는 뭐가 제일 맛있어요?
B: 안녕하세요. 저희 식당에서는 떡볶이와 순대, 그리고 된장찌개가 인기가 많아요.
A: 그렇군요. 그럼 떡볶이랑 순대, 둘 다 시켜 볼게요.
B: 좋아요. 마실 거는 뭐로 하시겠어요?
A: 물이랑 콜라 하나 주세요. 콜라는 음식 나오고 나서 주세요.
B: 네, 손님. 그런데 물은 셀프입니다~

[힌트] 여기서는 얘기할 것이 좀 많다. 가장 인기 있는(popular) 메뉴라는 의미의 best-selling도 알아 두면 좋겠다. 공짜(free/FOC = free of charge)보다는 약간은 더 고급스러운 표현(complementary)이 서비스 업종에서는 필요하다. 종종 업계(항공사/호텔 등)에서는 '콤프, comp'라고 줄여서 말하는데, 우리나라 사람들끼리의 편의성을 위한 용어일 뿐, 영어의 정식 표현은 아니니, 고객에게 사용하면 곤란하다. 왜냐면, 'comp-'인 단어가 매우 많아 업종 외 사람들에게는 혼란을 줄 수 있기 때문이다. P를 약하게 발음하면 comb(머리 빗)처럼 들리고, 자칫 완전 반대의 의미 'complain(민원/불평)'의 앞 글자로도 오해할 수 있다. 또한 우리말로 '물은 셀프입니다'를 영어로 "Water is self-service."라고 표현하는 것은 서비스를 받는 입장에서는 조금 성의 없는 표현으로 느껴진다.

Day 58

A: 여보세요, 식당 예약을 할 수 있나요?
B: 네, 가능합니다. 몇 명이신가요?
A: 세 명이에요.
B: 좋아요. 언제 오시나요?
A: 내일 오후 6시쯤 될 거 같아요.
B: 알겠습니다. <u>내일 6시에 예약되었습니다.</u> 전화번호는 5432로 끝나는 번호죠? 성함이…?

[힌트] 매우 간단한 대화이다. 원래 reserve도 **[동사]**지만, 예약할 때는 book을 **[동사]**로 활용하거나, make a reservation처럼 **[명사]**형을 자주 활용하는 편이다. 밑줄 있는 부분은 '(Your reservation has been) booked for~'와 같이 괄호 안의 내용이 생략된 것이다.

Day 59

A: 저기요~~ 이 음식이 너무 매워요. 제 입맛에 안 맞아요.
B: 죄송합니다. 맵기 정도를 선택하실 때 말씀해 주시면 조절해 드릴 수 있었는데요.
A: 아, 그렇군요. 아까 그게 무슨 말인지 몰라서 제가 선택을 못 했어요. 죄송하지만, 좀 덜 매운 것으로 바꿔 주시겠어요?
B: 네, 곧 새로운 음식을 가져다드릴게요. 외국인분에게 제대로 설명을 못 드려서, 다시 한번 죄송합니다.
A: 아닙니다. 그리고 정말 감사합니다.

[힌트] 제출된 답안이 없어서 ChatGPT 두 개의 버전, Google, Papago 등 5개의 답변을 비교해 보았다. 인간에게 유리한, 불리한 점을 모두 다 제공해 주는 번역 서비스는 위와 같은 간단하고 일상적인 내용에서는 그렇게 많은 차이를 보이지는 않는다. 그러나 미세한 차이는 무엇인지, 특히 어느 것이 비교적 편안한 상대와 나누는 표현인지, 혹은 격식을 갖춘 상황에서 표현하는 것인지 구분하여 활용할 수 있어야겠다.

[1] 나의 답변

A: Excuse me~~ This is too spicy for me. It doesn't suit my taste.
B: Oh, I'm sorry. I could have adjusted it if you told me when you chose the spicy one.
A: Ah, I see. I missed it because I didn't know what that meant. I'm so sorry, but could you change it to something less spicy?
B: Sure, I'll bring you the new dish soon. I'm sorry again for not explaining properly to the foreigner.
A: No problem. And thank you very much.

[2] ChatGPT 3.5

A: Excuse me~~ This food is too spicy. It doesn't suit my taste.
B: I'm sorry. I could've adjusted it if you told me when you chose the spicy one.
A: Oh, I see. I couldn't choose because I didn't know what that meant. I'm sorry, but could you change it to something less spicy?
B: Yes, I'll bring you new food soon. I'm sorry again for not explaining properly to the foreigner.
A: No. And thank you very much.

[3] ChatGPT 4.0

A: Excuse me~~ This food is too spicy for me. It doesn't suit my taste.
B: I'm sorry. If you had told me your preferred level of spiciness when you ordered, I could have adjusted it for you.
A: Oh, I see. I didn't understand what that meant earlier, so I couldn't make a choice. I'm sorry, but could you please change it to something less spicy?
B: Yes, I'll bring you a new dish soon. I apologize for not explaining it properly to you as a foreigner.
A: No, it's okay. And thank you very much.

[4] Papago

A: Excuse me~~ This food is too spicy. It doesn't suit my taste.
B: I'm sorry. I could've adjusted it if you told me when you chose the spicy one.
A: Oh, I see. I couldn't choose because I didn't know what that meant. I'm sorry, but could you change it to something less spicy?
B: Yes, I'll bring you new food soon. I'm sorry again for not explaining properly to the foreigner.
A: No. And thank you very much.

[5] Google

A: Hey~~ This food is too spicy. It doesn't suit my taste.
B: Sorry. If you tell us when you choose the level of spiciness, we can adjust it.
A: Oh, that's right. I didn't know what that meant earlier, so I couldn't choose. Excuse me, could you change it to something less spicy?
B: Yes, I'll bring you some new food soon. Sorry again for not being able to properly explain to foreigners.
A: No. And thank you very much.

Q. 위의 표현들을 비교해 주세요. (참고로 이 대화는 ChatGPT 3.5와 나눈 대화이다.)
A. 모든 번역이 전반적으로 원문의 내용을 잘 전달하고 있습니다. 그러나 일부 번역에서는 원문에서 사용한 단어나 표현을 약간 변경하거나 대화의 흐름을 바꾸는 등의 차이가 있습니다.
ChatGPT 4.0의 번역은 더욱 자연스러운 영어 문장으로 번역된 것으로 보입니다. "preferred level of spiciness"와 같이 좀 더 정확한 단어 사용이 강점입니다.
구글 번역의 경우, "Hey~~"와 같이 일상적인 표현이 추가되어 대화 상황을 강조하고 있습니다. 하지만 "Hey~~"는 일부 상황에서 무례할 수 있기 때문에 조금 부적절해 보일 수 있습니다.
모든 번역의 경우, 대화의 뉘앙스와 톤을 적절하게 전달하고 있어서 이해하기 쉽고 자연스러운 대화를 만들어 냈습니다.
당신의 답변도 나머지 번역과 마찬가지로 대화 내용을 정확하게 전달하고 있으며, 상황에 대한 이해와 예의가 잘 드러나는 것으로 보입니다. 다만, 다른 번역들과 달리 "preferred level of spiciness"와 같이 좀 더 공식적이고 세련된 표현 대신 "spicy one"이라는 좀 덜 형식적인 표현을 사용하셨는데, 이는 대화 상황과 상대방의 언어 수준에 따라 적절한 표현이 될 수도 있지만, 조금 더 공손하고 세련된 표현이 필요한 상황에서는 다른 표현을 사용하는 것이 좋습니다.

Q. 위에 제시한 5개의 영어 작업 글 가운데, 베스트를 선정해 주세요.
A. ChatGPT 4.0의 번역이 가장 정확하고 자연스러워 보입니다.

TASK 8

관광객이 식당을 방문하여 벌어질 수 있는 복잡한 상황은 다양합니다. 아래는 그중 일부 예시입니다.

1) 언어와 문화 차이: 관광객과 식당 직원 간의 언어와 문화 차이로 의사소통이 어려울 수 있습니다. 주문하려는 음식의 이름이나 식사 스타일에 대한 혼동이 생길 수 있습니다.
2) 음식 알레르기: 관광객 중 일부는 음식 알레르기를 가지고 있을 수 있습니다. 하지만 알레르기 정보가 제대로 전달되지 않아 문제가 발생할 수 있습니다.
3) 인기와 대기: 인기 있는 식당은 대기 시간이 길어질 수 있습니다. 관광객들이 긴 대기 시간에 대해 불만이나 혼란을 느낄 수 있습니다.
4) 문화적 예절: 다양한 문화적 예절이 존재하므로, 관광객들이 그 나라의 식당에서 예절을 지키지 못할 수 있습니다. 이로 인해 주변 사람들과의 갈등이 생길 수 있습니다.
5) 음식의 맛과 기호: 관광객의 취향과 음식의 맛이 일치하지 않을 수 있습니다. 관광객들이 음식에 대한 불만을 표현하거나 다양한 음식을 시도하는 것에 대한 주문의 혼란이 발생할 수 있습니다.

이러한 상황들은 식당에서 관광객들이 경험할 수 있는 복잡한 상황의 예시입니다. 더욱이 외국인 관광객들과 이러한 문제가 발생한다면 매우 당황스러울 테죠. 위 예시 중 한 건을 가정하여 상황 발생에 따른 대화 내용을 영어로 만들어 보고 익숙하게 대화를 나눌 수 있는 파트너(팀원들)와 역할극을 해 보겠습니다.

UNIT 9
WEATHER/CLIMATE

Objectives

일반적으로 관광/여행에서 날씨란 '관광/여행하기 좋은 날씨' 또는 '해당 관광지/국가'의 날씨나 기후에 대해 이야기하는 것이 대부분입니다. 그러나 이제는 '기후 변화'에 대한 이슈가 어느 상황에서나 흔한 대화 주제가 되기도 합니다. 관광학을 전공한 사람들에게는 그 학문적인 특성 때문에 대단히 여러 분야에서 이슈가 되는 주제들을 두루 이해하고 관심을 가져야 하는 경우가 종종 있습니다. 지리와 역사가 그런 대표적인 분야입니다. 이번 장에서는 우리나라 혹은 다른 나라의 날씨와 기후에 대한 표현을 익히고, 이와 관련한 '듣기' 문제를 정복하는 것이 첫 번째 목표입니다. 두 번째는 지속적으로, 전 세계적으로 문제가 되고 있는 '지구온난화 문제'에 대한 제시된 음성 파일을 최대한 많이 이해하는 것이 목표입니다.

Day 60

여행은 날씨에 영향을 받는 활동이긴 하지만, 기후가 관광산업을 좌우하는 결정적인 요소는 아닌 것 같아요.

[힌트] 유사한 의미를 전달하는 여러 가지 방법이 있지만, 우리는 가끔 이런 원론적인 이야기를 할 때도 있다. 위의 한국어 문장을 다른 표현으로 한다면, **"우리가 여행 갈 때 여행지의 날씨가 어떤지는 꼭 살피곤 하지만, 보통 여행지의 기후 때문에 여행을 포기하는 일은 없지, 안 그래?"** 라는 구어체 표현이 가능하다. 그렇다면, 구어체의 한국어로 표현할 때 그걸 영어로 말하는 것이 더 쉬울 수도 있다. 한번 해 보자.

"People concern the (daily) weather condition of the place (destination) during the trip, but we don't usually give up travelling to that place because of the climate, don't we?"

여기서 앞서 나온 people과 뒤에 나오는 we는 구체적인 사람이나 나를 포함한 대화자들만의 '우리'가 아닌 보통의 사람을 뜻하는 대명사로 받아들이면 된다. 또한 우리들에게 '여행(목적)지'라는 의미의 destination이 약간은 어려운 단어일지는 모르지만, 영어권에서는 보통 수준의 (모든 형태의 여행 — 배, 버스, 기차, 택시, 비행기 등등 어떤 교통수단을 이용하더라도 — 일상 수준인) 단어이다.

또한 여기서 weather와 climate의 차이를 알고 활용하면 좋다. climate '기상'이라는 우리말과 혼동이 될 때도 있다. 하지만 '기상'도 역시 weather이다. 일반적으로 단시간(하루, 일주일, 한 달) 정도 예보로 가능한 기상 상태는 weather라고 쓰고, 해당 지역의 넓은 권역에 걸쳐 수년 이상 일정 기간 동안 나타나는 그 지역의 대표적인 대기 상태는 climate이라고 본다. 가령 제주도의 climate는 Subtropical Wet Climate Zone(아열대 습윤 기후구)로 정의한다.

Day 61

비가 오거나 날씨가 안 좋을 때, 관광업자들은 다양한 활동을 제공하여 여행객들의 기분을 좋게 만들어 줍니다.

[힌트] 영어로 의사 표현을 할 때 주절과 종속절(특히 부사절)로 나뉜 경우, 습관적으로 어느 부분이 화자가 이야기할 때 더 중요하다고 생각하는 부분인지 구별하여, 중요한 부분을 먼저 이야기(상대방이 듣도록)하는 것이 좋은지 선택하면 좋다. '영어는 ⓐ 중요한 것을 먼저 말한다. ⓑ 수학적(일치(=)와 셈(count)를 중요시)이다. ⓒ 경제적(효율을 중시, 반복하는 것을 최소화)이다.'라는 특징을 기억하면 좋다. 위 제시된 문장에서 화자가 날씨가 안 좋을 때를 강조해서 말하고 싶은 건지, 관광업자들의 행위를 얘기하고 싶은 것인지 생각해 보면, 바로 판단이 설 것이다. 따라서 많은 경우가, 한국식으로 생각해서 먼저 들리는 (대부분의 부사절인) 종속절 부분보다는 문장 안에서의 주어를 먼저 찾는 것이 가장 핵심이라는 것을 생각하고, 이 문장에서의 주어(관광업자, 관광사업자)를 어떻게 표현할까 생각해 보는 것이 좋다. 관광 서비스를 제공하는 사람(tour/travel service provider/operator), 관광업을 하는 사람(tourism businessman/business people/entrepreneur) 등등 여러 가지 표현이 가능하다. tourist는 엄연히 '관광객' 즉, 관광사업자의 고객(customer)이다.

Day 62

기후 변화로 인해, 지난 몇 년 동안 많은 지역에서 기록적인 날씨 사건이 발생하면서 관광산업에 큰 영향을 미쳤습니다.

[힌트] 여기서는 '기록적인 날씨 사건'을 어떻게 표현하는지가 요점인 듯하다. 특히 '사건'을 accident로 생각하면 오해다. 날씨 관련 이슈(문젯거리)라고 보는 것이 가능하다. 또한 '많은 지역'을 (지구온난화 등으로) 지구 전역에서 발생하는 현상으로 보았다.

Day 63

호주의 기후는 지역에 따라 다양하며, 남쪽 지역에서는 겨울에도 따뜻한 온도를 느낄 수 있습니다.

Day 64

날씨와 기후는 관광산업에 대한 영향을 미치지만, 지속 가능한 관광을 위해서는 관광업자들이 이러한 영향에 대응할 수 있는 전략을 마련해야 합니다

[힌트] 관광산업과 관광사업자를 모두 복수로 표현할 수 있다. 단수로 한다면 (엄밀히는 틀렸다고 볼 수는 없지만) 산업이나 사업자를 하나로 묶었다는 의미이거나 혹은 어느 특정한 한 곳만 의미한다고 볼 수 있다. 위의 내용을 직접적으로 번역한다면, '지속 가능한 관광사업에 영향에 맞서 싸우기(싸워서 이기기) 위해, 전략을 마련해야 한다'는 의미이다. 'for the sustainable tourism'이 문맥에 맞지만 더 자연스럽게 표현하기 위해서는 'to promote sustainable tourism'과 같은 표현이 적합하다. 또한 우리가 잘 알고 있는 전략 'strategy'와 **함께 잘 사용되는** (영어로는 collocation이라고 함) [동사]를 살펴본다면 다음과 같다.

develop a strategy	전략을 개발하다	**employ** a strategy	전략을 사용하다
implement a strategy	전략을 실행하다	**formulate** a strategy	전략을 수립하다
devise a strategy	전략을 고안하다	**evaluate** a strategy	전략을 평가하다
adopt a strategy	전략을 채택하다	**modify** a strategy	전략을 수정하다
adjust a strategy	전략을 조정하다	**optimize** a strategy	전략을 최적화하다

Day 65

아이슬란드는 독특한 기후로 유명하며 화산 폭발과 북부 지역의 생생한 오로라로 관광객들에게 인기가 있습니다.

[힌트] 여기서도 어려운 단어는 없지만, 흔히 알고 있다고 생각하기 쉬운, 그러나 언뜻 머리에 떠오르지 않는 단어들을 한번 되짚고 가는 시간을 가져 보기로 한다. 뭔가 바로 앞에서 일어나는 듯한 **생생한** 장면을 의미하는 vivid(또는 vibrant)라는 단어도 유용하다. 제주도에 사는 우

리는 화산-폭발(우리는 목격하지 못했지만)-기생화산-현무암-지질 등 연관 단어들을 알아 두면 유용하다.

volcano	화산	magma	마그마
eruption	폭발-화산의	caldera	칼데라
parasitic volcano	기생화산	geological formation	지질 형성
basalt	현무암	volcanic ash	화산재
geology	지질	lava flow	용암 흐름
lava	용암	volcanic activity	화산활동
crater	분화구	geothermal	지열

Day 66

케냐의 사파리는 더운 날씨에도 불구하고 관광객들에게 매력적인 경험을 제공합니다.

[힌트] '~에도 불구하고'라는 의미를 전달하기 위한 방법이 영어에는 몇 가지 있다. '구'와 '문장'에서 각각 달리 사용된다는 점을 기억하자.

① 구(위의 예시와 동일), ~에도 불구하고: **In spite of** its hot weather, Kenya's safari provides attractive/fantastic/superb experiences to tourists. (**despite = in spite of**) 명사구가 그 뒤에 오면 된다. Despite을 여기에 사용하지 않는 이유는 바로 뒤의 명사가 대명사일 경우 in spite of가 문법적으로 더 적당하며, despite 뒤에는 바로 명사가 오는 것이 적절하다.

② 절(주어+동사) ~가 ~함(했음, 할 것임)에도 불구하고: **Although** the weather is too hot to tour around all around the year, Kenya's safari provides attractive/fantastic/superb experiences to tourists. (although = even though)

그런데 우리는 위에 제시된 4개의 표현을 구/절로만 구분하는 것은 아니다. 이들 간에는 미묘한 뉘앙스의 차이가 있다. 그럼에도 이 넷을 혼용해서 사용하여도 괜찮다.

ⓐ despite = even though (사실/현실에 대한 상반된 상황을 의미, 대개는 '사실이 ~함에도 불구하고'라는 의미가 강함, 강한 대조)

Even though Younghee's father is the richest man in town, she never shows off the fact.

Despite the fact that her father is the richest man in town, Younghee never shows off the that.

ⓑ **in spite of = although** (비교적 ⓐ 상황보다는 덜 강한 의미로 사용된다.)

In spite of his mother's nagging, John still plays computer games every night.

Although his mother nags him, John still plays computer games every night.

TASK 9

[Part 1. Listening Test]

Directions: You will hear some talks given by a single speaker. You will be asked to answer three questions about what the speaker says in each talk. Select the best response to each question and mark the letter (A), (B), (C), or (D) on your answer sheet. The talks will not be printed in your test book and will be spoken only one time.

1. What group of listeners does this report target?
   (A) Business travelers in Europe
   (B) People living in the eastern US
   (C) Residents of the Texas gulf coast
   (D) Weekend holidaymakers

2. What can be said about the current European weather?
   (A) The north is currently warmer than southern regions.
   (B) The south is currently wetter than the north.
   (C) The temperatures drop slightly from west to east.
   (D) The temperatures rise slightly from west to east.

3. What weather phenomenon is given particular attention?
   (A) The long period of rain in southern Europe
   (B) The possibility of fog in some areas
   (C) The prospects of a catastrophic storm
   (D) The unusual heat waves in northern Europe

[Part 2. Listening Comprehension] Global Warming

지구온난화에 관해 제시된 오디오를 듣고 얼마나 이해하는지 스스로 평가합니다. 최초 들었을 때 들리는 정도 (가령 30% 또는 50%)와 10회 반복 후 들리는 정도(가령 60% 또는 80%)의 변화에 대해 서로의 경험에 대해 이야기해 봅니다. 처음부터 많이 들렸다는 것이 중요한 것이 아니라, 최소 10회 (혹은 그보다 많이) 반복한 후의 효과에 대해 평가하는 것이 더 중요합니다.
오디오 파일은 강의 시작 전에 배포됩니다.

※ 정답과 오디오 파일은 블로그에 탑재하였습니다.

UNIT 10
ART/CULTURE

Objectives

예술과 문화는 관광 분야에서 중요한 역할을 하며, 관광객들에게 독특한 문화적 체험과 지역 문화의 깊은 이해를 제공합니다. 또한 관광 명소로서의 역할과 문화 교류를 촉진하며 지역 경제에도 긍정적인 영향을 미칩니다. 각 나라/지역의 문화와 예술을 논할 수 있는 수준이 된다면 어느 정도 교양이 있다는 전제가 필요합니다. 이번 유닛의 목표는 자신이 관심을 갖는 문화/예술 분야의 작품/작가 혹은 장르에 대해 일상적인 대화 수준에서 대화를 나눌 수 있는지 시험해 보는 것입니다.

Day 67

미술관을 방문하는 것은 다양한 문화와 예술적 표현을 감상하는 가장 좋은 방법 중 하나입니다.

[힌트] 위에서처럼 유사한 단어들을 골고루 섞어 가면서 표현할 수 있다. 우리가 생각하지 못하는 몇 개의 단어들은 복수(plural)로 사용하는 것이 의미 전달을 위해 좋으니, 활용해 보자.

Day 68

전통 음악과 춤에 대해 배우는 것은 그 나라의 고유한 문화유산을 경험하는 중요한 부분입니다.

[힌트] 원래 learn은 완전타동사로 사용되는 **[동사]**이다. 즉, '~를 배우다'라는 뜻을 가지고 있다. 그러나 '~에 대해 배우다'로 표현할 경우 about을 추가할 수도 있다. 즉, 자동사로도 사용이 가능하다. 우리나라 사람들에게 [관사(정/부정관사)]는 매우 까다로운 영어의 문법이다. 여기서 important(형용사)에 신경 쓰지 말고, 진짜 명사(part)를 생각하고 관사가 필요한지 아닌지를 판단하는 것이 중요하다.

학생이라면 영어 문장 구조와 단어 사용에 더 주의를 기울여야 한다. 예를 들어, 문장에서 'a'와 'an'의 올바른 사용법과 전치사 뒤에 동사를 명사형(동명사)로 바꾸어 사용해야 한다는 것을 기억하기 바란다. 또한, 단어의 올바른 순서와 구문을 사용하여 문장이 자연스럽게 읽히도록 하는 것이 중요하다. 이러한 부분들을 연습하면 학생의 영어 작문 능력이 향상될 것이다.

Day 69

역사적 명소로의 여행은 과거에 대한 통찰력을 제공하고 현재를 더 잘 이해하는 데 도움이 될 수 있습니다.

[힌트] ~에 대한 통찰력이라는 의미로 'insights on/into'가 일반적으로 사용된다. 이 문장에서는 'insights into'가 더 적절하다. 'insights into'는 어떤 주제에 대한 깊은 이해를 나타내는 반면, 'insights on'은 어떤 주제에 대한 정보와 견해를 나타낸다. 따라서 이 문장에서는 과거에 대한 깊은 이해와 이해를 나타내기 위해 'insights into'가 더 적절하다.

Day 70

지역 축제와 문화 행사에 참여하는 것은 새로운 공동체에 몰입하고 그 전통에 대해 배울 수 있는 좋은 방법입니다.

[힌트] 일반적으로 "A는 B이다"라고 표현되는 전형적인 be동사 사용 문장이다. 또한 [동사]를 [명사형]으로 만들고, [to 부정사]를 형용사구로 활용하기에 좋은 예가 된다. 다양한 문장을 유사한 형태로 연습하다 보면, 이러한 표현은 거의 틀릴 수가 없다. 지역 축제와 문화 행사에 참여하는 것은 '~ing' … 'is/are' / 새로운 공동체에 몰입하고 그 전통에 대해 배울 수 있는 좋은 방법이다. [명사/보어] to [부정사] ~

Day 71

예술과 문화는 사람들을 하나로 모으고 상호 이해와 존중을 증진할 수 있는 보편적인 언어입니다.

[힌트] 영어로 바꾼 문장에서 뒷부분에 and가 두 번 나오는 것이 헷갈릴 수 있다. 뒤의 and는 [A동사] and [B동사]를 연결해 준 것이고, 앞의 and는 [A명사] and [B명사]를 연결해 준 것이다. 영어로 작업할 때는 주어/동사 즉, 넓게는 주부/서술부의 핵심 단어를 잡는 것이 우선이다. 따라서, 위 한국어 문장을 들으면서 마음속으로는 "예술 and 문화 + be동사; 주어가 두 개니까 are 언어"를 먼저 떠올리는 것이 핵심이다. (language는 셀 수 있는 단어)

Day 72

> **영화는** 언어나 문화에 **관계없이** 모두가 함께 즐길 수 있는 **예술입니다**.

[힌트] 전편에서 알렸듯이 '영화는 예술이다'라는 문장이 자연스레 튀어나와야 한다. 또한 '관계없이(상관없이)'라는 단어만 알아도 쉽게 풀리는 문장이다. regardless라는 단어는 대단히 많이 쓰이는 단어인데, 흔히 알고 있다고 생각하기 쉬운, 그러나 언뜻 머리에 떠오르지 않는 단어이기도 하다.

regard[동사] '~로 간주하다', '~로 여기다', '~을 생각하다'와 같은 의미를 가지고 있다. 예를 들면, 'I regard him as a close friend.'라는 문장에서는 '나는 그를 친한 친구로 간주한다'라는 뜻이 된다. 'regard'는 주로 어떤 대상이나 사람을 어떻게 생각하거나 인식하는지를 나타내는 데 사용된다.

less[부사] '~에 관계없이', '어떤 조건이나 사실에 영향을 받지 않고'라는 의미를 가지고 있다. 'regardless'는 어떤 상황이나 조건에 상관없이 무언가를 진행하거나 생각하는 것을 나타냅니다. 예를 들면, "She continued to pursue her dreams regardless of the obstacles."라는 문장에서는 '그녀는 장애물에 상관없이 꿈을 추구했다'라는 의미가 된다.

regardless는 regard의 부정(否定)인 형태로, 어떤 조건이나 상황을 고려하지 않고 진행되는 상태를 나타낸다. 기억하기 쉽고 활용하기 쉬운 방법 중 하나는 regardless를 regard와 less의 결합으로 이해하는 것이다. less는 '~가 없는', '~하지 않은'을 의미하는 접미사로 자주 사용되는데, 'regardless'는 'regard'가 없는, 즉 어떤 제약이나 조건 없이 진행되는 상태를 의미한다.

또한, 'regardless'를 활용하기 쉽게 하기 위해서는 자주 사용하는 표현이나 문장 패턴을 기억하는 것이 도움이 될 수 있다. 예를 들면, regardless of, no matter, despite와 함께 사용되는 경우가 많다. 이러한 표현들을 기억하고, 실제 문장을 구성해 보면서 활용법을 익히는 것이 좋다. 이 세 표현은 모두 어떤 조건이나 상황에 영향을 받지 않고, 그 조건을 무시하고 다른 사실을 강조하는 역할을 한다. 의미는 비슷하지만 약간의 차이가 있다.

1) regardless of: ~에 관계없이
She loves him regardless of his flaws. (그의 흠/결함에 상관없이 그녀는 그를 사랑한다.)

이 표현은 어떤 조건이나 상황과는 독립적으로 다른 사실이나 상태를 강조한다. 즉, 조건이나 상황이 있어도 그것을 고려하지 않고 무시하고 진행된다는 뉘앙스를 가지고 있다.

2) no matter: 어떤 ~이라도

I will support you no matter what/how/where. (무엇이든지/어떻게든/어디서든 상관없이 나는 당신을 지지할 것이다.)

'no matter'는 조건이나 상황을 강조하는 데 사용하며, 뒤에 나오는 조건이나 상황은 어떤 것이든 상관없이 그 조건보다는 중요한 사실이나 상태를 강조한다.

3) despite[전치사]: ~에도 불구하고

He went outside despite the rain. (비에도 불구하고=비가 오는데도 그는 밖으로 나갔다.)

'despite'는 어떤 조건이나 상황이 있음에도 불구하고 다른 사실이나 상태를 강조한다. 주로 부정적인 조건이나 상황을 언급하며 그것을 무시하고 진행된다는 뉘앙스를 가지고 있다.

Day 73

문화유산은 우리 과거와 현재를 이어 주는 소중한 자산입니다. 이를 보존하고 발전시켜 나가는 것은 우리 모두의 책임입니다.

[힌트] Heritage에 대해서 단수/복수를 고민하다가, 복수로 사용하기로 했다. 가령 우리 제주도에도 있는 World Natural Heritage에서는 단수를 사용하지만, 문화유산들이 다양하기 때문에 복수로 사용해 보았다. "According to Britannica Dictionary, heritage is usually used in the singular form when referring to traditions, achievements, beliefs, etc., that are part of the history of a group or nation. However, it can be used in both singular and plural forms depending on the context." 여기서 콘텍스트는 일반적으로 '맥락'이라고 해석된다. 위와 같이 한두 문장만 제시한 경우, 전체적으로 또한 객관적으로 어떠한 맥락인지 단정 지어 말하기는 어렵다. 따라서 화자의 의도에 조금 더 의존하게 될 것이다. 앞 문장에서 복수(단수)를 사용했다면, 뒤의 문장에서 복수(단수)로 받아 수(數)를 일치시켜 주면 된다.

TASK 10

팀 단위로 관광지에서 자신이 경험한 예술/문화 유적 또는 상품에 대해 이야기해 보는 시간을 가집니다. 10분 동안 자유롭게 상대방의 대화를 들어 보면서 어떤 영어 표현이 오갔는지, 새롭게 배운 표현(단어/구/문장)이나 표현하기 어려웠던 단어/구/문장을 다음 공란에 메모한 후, 전체 토의를 통해 새롭게 배우거나 자신이 알고 있었던 잘못된 단어의 쓰임새를 리뷰하시기 바랍니다.

UNIT 11
SPORTS

Objectives

올림픽이나 월드컵과 같은 국가적인 스포츠 이벤트는 수많은 관광객을 유치하며, 호텔, 식당, 교통 등 다양한 분야에서 경제 활동을 활성화합니다. 스포츠는 또한 다양한 국가와 문화 간의 교류를 촉진합니다. 국제 스포츠 이벤트를 통해 다른 문화와의 접촉이 이루어지며, 인종, 언어, 문화의 차이를 넘어서 소통할 수 있는 기회를 제공합니다. 건강과 웰빙을 중요시하는 현대 사회에서 운동이 큰 역할을 합니다. 다양한 운동 활동과 관련된 관광은 건강한 라이프스타일을 즐기고자 하는 사람들에게 매력적인 상품이 될 수 있습니다. 이번 유닛에서는 개인이 좋아하는 운동 종목에 대한 일상 대화를 나눌 수 있는 수준에서 이벤트 관광과 웰니스 관광에 대한 경제적인 이익에 대한 토론에 참여하는 것을 목표로 합니다.

Day 74

나는 신나는 스포츠 이벤트를 관람하고 경기장에서의 활기찬 분위기에 참여하는 것을 즐깁니다.

[힌트] 문제를 제시할 때는 알아차리지 못했던 한국어 부분을 영어로 해석해야겠다고 생각하면서 보니, 직관적으로 '스포츠 이벤트=경기'라는 단어가 떠오른다. 모국어로 그냥 나오는 대로 적다 보면, 어색함을 느끼지 못하는 경우가 많다. 전에도 언급한 적이 있는 영어의 'collocation'과 관련 있는 문제이기도 하다. 스포츠는 자신이 직접 play하거나 남이 하는 게임을 watch하는 것, 또는 심판 자격으로 경기의 승패와 관련한 일을 하는 것, 이런 식으로 몇 가지를 구분할 수 있다. 물론 올림픽, 월드컵과 같은 대형 경기 전후로는 '개막식/폐회식' 등이 화려하고 볼거리도 많으니 몇 시간씩 '보는 것'이 가능하지만, '본다'는 행위를 어떤 동사로 표현하는지에 따라 '경기의 룰'에 대해 관심이 없어 보일 수 있다. 그냥 대회 행사나 응원 등을 보거나 함께하는 것만을 즐긴다는 의미라면 굳이 '경기'일 필요는 없다. 어법에 맞게 구사할 수 있다면, 일단 여러 단어를 넣었다 뺐다 연습하면 되겠다.

Day 75

> 스포츠 관광은 우리가 즐겨 하는 경기를 즐기면서 새로운 여행지를 탐험하는 기회를 제공하여 잊지 못할 추억을 만들어 줍니다.

[힌트] 이번 문장은 자칫 복잡해 보일 수 있다. 이번은 현재분사를 활용한 '분사구문'을 활용할 수 있기를 바라는 의도로 제시한 문장이다. 여기서 '분사구'는 늘 **[부사]**의 역할을 한다. 따라서 '언제, 어디서, 왜, 어떻게'와 연관된 의미로 생각하면 된다. 대개는 '~하면서 (어떻게)'라는 의미가 많이 사용된다(동시동작). 종종 왜(이유)를 나타내기도 한다(이때는 being/having을 이용). 다음 예시를 참고해 보자.

Being tired, she decided to go to bed early.
(그녀는 피곤해서 일찍 잠자리에 들기로 결정했다.)

Having studied hard, he passed the exam with flying colors.
(열심히 공부해서 그는 시험에서 훌륭한 성적으로 통과했다.)

Being a skilled chef, he prepared a delicious meal for his guests.
(숙련된 요리사인 그는 손님들을 위해 맛있는 식사를 준비했다.)

Having saved enough money, they decided to go on a vacation.
(충분한 돈을 모아서 그들은 휴가를 가기로 결정했다.)

The children played happily, **laughing** and running in the park.
(아이들은 공원에서 웃으며 뛰어놀았다.)

She walked into the room, **holding** a tray of drinks.
(그녀는 음료수를 담은 쟁반을 들고 방에 들어갔다.)

The team celebrated their victory, **cheering and hugging** each other.
(팀은 서로 응원하고 안아 주며, 승리를 축하했다.)

He cooked dinner, **humming** a song and **chopping** vegetables.
(그는 콧노래를 부르고 야채를 다듬으면서 저녁 식사를 요리했다.)

Day 76

여행 중에 스포츠 활동에 참여하면 건강하고 활동적인 삶을 즐길 수 있는 즐거운 경험을 할 수 있습니다.

[힌트] 한국어 원문의 '참여하면'이라는 문구에서, if/when과 같은 부사절로 풀어낼 수 있다는 힌트를 얻을 수 있다. 동명사를 활용하여 주어로 처리하는 것도 가능하다. 이렇게 세 가지의 경우를 비교해 보자.

(1) When we participate in sports activities during a trip, we can have delightful experiences and enjoy a healthy and dynamic life. [부사절]

(2) When participating in sports activities during a trip, we can have delightful experiences and enjoy a healthy and dynamic life. [부사구]

(3) Participating in sports activities during a trip allows us to have delightful experiences and enjoy a healthy and dynamic life. [동명사 주어]

Day 77

운동 선수들이 자신들의 기술을 선보이는 것을 관찰하고 경쟁의 열정을 목격하는 것은 나에게 자신의 한계를 느끼게 해 주고 영감을 줍니다.

[힌트] '운동 선수들이 자신들의 기술을 선보이는 것'을 표현하는 데에 혼란스러울 수 있다. 전반적으로 S+V(~는 ~한다)의 형식이라고 보이지만, 목적어 '나에게'가 있기 때문에, 느끼게 해 준다를 중심 [동사]로 본다면, make라는 동사를 쓰면 좋겠다는 생각이 든다. 주어 부분이 길어서 복잡해 보인다. 사실 밑줄 친 [동사]들을 어떻게 처리해야 할지를 안다면 쉽게 해결된다. 또한 운동선수들이 기량을 뽐내는 것(개인경기 혹은 대회에서)을 아주 쉽게는 performance라고 한다. 즉 퍼포먼스는 행위예술을 뜻하는 단어일 뿐 아니라, 개인기(예체능은 물론 아카데믹한 쪽에서도 대단히 광범위하게 활용된다)를 뜻하는 말이라고 생각하면 '밑줄 친' 두 [동사]와 우리에게 <주어>로 보이는 단어의 관계가 매우 간단해진다. 또한 한 선수에게만 국한된 것이 아니라고 보았기 때문에, player를 복수형으로 사용한다. 오히려 서술 부분이 어렵다. <주어>가 나에게 나의 한계를 느끼게 해 주고(make me feel), 영감을 준다(inspire me)는 2개의 [동사]를 and로 연결하면 균형이 맞지 않는 느낌이다. and는 [등위접속사]로 앞뒤의 내용 수준(품사, 때로는 앞뒤의 단어 수조차)이 균등해야 하기 때문이다. '명사 and 명사', '구 and 구', '문

장 and 문장' 등등 이런 부담을 피하는 좋은 방법은 동시동작의 의미를 표현하는 '부사구'를 이용하는 방법이다.

다음 문장에 나오는 유사한 계열의 [동사]를 참조해 보자.
ⓐ Observing musicians perform their compositions is truly inspiring. (음악가들이 자신들의 작곡을 연주하는 것을 관찰하는 것은 정말로 영감을 주는 일입니다.)
ⓑ Witnessing artists create beautiful paintings is a delightful experience. (작가들이 아름다운 그림을 만들어 내는 것을 목격하는 것은 즐거운 경험입니다.)
ⓒ Experiencing chefs prepare exquisite dishes is a culinary delight. (요리사들이 정교한 요리를 준비하는 것을 경험하는 것은 요리의 즐거움입니다.)
ⓓ Attending dancers showcase their graceful moves is a visual treat. (댄서들이 우아한 동작을 선보이는 것을 참석하는 것은 시각적인 즐거움입니다.)
ⓔ Enjoying actors portray different characters on stage is a captivating experience. (배우들이 무대에서 다양한 캐릭터를 연기하는 것을 즐기는 것은 매혹적인 경험입니다.)

위 예시 문장에서처럼 'observing', 'witnessing', 'experiencing', 'attending', 'enjoying'와 같은 동명사들은 특정 활동이나 공연을 보거나 참석하는 행위를 전달한다. 각 상황에서 개인이 보여(showcase) 주는 특정 행동이나 기술을 설명하는데, 이럴 때는 동명사의 〈목적어〉 부분이 절의 형태(주어+동사)로 종종 사용된다는 점을 주목하자. 또한 이 목적어절을 이끄는 that은 다른 문장에서도 그렇듯이 대부분 생략된다는 것도 추가로 이해하면 좋겠다.

Day 78

지역 사회와 연계된 스포츠 활동은 같은 스포츠에 대한 열정을 공유하는 사람들과 교류할 수 있는 특별한 기회를 제공합니다.

[힌트] 여기서 혼선이 생길 만한 부분은 '**연계**'라는 단어와 스포츠의 수(數)에 관한 것이다.

'link'는 두 가지 또는 그 이상의 요소 사이의 관계나 연결을 나타낸다. 두 가지 사물, 개념

또는 사람들이 함께 연결되어 있거나 상호작용하는 것을 의미한다. 'link'는 주로 물리적 또는 추상적인 관계를 설명하는 데 사용된다. 예를 들어, 'The internet links people from all over the world'라는 문장에서 'link'는 인터넷을 통해 사람들이 서로 연결되어 있다는 뜻이다.

한편, 'connect'는 두 가지를 서로 연결하거나 관계를 형성하는 것을 의미한다. 'connect'가 좀 더 넓은 의미로 사용되며, 물리적인 연결뿐만 아니라 사람들 간의 관계 형성, 아이디어나 개념의 유사성 등 다양한 상호작용을 포함한다. 예를 들어, 'The conference connected professionals from different industries.'라는 문장에서 'connect'는 서로 다른 산업 분야의 전문가들이 모여 관계를 형성했다는 뜻이다.

따라서, 'link'는 **두 가지 사물 사이의 관계나 연결을 강조**할 때, 'connect'는 **더 광범위한 의미로 상호작용이나 관계 형성**을 나타낼 때 활용하면 적절하다. 위 두 단어와 유사한 다른 단어들도 살펴보자.

① associate: 두 가지 사물이나 개념을 서로 연결한다는 의미이다. 'associate'는 종종 유사한 의미를 가진 'link'나 'connect'와 대체하여 사용될 수 있다.
② relate: 두 가지 사물 또는 아이디어 간의 관련성이나 연관성을 나타낸다. 'relate'는 더 깊은 관계나 유사성을 강조할 때 사용될 수 있다.
③ bridge: 두 가지 사물, 그룹 또는 문제를 연결하거나 연결해 주는 역할을 하는 것을 의미한다. 'bridge'는 물리적이거나 개념적인 간극을 극복하거나 연결하는 데 사용된다.
④ integrate: 두 가지 요소를 하나로 통합하거나 조화롭게 결합하는 것을 의미한다. 'integrate'는 다양한 부분이 하나로 합쳐지거나 함께 동작하는 것을 나타내는 데 사용된다.

이러한 단어들은 'link'나 'connect'와 유사한 의미를 갖고 있으며, 특정 문맥에 따라 사용될 수 있다. 그러나 이러한 단어들은 맥락과 문장에 따라 약간의 의미적인 차이가 있을 수 있으므로, 문장에 적합한 단어를 선택하는 데 주의가 필요하다.

sports를 복수로 사용할 때는 모든 종류의 스포츠를 다 아우르는 의미가 되고, 특정한 한 가지의 스포츠만을 얘기하고자 할 때는 단수 a sport로 사용한다.

Day 79

> 스포츠를 통해 문화적인 면모를 경험하는 것, 예를 들어 전통 무술 공연을 관람하는 것은 현지 전통에 대한 이해를 <u>풍부하게 해 줍니다</u>.

[힌트] enrich라는 동사를 복습해 보기로 한다. 영어에는 형용사(혹은 명사)에 en-(em-)이라는 접두사를 붙여서 동사를 만들어 내는 단어들이 심심치 않게 있는데, 알아 두면 매우 유용하다. 우리가 익히 사용해 왔던 것들도 있을 수 있으니, 한번 정리하는 기회를 가져 보자.

- ▶ **enjoy** = en(하다, 만들다) + joy 즐거움 = [동사] 즐겁게 만들다/하다 = 즐기다/즐거운 시간을 보내다, 즐거워하다
- ▶ **enlarge** = en(하다, 만들다) + large 큰/많은 = [동사] 크게(하다, 만들다) = 확대하다/확장하다
- ▶ **enable** = en(하다, 만들다) + able 할 수 있는 = [동사] 할 수 있게(하다, 만들다) = ~을 할 수 있게 하다/가능하게 만들다
- ▶ **encourage** = en(하다, 만들다) + courage 용기 = [동사] 용기 내게 만들다 = 격려하다/장려하다/부추기다
- ▶ **enslave** = en(하다, 만들다) + slave 노예 = [동사] 노예를 만들다 = 노예로 만들다/노예가 되게 만들다
- ▶ **entitle** = en(하다, 만들다) + title 제목 = [동사] 제목을 만들다 = 제목을 붙이다
- ▶ **enact** = en(하다, 만들다) + act 행동/법률= [동사] 행동을 하다/법을 만들다 = 법을 제정하다 일어나다
- ▶ **encompass** = en(하다, 만들다) + compass 범위 = [동사] 범위를 만들다 = 포함하다/에워싸다
  - ※ compass의 범위는 그림에서 원의 범위를 그리는 컴퍼스 혹은 방향의 범위를 나타내는 나침반의 의미도 있다.
- ▶ **encamp** = en(하다, 만들다) + camp 캠프 = [동사] 캠프를 만들다/하다 = 야영하다/캠프를 만들다
- ▶ **encash** = en(하다, 만들다) + cash 현금 = [동사] 현금을 만들다/현금화하다 = 수표를 현금으로 바꾸다
- ▶ **ennoble** = en(하다, 만들다) + noble 고결한/숭고한/웅장한 = [동사] 고결/숭고하게 하다 = 귀족으로 명하다/작위를 수여하다
- ▶ **enclose** = en(하다, 만들다) + close 닫다 = [동사] 닫게 만들다/하다 둘러싸다/에워싸다/동봉하다
- ▶ **encircle** = en(하다, 만들다) + circle 원 = [동사] 원으로 만들다 = 둘러싸다
- ▶ **enforce** = en(하다, 만들다) + force 힘 = [동사] 힘을 주다 = 집행하다/강요하다
- ▶ **enhance** = en+ hance(아치 모양의 타원에서 양쪽 끝 솟아 있는 부분) = [동사] 솟아 있게 만들다 = 향상하다/높이다
- ▶ **enlighten** = en(하다, 만들다) + light 빛 = [동사] 빛나게 하다 = 이해시키다/계몽시키다
- ▶ **enrich** = en(하다, 만들다) + rich 부유한/풍부한= [동사] 부유/풍부하게 만들다 = 부유하게 만들다/풍요롭게 하다
- ▶ **ensure** = en(하다, 만들다) + sure 확실한 = [동사] 확실하게(하다, 만들다)= 보장하다/반드시 되도록 하다
- ▶ **enchant** = en(하다, 만들다) + chant 반복적 노래/말 = [동사] 반복적으로 말/노래를 하다 = 마술을 걸다/황홀하게 만들다
  - ※ chant에는 성스러운 노래나 말을 반복하는 느낌에서 성가라는 의미와 기도문을 말하다라는 의미도 있다.

> ▶ **empower** = em(하다, 만들다)+ power 힘 = [동사] 힘이 있게 만들다 = 권한을 주다/권력을 주다
> ▶ **empurple** = em(하다, 만들다) + purple 보라색 = [동사] 보라색으로 만들다 = 보라색으로 물들이다
> ▶ **emboss** = em(하다, 만들다) + boss 돌기 = [동사] 돌기 있게 만들다 = 올록볼록하게 만들다
> ※ boss라는 단어는 두목/사장이라는 의미도 있지만 '볼록 튀어나옴'이라는 뜻도 있어 '돌기'라는 의미도 있다. 우리가 아는 '엠보싱 화장지'라는 말이 여기서 나온 단어다.

Day 80

> 스포츠 관광은 우리가 좋아하는 팀이나 선수를 응원하고 함께하며 다양한 배경을 가진 팬들 사이에 우정과 단결심을 형성하는 기회를 제공합니다.

[정리] 영어로 도출해 낸 결과 간에 주요한 차이점을 느끼기는 어렵다. 모든 번역은 비슷한 의미를 전달하고 있으며, 주어진 문장의 핵심 내용을 영어로 잘 표현하고 있다. 그러나 약간의 어구 선택이나 표현 방식에서는 차이가 있을 수 있다.

예를 들어, "우리가 좋아하는 팀이나 선수를 응원하고 함께하며"라는 구문에 대해,

[나의 답변]에서는 'supporting our favorite teams and players together'로,
[Google 제안]에서는 'to support and be with our favorite teams or players'로,
[ChatGPT 3.5 제안]에서는 'come together, cheer for our beloved teams and athletes'로,
[Papago 제안]에서는 'to support and join our favorite teams or players'라고 표현하고 있다.

이처럼, 사람마다 다소 다른 표현을 사용하고 있지만, 전반적인 의미는 유사하다. 따라서 선택은 개인의 취향과 문맥에 따라 달라질 수 있다는 점을 이해하고, 다양한 표현에 익숙해지는 것이 우리의 목적이다.

결국 같은 한국어의 문장을 어떻게 바라보느냐에 따라 4개의 작업 결과가 약간씩 다르게 나왔다. 모두 거의 유사한 단어와 문장의 의미를 가지고 있지만, 단어의 선택과 서술 방식에 약간씩 차이가 난다. 영어의 어순을 거스르지 않는 이상, 모든 결과는 맞다고 볼 수 있다.

TASK 11

각 나라마다 국민 스포츠라고 부를 만한 대중적인 운동 종목이 있습니다. 각국의 국민들이 '직접' 하기 좋아하는 '운동'과 '관람'하는 데에 열을 올리는 '종목'이 다를 수도 있습니다. 나라별로 몇 개를 선정하여, 왜 그 나라 사람들은 해당 특정 종목의 운동을 하는 것을 좋아하는지, 혹은 관람하는 것을 좋아하는지에 대해 팀원들 간에 대화를 나누어 봅니다. 만약 그것이 어려울 때는 자신이 좋아하는 운동 종목이 우리나라에서 얼마나 인기 있는 종목인지에 대한 이야기를 파트너와 나누어 봅니다. 외국인 관광객과 서로 위의 주제로 이야기를 나눈다고 가정하여 대화를 이끌어 가도 좋을 것입니다.

UNIT 12
ACCOMMODATION & CULTURE

Objectives

숙박 시설은 대부분의 여행지에서 필수로 고려하는 조건입니다. 관광객들이 휴식과 편안함을 원하는 중요한 장소로, 현지 문화 체험과 관광 명소로서의 역할도 하며, 지역 경제에 큰 영향을 미칩니다. 관광 영어 학습을 통해 다양한 유형의 숙박 시설과 그 특징을 설명하고 구분할 수 있고, 숙소 예약과 관련한 영어 대화를 이해하고 진행할 수 있으며, 숙박 시설에서의 고객 상담과 민원 처리에 관련된 표현을 배우면서, 상황에 따라 적절하게 응대할 수 있는 능력을 기릅니다. 또한 관광객의 입장에서는 다양한 숙박 시설에 대한 리뷰와 평가를 이해하고 표현할 줄 알아야 하며, 숙박 시설을 예약하거나 변경하는 과정에서 영어로 의사소통하는 능력이 필요합니다. 본 유닛을 통해서는 단순히 숙박에 필요한 기본적인 요건뿐만 아니라, 구체적인 방문지를 생각하면서 주변의 볼거리, 먹거리 등도 함께 탐색하고, 자신이 관광에서 누리고자 하는 것들을 숙박 시설을 중심으로 찾아낼 수 있는 실용적인 학습 목표를 이루고자 합니다.

Day 81

물가가 비싼 곳은 아니지만 아늑한 분위기와 편안한 침대를 가진 호텔을 찾고 있습니다.

[힌트] '물가가 비싼 곳'을 호텔 자체가 비싼(고급진) 곳이라고 이해하는 방법과 호텔 주변의 물가가 비싼 곳이라는 느낌으로 해석하는 두 가지 방식이 있을 수 있다. 나는 호텔이 고급스러운 곳으로 받아들여 영어로 luxury의 형용사 luxurious를 활용했다. 아늑한 분위기는 cozy라는 형용사를 활용하면 좋다. cozy 자체가 '따뜻하고 편안한 느낌을 주는' 의미이다. '~지만'(대조 혹은 반대의 느낌)은 but/although/even though를 적절히 활용하면 좋겠다. 또 한 가지, 박스 안에 제시한 문장에는 우리말답지 않은 표현[57]이 있다. 한번 찾아 보시기 바란다. 그것을

---

57) 여기서는 '가진'이라는 표현이 어색하다. 우리말로는 '있는'이 더 적합하다. 우리는 원어민이 아니기 때문에 영어의 자연스러운 표현은 영어권에서 배우기 위해 노력하면서도 때로는 결과를 얻어 내기가 쉽지 않다. 그러나 정확한 또는 더욱 적절한 한국어 표현은 우리가 스스로 찾고 수정할 수 있다는 확신을 갖고, 어색한 표현에서 종종 이의를 제기하는 습관을 들여야 한다고 생각한다.

자연스러운 우리 말 표현으로 바꿔 보자.

Day 82

저는 가족과 함께 여행을 가려는데, 넓은 공간과 가족 친화적인 시설을 제공하는 리조트를 찾고 있어요.

[ChatGPT vs Papago]

① I am looking for a resort [(where I can go on a trip with my family) and (that provides a spacious environment and family-friendly facilities)].

② I'm [going on a trip with my family] and [looking for a resort that provides a large space and family-friendly facilities].

①에서는 'I am looking for a resort' 부분이 먼저 나오므로, 리조트를 선택하고 있다는 사실이 먼저 강조된다. 그다음에 'where I can go on a trip with my family and that provides a spacious environment and family-friendly facilities' 부분이 나오면서, 리조트의 선택 조건이 뒤쪽에 위치한다. 따라서 이 문장에서는 리조트 선택이 먼저 강조되고, 그다음에 가족과의 여행과 관련된 요소가 이어지는 구조로 들릴 수 있다.

②에서는 'I'm going on a trip with my family' 부분이 먼저 나오므로, 여행을 떠난다는 사실이 먼저 강조된다. 그다음에 'looking for a resort that provides a large space and family-friendly facilities' 부분이 나오면서, 리조트를 선택하는 목적이 뒤쪽에 위치한다. 따라서 이 문장에서는 여행 자체가 먼저 강조되고, 그다음에 리조트 선택의 요소가 이어지는 구조로 들릴 수 있다. 이렇게 구조와 순서의 미묘한 차이로 인해 두 문장의 강조가 조금씩 다르게 느껴질 수 있다.

우리에게 중요한 것은 그 어느 쪽을 말하더라도 어순에만 맞으면 의사 전달을 하는 데에는 거의 차이가 없다는 것과, 그럼에도 불구하고 한국어는 대부분 문장 맨 뒤에 진짜 말하고자 하는 단어(동사)를 얘기하지만, 영어에서는 그것이 문장 앞부분(주어 바로 다음)에 위치한다는 사실이다. 따라서 듣는 상대방은 위 ①번 문장을 들으면서 **'이 사람이 ~를 찾고 있구나'**라고 직관적으로 이해하는 (그래서 혹시 이 사람은 내가 자기가 찾는 것을 도와주기를 바라는 걸까? 하고 생각하게 할 목적으로 이야기한 것일 수도) 반면, 아래 ②번의 경우 상대방은 '**이 사람이 여행 중이구나, 그런데 ~를 찾고 있구나**'라고 이해하게 된다.

Day 83

> 자연 속에서 휴식을 즐기고 싶어서 조용하고 자연환경이 아름다운 풍경을 볼 수 있는 펜션을 찾고 있습니다.

[힌트] 주어('나는')가 생략된 전형적인 한국 스타일의 문장이다. 자세히 들여다보면, 이유(~싶어서)를 나타내는 부사절이 보이고, 목적어(~하는 펜션)가 제일 눈에 띈다. 따라서, 이유를 'because 주어+동사'로 나타내지 않고 표현하는 방법과 목적어(펜션)를 수식하는 형용사 부분을 주의해야 할 것이다. 또한 펜션은 영어 표현이 아니라는 것도 기억하자.

밑줄 친 단어 an environment는 세는 단어이다. 'nature'는 일반적인 의미로 사용되는 단어이기 때문에 여기에서는 'the'를 사용하지 않는다. 'the nature'는 특정한 자연 환경이나 특정한 자연 요소를 가리킬 때 사용될 수 있다. 예를 들면 'the beauty of nature' 또는 'the wonders of nature'와 같이 특정한 측면이나 특징을 강조할 때 'the'를 사용할 수 있다. 그러나 'rest in nature'와 같이 '일반적인 자연'환경에서 휴식을 즐긴다는 맥락에서는 보통 'the'를 사용하지는 않는다.

> 명사로도 많이 활용되니까 'I want rest.'라는 표현도 맞지 않을까? 그래서 알아보았습니다.
> rest는 명사형으로도 사용되며, 더욱이 세는 단어(countable)이기도 합니다. 즉, a rest라는 표현을 볼 수 있죠. (단 복수형의 rests는 사용하지 않습니다. 대신 breaks나 periods of rest라는 표현을 사용합니다.) 그럼에도 불구하고, '쉰다/휴식을 취한다'라는 표현에서는 want와 결합할 때는 명사형으로 사용하지는 않습니다. (영어에서 흔히 말하는 '관용적인 표현-습관적으로 사용하는' idiom의 범주에서 받아들여야 합니다.) 즉, '쉰다/휴식을 취한다'는 말은 거의 100% take 또는 have를 활용합니다. 가령 walk라는 동사를 I want to walk. 및 I want to take a walk.의 경우같이 두 가지 표현으로 각각 (모두) 흔히 활용하는 것과는 좀 다른 양상을 보이는 거죠. rest의 경우는 'I want to rest.'도 가능하고, 'I want to take a rest(또는 have some rest).'도 모두 가능하지만, 이 둘의 의미에 미묘한 차이가 있습니다. (물론 walk의 경우도 둘의 의미가 조금은 다르다는 것은 모두 아시죠?) 그러니, rest를 명사로 활용하는 'I want rest.'는 문법적으로는 틀린 표현이 전혀 아님에도 관용적으로 사용하지는 않습니다.
>
> 그럼 흔히 사용하는 표현을 좀 비교해 보면, 다음과 같습니다.
> - want to rest: 간결하게 휴식을 원하는 의도를 나타냅니다. 'I want to rest.'는 단순히 휴식이 필요하다는 사실을 전달하는 표현으로, 휴식을 취하고 싶다는 간단한 의미를 담고 있습니다.

- want to take a rest: 더 구체적으로 휴식을 취하려는 의도를 나타냅니다. 'I want to take a rest.'는 휴식을 취하고자 하는 의도가 강조되며, 어떤 작업이나 활동을 멈추고 몇 분 혹은 몇 시간 동안 휴식을 취하고 싶다는 뜻을 담고 있습니다.
- want to have some rest: 'I want to take a rest.'와 유사한 뉘앙스를 가지고 있습니다. want to have some rest는 좀 더 대화체적이고 일상적인 표현으로, 잠시 동안 쉬는 것을 의미합니다. have some rest는 간단한 휴식을 나타내는 관용구입니다. (특히 피곤하고 지쳐 보이는 상대방에게 '좀 쉬어라/쉬세요.'라고 말할 때는 take보다는 'Have some rest.'라는 위로의 말을 대단히 많이 사용합니다.)

추가적으로 이것도 한번 비교해 보죠.
- want to walk: 간단하게 산책을 하고 싶은 의도를 나타냅니다. 그러나 'I want to walk.'라고 말할 때 기본적으로 어떤 장소에서 걷는 활동을 원하는 의미를 가지며, 특별한 종류의 산책이나 길이에 대한 정보는 없습니다.
- want to take a walk: 'I want to walk.'와 유사하지만 더 구체적으로 산책을 하고자 하는 의도를 나타냅니다. take a walk는 어떤 장소나 경로에서 산책을 하는 것을 의미하며, 조금 더 구체적인 행동을 나타내는 표현입니다.
- want to have some walk: 일반적으로는 사용되지 않는 표현입니다. have some walk는 많이 어색합니다. 대신 have a walk나 take a walk와 같이 단수(a와 함께)로 사용하는 것이 자연스럽습니다.

Day 84

저는 역사적인 유적지와 가까운 고풍스러운 호텔에서 특별한 경험을 할 수 있기를 원합니다.

Day 85

자체 조리 시설이 완비된 아파트형 숙박 시설을 찾고 있어요. 가족과 함께 요리를 할 수 있으면 좋겠어요.

[나의 답변]

I'm looking for an apartment style accommodation with a kitchen. I like to enjoy cooking with my family.

[ChatGPT 답변]

I'm looking for self-catering apartment-style accommodation with a kitchen. It would be great if I could cook with my family.

첫 번째 문장인 "I'm looking for an apartment style accommodation with a kitchen. I like to enjoy cooking with my family."는 좀 더 구체적이고 개인적인 어조를 가지고 있다. "I'm looking for"은 **현재 진행 중인 요구나 탐색**을 나타내며, "an apartment-style accommodation"은 아파트 형태의 숙박 시설을 의미한다. "with a kitchen"은 부가 설명으로, 자체 조리 시설이 있는 숙박 시설을 원한다는 것을 강조하고 있다. 마지막으로 "I like to enjoy cooking with my family"는 개인적인 선호나 취향을 나타내며, 가족과 함께 요리하는 것을 즐기고 싶다는 뜻이다.

두 번째 문장인 "I would like to have a self-catering apartment-style accommodation where I can cook with my family"는 좀 더 공손하고 정중한 표현을 사용한 것이다. "I would like to have"는 **원하는 바를 표현하는 정중한 표현**이며, 'a self-catering apartment-style accommodation'은 자체 조리 시설이 있는 아파트 형태의 숙박 시설을 의미한다. "where I can cook with my family"는 부가 설명으로, 가족과 함께 요리할 수 있는 숙박 시설을 원한다는 것을 나타낸다.

요약하면, 두 문장은 같은 내용을 전달하지만 첫 번째 문장은 좀 더 개인적이고 구체적인 어조를 가지며, 두 번째 문장은 공손하고 정중한 표현을 사용한다. 선택은 주관적인 요소에 따라 다를 수 있다.

Day 86

> 한국의 전통 의상인 한복을 입고 관광지에서 사진을 찍고 싶어요. 가능하다면, 한국 전통 음악과 무용 공연을 감상할 수 있는 문화 센터도 알려 주면 좋겠네요.

[힌트] "한복을 입고"와 같은 표현이 해당 문장의 주절(main clause)이 아니라는 것을 빨리 알아차리면 좋겠다. 한국어는 대부분 문장의 주동사를 맨 뒤에 놓는다. 따라서 '~를 입고'를 1번 동사, '~를 찍고'를 2번 동사로 'and'를 이용해 두 개의 액션을 연결하는 방법도 있지만, 한 단계 높여 상태를 나타내는 부사(구)로 처리하는 방법도 찾아 보자.

Day 87

> 현지 예술가의 작품을 전시하는 갤러리를 방문하여 예술을 즐기고 싶어요. 그리고 지역 주민들과 소통하며 관광지의 역사와 문화에 대해 알아볼 방법이 있을까요?

학생들이 제시했던 답안 중에는 문장 구조와 연결성, 자연스러운 표현에 몇 가지 개선 사항이 있다. 문장 간의 연결성을 강화하고, 일반적인 표현과 문법적으로 올바른 표현을 사용하도록 주의해야 한다. 예를 들어, 'I want to visit a gallery that exhibits local artists' artwork.'와 'Is there a way to learn about the history and culture of the attractions by interacting with local residents?'와 같이 수정하면 더 자연스럽고 정확한 표현이 가능하다. 계속해서 노력하면서 영어 실력을 향상하기 위해 문법, 어휘, 표현 등을 주의 깊게 공부하길 권장한다.

TASK 12

[Part 1]

Q 1: Are you planning a vacation? Looking for a place to stay? Our new hotel chain has you covered! With luxurious accommodations, unbeatable rates, and convenient locations, our hotels are the perfect choice for travelers. Whether you're visiting for business or leisure, our hotels provide the comfort and services you need. Book your stay today and experience the difference!

Question: What is the purpose of the article?

(A) To introduce a new hotel chain.

(B) To discuss the benefits of travel.

(C) To provide information about a travel destination.

(D) To compare different types of transportation.

Q 2: Are you in need of a relaxing vacation? Look no further than our luxurious resort! Situated in a picturesque location, our resort offers stunning views, spacious accommodations, and a wide range of activities for guests of all ages. From the moment you arrive, you'll be treated to top-notch service and world-class amenities. Don't miss out on the ultimate getaway experience!

Question: What is the main feature of the resort mentioned in the article?

(A) Its affordable rates.

(B) Its central location.

(C) Its luxurious accommodations.

(D) Its on-site entertainment options.

Q 3: Looking for the perfect beach getaway? Our beachfront resort is the ideal destination for those seeking sun, sand, and relaxation. Guests can enjoy direct access to the beach, as well as a variety of water sports and activities. In addition to the stunning ocean views, our resort offers comfortable rooms, fine dining, and a spa for the ultimate pampering experience.

Question: According to the article, what can guests enjoy at the resort?

(A) Discounted airline tickets.

(B) Cultural tours of the city.

(C) Complimentary meals.

(D) Access to a private beach.

Q 4: When it comes to finding a place to stay during your travels, there are several options to consider. While many tourists opt for hotels, other choices such as hostels, villas, and bed and breakfasts can offer unique experiences. Each type of accommodation has its own advantages, so be sure to choose the one that best suits your travel style and preferences.

Question: Which type of accommodation is NOT mentioned in the article?

(A) Hostels

(B) Villas

(C) Bed and Breakfasts

(D) Campgrounds

Q 5: If you're planning to stay at our resort, here are some helpful tips to make the most of your experience: Take advantage of the complimentary shuttle service to nearby attractions. Reserve spa treatments in advance for guaranteed availability.

Explore the local cuisine by trying dishes at the resort's restaurant.

Join guided tours to discover the hidden gems of the surrounding area.

Question: What is the purpose of the "Travel Tips" section in the article?

(A) To provide recommendations for local restaurants.

(B) To suggest activities for families traveling together.

(C) To offer advice on how to book flights.

(D) To give practical advice for travelers staying at the resort.

[Part 2]
위에서 연습한 여러 단어와 표현들을 빌려, 자신이 원하는 여행지(도시/나라)에서 특정 스타일의 숙박 시설을 계획하기 바랍니다. 팀원 또는 파트너와 대화를 나누면서 왜 그러한 곳을 계획했는지 설명해 줍니다.

※ 정답과 해설은 블로그에 탑재하였습니다.

UNIT 13
HISTORY & SOCIETY

Objectives

관광 또는 여행의 목적은 휴식이나 레저를 우선으로 하는 경우도 있지만, 경험을 통한 배움을 목적으로 하는 경우도 많습니다. 다른 나라(지역)를 방문하면서 자연스럽게 그곳의 사회(대부분은 문화적인 것과 연관하여)와 역사에 관심을 갖는 까닭이 여기에 있습니다. 그러면서 우리는 종종 우리의 역사와 문화에 대해 얼마나 알고 있으며, 또 설명이 가능할까 생각하는 기회도 갖게 됩니다. 이번 유닛에서 우리는 외국 관광객(친구)에게 우리나라의 역사와 문화에 대해 간단히 설명할 수 있는 능력을 훈련합니다. 최종 목표는 우리 주변의 역사적인 관광지에 대해 그것에 담긴 역사적 배경을 설명할 수 있는 스크립트를 직접 만들어 보는 것입니다.

Day 88

한국인은 수천 년의 역사를 지닌 민족으로, 이는 오늘날 한국의 문화와 사회를 형성하는 원천이 되었습니다.

[힌트] 앞의 내용(한국인은 ~으로)이 뒤 문장의 원인이 되었다는 인과관계를 설명하는 내용으로 볼 수 있지만, 한 문장에 담기에 조금 어려워 보인다. 따라서 쉽게 풀어 가기 위해서는 어쩌면 두 문장을 'and'와 같은 등위접속사를 사용하는 것도 한 방법이다. 'A'라는 사실이 'B'의 원천이 되었다(맥락적으로는 되어 왔다, 즉, 현재완료형을 사용)는 의도로 풀어 보았다.

　And를 사용한다면, 'Koreans have thousands of years history and that has been the foundation that formed their culture and society as we know today.'로도 표현할 수 있겠다.

Day 89

한 나라의 궁궐과 절과 같은 <u>역사적 유적지</u>는 그 나라의 과거를 <u>엿볼 수 있는</u> 기회를 제공합니다.

[힌트] 여기서는 '엿보다'라는 동사를 배워 가는 것이 필요하다. 유의어를 찾는 것이 도움이 된다. 가장 빠른 유의어 사전은 https://www.thesaurus.com 이다.

네이버 사전에서 '엿보다'를 검색하면, peek가 먼저 나온다. 그 단어는 그야말로 '슬쩍, 몰래 훔쳐보듯 하는 행동'을 주로 말한다. 여기서는 그 의미는 아니다. 오히려 (아래 목록 중에서 보면) 분홍색 표현들 그중에서는 glimpse가 가장 의미 전달이 유사한 단어가 될 것이다.

check out/peek/descry/espy/eye/flash/sight/spot/spy/view/catch sight of/get a load of/get an eyeful/take a gander/take in

[Google 답변]을 통해 glimpse가 자동사이며, 목적어를 데려오기 위해서는 into라는 전치사의 도움이 필요하다는 것을 알게 되었다.

glimpse[glɪmps]는 발음도 쉽지는 않아 보인다. (아래 박스 참조)

영어와 한국어의 음절(syllable) 차이

음절(syllable: a unit of pronunciation having one vowel sound)은 우리말에서는 모음 하나를 기준으로 합니다. 받침이 있는 전체 한 음절의 구조는 자음+모음+자음(ㄱ+ㅏ+ㅂ=갑)이나, 때로는 받침이 없는 글자(자음+모음=고)도 있고, 두성의 음가가 없는 글자(모음=요)도 있습니다.
Champagne(샴페인)의 동의어로 사용하는 (좀 더 간단한 단어) champs[tʃæmps] /챔스/와 어말의 발음이 같은데, 우리는 p 발음을 할 수 없지만, p는 묵음이 아니고 숨겨서 발음하는 현란한 기교를 부려야 합니다. 즉, 원래는 /챔프스/여야 하나, 한국어의 /으/발음이 영어에 없는 만큼 /챔ㅍㅅ/라고 하되, /ㅍ/소리는 거의 들리지 않고(발음을 안 하는 것이 아니고, 잘 안 들리게 발음하는) /ㅅ/소리만 들리도록 하는 것입니다. 유사하게 자음이 겹쳐서 발음이 힘든 흔한 단어로는 crisp(특히 감자칩을 주로 부르는 바삭한 스낵류)라는 단어가 그렇습니다. 원래 발음기호는 [krɪsp] 즉, /크리스프/라고 하고 싶지만, /으/발음을 모두 제외하고 (발음하면 굉장히 익숙한 콩글리쉬가 되어 버림) /이/모음만 살아 있는 즉, 한 음절 단어입니다. (sprite = 스프라이트도 1음절 단어임을 명심!) 따라서 우리 발음으로는 /크리스프/이기 때문에 대단히 발음하기 어려운 단어입니다.

Day 90

한복과 한지와 같은 한국의 전통문화는 한국의 깊은 전통을 반영합니다. 중국의 것과는 확실히 차이가 있죠.

[힌트] 주어 '한복(Korean traditional clothing)'과 '한지(Korean traditional paper)'를 따로 설명하지 않는 한, 어렵지 않은 문장이다. 다만, 그냥 different from China(중국과 다

른)라는 표현과 '중국의 것과 다른'이라는 표현은 어감이 아주 약간 다를 수 있다. '중국의 것'을 ones라고 복수 대명사를 사용했다. 앞 문장에서 의상과 종이를 제시했으니, 중국 전통에도 우리와 유사한 문화적인 것(유산)들이 여러 개 있을 것으로 보았기 때문이다.

제가 제안한 답변 중 indeed라는 부사는 '정말로, 진짜로'라는 의미이며, 문장 중에 (특히 동사 앞에, 아니면 문장 아무 데라도) 습관적으로 (자신이 하는 말이 참말이라고 하고 싶을 때) 자주 사용하는 표현입니다.
이와 유사한 부사는 제가 습득한 바로는 'though'를 문장 뒤에 꼬리표처럼 붙이는 표현입니다.

[예시] I finally have finished the work, though. (앞에 장애가 되는 어떤 일이 있었다는 얘길 하고 난 후) 그래도 결국 그걸 다 하긴 했지. (그 일을 끝내는 데 현재까지 영향을 줄 만한 시간적인 혹은 맥락적인 의미를 담으면서)
Still, I did finish it all in the end. 그래도 결국엔 난 그걸 끝마쳤어. (이 문장은 일을 마친 시간이 이미 과거가 되어 버린 경우, 그러나 뉘앙스는 위 문장과 유사함. 어떤 장애가 되는 일이 있었던 것으로 추측 가능, 그럼에도 불구하고…라는 의미가 still에 들어 있음.)

Day 91

1950년부터 1953년까지 <u>진행된</u> 한국전쟁은 한국 사회와 정치적 <u>배경</u>에 큰 영향을 미쳤습니다.

[힌트] 이 문장도 사실 어려움은 없을 겁니다. 약간의 트릭이 있었다면, '진행된'은 '시제'가 엄격하지 않은 한국어의 표현일 뿐 영어식으로 생각하면 '확정적인 과거(역사적 사실)' 시제로 전환해야 한다는 것이다. 만약 한국어 제시문을 있는 그대로 받아들였다면 '과거진행' 시제로 써야 하나 고민할 수도 있다. 역사적 사실은 (연극/영화에서 재현하느라, 각본에서 설명체로 재서술하는 경우가 아니라면) 무조건 '과거형'으로 사용해야 한다는 것을 기억하기 바란다. 또한 '배경'이라는 어렵지 않은(?) 단어에 대해 한번 생각해 보자. 우리가 흔히 아는 단어는 background가 맞지만, 맥락에 따라 유사한 다른 단어들도 활용할 수 있어야겠다.

Background [유의어]

① backdrop, culture, education, environment, history, practice, qualification, tradition, training, upbringing
② accomplishments, acquirement, actions, atmosphere, attainment, aura, breeding, capacity, credentials, cultivation, deed, framework, grounding, preparation, rearing, seasoning

①번 쪽 단어들은 상당수 익숙한 단어들일 겁니다. [이쪽이 좀 더 유사성이 깊다는 뜻, 순서대로: (무대의) 배경, (살아온) 문화, (길러진) 교육, (자라 온) 환경, 역사(적 배경), (실천해 와서 몸에 밴) 관행, (노력해서 습득하여 배경이 될 만한) 자격, (오래도록 지켜 오고 간직한 배경이 되는) 전통, (배우고 습득하여 배경이 된) 훈련, (특히 가정교육을 통해 배경이 될 만한 것이라고 여기는) 양육 방식 또는 가정교육] 맥락마다 활용하는 '배경'이라는 의미의 단어들입니다.
②번 쪽에도 몇몇 알던 단어들이 있을 겁니다. 그런데 왜 이 단어들이 '배경'이라는 의미가 되는 것인지 의아할 수 있습니다.

그럼에도 나는 답변에는 landscape(조경, 경치)라는 다소 엉뚱한 단어를 활용하였습니다. 그 단어의 의미와 활용법을 살펴봅니다.
[1] a picture representing a view of natural inland scenery (풍경화)/the art of depicting such scenery (풍경을 묘사하는 미술적인 기술)
Her hobby was painting landscapes.

[2] ⓐ the landforms of a region in the aggregate (한 지역을 총체적으로 부르는 말)
   She pointed to the landscape of rolling hills.
ⓑ a portion of territory that can be viewed at one time from one place (한 곳에서 한 번에 볼 수 있는 영역의 일부)
   I enjoyed the landscape from the mountain's summit.
ⓒ a particular area of activity (특정 활동 영역, 배경)
   the political landscape (정치적 배경)
   Her new book charts the landscape of her life during the last ten years.
   (그녀의 새 책은 지난 10년 동안 그녀의 삶의 배경을 보여 줍니다.)

Day 92

한강의 기적으로 알려진 한국의 빠른 경제 발전은 그 나라를 세계적인 강대국으로 변화시켰습니다.

Day 93

유교의 영향은 한국 사회를 형성하고, 어르신에 대한 존경과 가족 가치를 강조하는 한국의 특징을 보여 줍니다.

[힌트] [주어]는 '유교의 영향' [동사]는 '형성합니다' 또는 '보여 줍니다'라고 할 수 있다. 여기서 '강조하다'를 main 동사로 사용할 수 있을까? '형성하다'를 '구성하다'라고 해석한다면? '형성하면서'라는 분사구문의 표현을 적용한다면, forming its~가 될 것이다. 한편 consist라는 동사는 자동사로서, '~를 구성하다/이루다'라는 의미로 사용하고자 할 때, of가 뒤에 목적어를 데려올 수 있는(즉, 타동사와 같은 능력을 갖게 하는) 역할을 해 준다는 것도 활용해 보자.

※ 'Confucianism'은 유교를 지칭하는 단어로, 중국의 사상가이자 학자인 공자(孔子, Kongzi)인 성좌를 기반으로 한 사상과 가르침에 따라 형성된 종교적, 도덕적 철학이다. 'Confucianism'은 공자의 이름을 따와서 만들어진 용어, 영어로는 'Confucius'라고 쓰고 발음한다.

[고급 표현]

'The influence of Confucianism permeates Korean society.' 이 문장은 '유교의 영향이 한국 사회에 깊이 스며들었다'는 의미를 전달한다. 'permeates'는 '스며들다, 보급되다'라는 의미로, 한국 사회 전반에 유교의 영향이 깊이 퍼져 있음을 강조한다.

'Showcasing its distinct characteristics.' 이 구절은 '독특한 특징을 보여 줌으로써'라는 의미이다. 한국 사회의 특징을 강조하고 이를 시각적으로 나타내는 것을 의미한다.

'Underscore reverence for elders and the cherished value of family.' 이 구절은 '어르신에 대한 존경과 가족 가치를 강조한다'는 의미이다. 'underscore'는 '강조하다, 강조되다'라는 의미로, 어르신에 대한 존경과 가족 가치의 중요성을 강조하고 있다.

'Form the bedrock of its communities.' 이 구절은 '그것의 지역사회의 기반을 형성한다'라는 의미이다. 어르신에 대한 존경과 가족 가치가 한국의 지역사회의 핵심이 된다는 내용이다.

Day 94

현대 한국 사회는 전통 가치와 글로벌 영향력의 조합으로, 활기찬 대중문화, 기술 발전, 동적인 도시 생활 등을 보여 줍니다.

TASK 13

[교양 우리 역사]

우리나라 역사를 개괄적으로 소개하는 사이트는 '국사편찬위원회'에서 제공하는 다음의 사이트를 참조하는 것이 가장 정확할 것입니다. '교양 우리 역사' 코너에서는 우리 역사를 시대별 왕조를 중심으로 고대에서 현대사까지 총 9장으로 나누어 소개하고 있는데, 각 장마다 간략한 'Abstract'를 제공합니다. 전체 9개의 요약본은 분량이 많으니, 팀원이 1장씩 나누어 외운 후에 시대별 순서대로 발표하기로 합니다. 개인별 최종 목표는 전체 역사의 요약본을 더욱 압축하여 **summarize**하는 것입니다.

http://contents.history.go.kr/front/kh/view.do?category=english&levelId=kh_001_0010

UNIT 14
SECURITY & SAFETY

Objectives

세기가 바뀌면서 여행 및 관광산업에서 보안과 안전은 어떠한 요소보다 가장 중요한 이슈가 되었습니다. 좁게는 여행자 개인의 안전 보장과 위험 요소 인식, 그리고 비상 상황 대응하는 방법에 대한 교육과 법률 및 규정에 대한 이해와 준수, 그리고 넓게는 팬데믹에 대한 규제와 조치, 그리고 테러에 대한 국가적인 안전까지. 여행자와 관광 관련 모든 사업자에게 보안과 안전은 이제 선택이 아닌 필수입니다. 한 학기 수업의 마지막 유닛에서는 안전과 보안에 대한 인식을 높이고자 하는 목적으로 이와 관련한 영어 표현을 연습해 보기로 합니다. 지금까지 비중을 크게 두지 않았던 기본적인, 그러나 종종 놓치기 쉬운 문법 관련 내용을 추가로 설명하는 코너를 추가로 마련하였습니다. 영어에서 문법을 전혀 의식하지 않고 향상할 수 있는 방법은 있을 수 없기 때문에 피하기는 어렵습니다. 그러나 영어에서 요구하는 문법 수준은 대단히 기본적인 것임을 다시 한번 더 확인해 보는 기회로 삼겠습니다. 우리의 최종 목표는 본 주제와 관련한 글로벌 뉴스를 선정하고 그 이슈에 대해 영어로 토론하는 기회를 가져 보는 것입니다.

Day 95

여행 중 특정 장소에서 개인 로커를 사용할 때, <u>우리는 자물쇠를 꼭 사용하고 귀중품은 가까운 곳에 두어 소지품을 눈에 잘 띄게 보관해야 합니다.</u>

[힌트] 한국어 문장은 많이 길어 보이지는 않지만, 우리가 main이라고 볼 만한 동사가 여러 개 보이기 때문에 자칫 혼란스러울 수 있다. '사용하다×2, 두다, 띄다, 보관하다' 등 대략 5번의 [동사]가 출현한다. 여기서 어떤 동사를 주어와 함께 사용할지 또는 **to 부정사/~ing** 중 어느 것을 사용할지 결정하는 것이 관건이다. 주어와 반드시 함께 와야 하는 동사를 선택하는 연습이 중요하다. 또한 주절(밑줄 부분)의 주어를 사람으로 보는 방법과 가주어 it을 쓰는 방법이 있다. [제안 답변]은 가주어를 사용한 사례이다. 'It + be + 형용사 + <u>for (사람)</u> + to 부정사' 형식이며, 행위자인 for (사람)은 때에 따라 자주 생략하기도 한다.

belonging[명]은 소지품을 valuables[형]는 '귀중한/귀한/값진/값비싼'의 뜻이지만, 그 자체로도 명사(귀중품)의 역할도 한다.

가장 중요한 것은 문장 형식 '(우리는) ~해야 한다 vs (우리가) ~하는 것이 중요하다' 이 둘 중 어느 것을 선택하느냐의 문제이다. 일반적인 영어 표현에서는 당연하게도 '사람' 주어를 선호한다.

그럼에도 가주어를 사용하는 경우는 진짜 주어(사람 주어인) 부분을 뒤로하고, 그 진주어 절을 주부(주요 부분)가 아닌 서술부 뒤에 놓으면서 주어(it)와 동사(be) 다음(it's는 대부분 크게 말하지 않기 때문에 잘 들리지도 않고, 강조할 상황이 거의 일어나지 않는다.)의 보어(형용사)를 먼저 말함(들리게 함)으로써 (여기서는) important(그야말로 중요하다고 대놓고 얘기하는 상황)를 강조하고 있다.

물론 'We must ~'라고 해서 그 부분이 안 들린다는 의미는 아니다. 그러나 일반적으로 'You should ~'라고 상대방이 조목조목 지적해 주면 조금 더 주의 깊게 들을 확률이 높다. (따라서 위 문장의 주어는 you로 해도 무관하다. 여기서 you는 내가 대화하는 상대방을 뜻하는 2인칭의 '당신'이 아닌 일반적인 사람을 뜻하는 대명사로 활용한 경우이다.)

늘 사람 주어를 사용하다가 문득 'it is ~' 구문을 사용하여 사람 주어보다 앞세울 때는 대부분 다음과 같은 형용사가 등장한다.

convenient	necessary	difficult	important	possible	pleasant
inconvenient	unnecessary	easy	**unimportant**	impossible	unpleasant

위 박스 안에 있는 형용사들은 위, 아래 줄이 반대의 의미로 짝을 이루며, 사람이 주어일 때 서술어로 사용하면 어색한 단어들이다. 여기서 서술어(서술적)로 사용한다는 의미는 다음과 같다.

① I am happy. She is necessary. You are important. They are difficult. He is possible.
주어(주부) + be형용사(서술부) = 형용사의 서술적 용법

반면, 아래의 경우 형용사는 관형적(한정적)인 용법으로 사용한다고 한다.

② I am a happy person. She is a necessary person. You are an important person. They are difficult people. He is a possible man.

즉, 주어(주부) + [be a/the 형용사+명사](서술부)와 같은 형식이다. 형용사가 서술부에 있는 것은 같지만, 보어의 역할을 하는 것이 아니라 뒤에 나오는 명사를 수식해 주는 역할을 한다. 이 경우를 형용사의 관형적(한정적, 즉, 명사 앞의 자리에만 위치가 제한되어 있다고 보면 됨)인 사용법이라고 한다. 물론 '서술적/관형적'이라는 용어는 절대 중요하지 않다. 다만, 우리는 그 사용법만 익히면 된다.

위에 ①번과 ②에서 제시해 드린 간단한 예문들의 짝을 보면서, 어색한 표현들의 감(感)을 익혀야 한다. 어느 문장들이 어색하게 느껴지는가?

① I am happy. She is necessary. You are important. They are difficult. He is possible.

이렇게 느껴야 영어를 영어답게 사용한다는 의미를 알게 된다.
한국어 방식대로 하면 '그녀는 필요해, 넌 중요해, (걔들은) 어려워. 그는 불가능해.'라는 뜻은 딱히 이상하다고 느껴지지는 않는다. 그러나, 영어의 방식으로는 매우 **어색하다.**

② I am a happy person. She is a necessary person. You are an important person. They are difficult people. He is a possible man.

'난 행복한 사람이야. 그녀는 꼭 필요한 사람이야. 넌 중요한 사람이야. 걔들은 어려운 사람들이야. 그는 가능한 사람이야.'
역시나 뒤쪽의 difficult와 possible의 경우에는 어떤 방식으로든 사람에게는 어울리지 않는 표현이다.

따라서 분홍색 박스에 있는 형용사들은 (unimportant는 이 배열에 잘 섞이지 않는 형용사임) 사람에게 잘 사용하지 않고, 대신 가주어 문장에서 대단히 많이 사용된다.

It is convenient/inconvenient (for you) to use the staircase.

It is necessary/unnecessary (for us) to go for health check every year.

It is difficult/easy (for him) to say goodbye to her.

It is important/not important (for her) to study English.

It is possible/impossible (for me) to go without you.

It is pleasant/unpleasant (for you) to visit your boss.

이 외에도 일상생활에서 무수한 표현들이 활용되고 있다. 가주어 문장을 사용하는 진짜 목적은 진짜 주어(for ~ to ~; ~가 ~하는 것) 부분의 길이가 너무 길어서 영어에서 중요시하는 서술부의 핵심인 동사(여기서는 be동사)의 역할이 상대적으로 위축되어 보이기 때문이다. 그러나 이러한 문장의 서술 구조는 당연하게도 be+형용사(보어)의 형태로 우리 말 기준의 형용사(편리하다, 필요하다, 어렵다, 중요하다, 가능하다, 기쁘다)가 사용되기 때문에[58] be동사는 의미적으로는 역할이 거의 없다 해도 과언이 아니다. 단지 문장성분에서 가장 중요한 (그래서 빠지면, 틀린 문장이 되어 버리는) 동사의 '**기능적**'인 역할만 할 뿐이다. 어쨌거나, 주부(主部)가 너무 길고 서술부(敍述部)가 너무 짧은 불균형한 문장이 되어 버려서, 그 어색함을 회복해 주는 역할을 한다. 다음의 비교 구문을 참고해 보자.

The fact that we go for health check every year is necessary. (불안정한 구조)
　　　　　　주부　　　　　　　　　　　　　　　　서술부
It is necessary for us to go for health check every year. (안정적인 구조)
주부　　　　　　　서술부

Day 96

한국은 비교적 매우 안전한 나라이지만, 사람들이 많은 곳을 여행할 때는 정신을 바짝 차리고 주변을 살피며 의심스러운 것이 없는지 살펴봐야 합니다.

---

[58] 한국어의 형용사는 '~**다**'의 어미를 가지기 때문에 단독적으로 문장을 종결하는 기능을 가진다. '예) 나는 예쁘다.' 반면 영어의 형용사를 서술적으로 사용할 때는 반드시 be동사를 앞에 사용하여야 한다. 영어의 형용사는 '~**한/~ㄴ**'의 어미로 해석되어야 하고, 한국어에서와 달리 단독적으로 문장을 종결하지 못한다. 영어 단어를 한국로 뜻을 기억할 때 '~**다**'의 어미로 끝나는 단어는 '**동사**'밖에 없다는 것을 잊지 말아야 한다. 이러한 한국어의 특성 때문에 한국 사람들은 종종 (성인이 된 후까지도) '**나는 예쁘다**'를 'I pretty.'라고 말하는 경우가 종종 있다. 이는 한국인이 영어의 '**be**'동사를 활용하는 데에 장애 요인이 되기도 한다.

[힌트] 문제는 항상 **[동사]**에 있다는 점이 다시 한번 거론된다. 그러나 앞서 논의했던 바와 같이 우리가 이해하는 서술어(동사, 한국어로 '**~다**'의 종결어미인 단어)들이 영어에서는 모두 '**진짜 동사=일반 동사=동작동사**'가 아니라는 점을 우리 몸에 본능적으로 장착하고 있어야 한다. 예를 들어 위 제시된 문장 중 '안전하다/여행하다/(정신을 바짝) 차리다/살피다/의심스럽다/살펴보다'라는 단어에 대해 모두 (영어에서) "일반 동사가 사용되는 걸까?" "이들 중 진짜 주어가 하는 (최종적인) 행동은 무엇일까?"라는 질문을 스스로에게 하면서 빨리 답을 결정하는 것이 우선이다. 그러나 실제 문장으로 연습(쓰기 또는 말하기로)을 꾸준히 하다 보면, 습관이 될 것이다. 위에서는 "**한국은 비교적 매우 안전한 나라이지만**"이라는 조건을 먼저 제시했으니, 편하게 들리는 대로 영어로 표현하면 된다. 그럼에도 불구하고, 뒷부분("살펴봐야 합니다")을 상대방에게 먼저 듣게 하고 싶다거나, 그 부분을 더 강조하고 싶다면, 뒷부분을 먼저 얘기해도 무방하다. (일반적으로 영어는 강조할 내용을 먼저 말하는 방식이다. 반면, 한국어는 끝까지 들어봐야 상대의 의도를 알 수 있는 구조이다.)

[응용 답변]
It is ⓐ **advisable** to stay **alert**, look around carefully, and check for anything suspicious when **traveling to** crowded places even though Korea is a ⓐ **relatively safe** country in general. (위 제안 답변과 내용은 동일하지만, 주절을 앞에 위치한 서술 구조)

[ChatGPT 제안]
Korea is a ⓐ **relatively safe** country, but when **traveling to** crowded places, it is ⓐ **important** to stay vigilant, **keep an eye out, and make sure** there is nothing suspicious around.

[Google 제안]
South Korea is **relatively a** ⓐ **very safe** country, but when **traveling to** crowded places you ⓐ **need to** be **alert** and look around for anything suspicious.

[Papago 제안]
Korea is a ⓐ **relatively very safe** country, but when you **travel to** crowded places, you ⓐ **should** stay **alert**, look around, and see if there is anything suspicious.

[학생 제안]
Korea is a ⓐ **relatively very safe** country but when you **travel** crowded place, you ⓐ **should watch out** if it has anything suspicious.

박스 안의 여러 제안 답변은 모두 정답이라고 볼 수 있다. 비교적 (매우) 안전한(a relatively very safe country)의 표현은 모두 같은 형용사로 '비교적'이라는 표현이 동일하다. 특히 비교문에서 반드시 알아 두어야 할 단어이다. 이 외에도 '상대적/비교적(으로), 객관적(으로), 주관적으로, 일반적으로, 대체로…' 등의 표현은 '~보다 ~한'이라는 단순 비교보다는 조금 더 고급 표현이며, 고등학생 이상 정도라면, 어떤 사물/사람/현상을 설명할 때 단순하게 비교하는 것보다는 조금 더 객관성이 확보되는 표현에서 적극 활용하기 바란다(relatively, objectively, subjectively, generally, largely…).

한국어의 예를 들어 보자. "도시 학생들이 시골 학생들보다 더 키가 크다."라는 발언과 "도시 학생들이 (교육이나 영양에 대한 부모들의 적극적인 관심으로 인해) 시골의 학생들보다 상대적으로 키가 큰 편이다."라고 서술하는 것은 매우 큰 차이가 있다. 영어로 한다면 다음과 같다.

① Students in the cities are **taller than those in the rural areas.**
② Students in the cities are relatively **taller than** those in the rural areas due to parents' aggressive interests in education and nutrition.

또한 위 예문들 중에는 주절(main clause)의 주어를 사람(you)으로 한 경우와 가주어(it)로 설정한 경우가 혼재되어 있다. 모두 맞는 표현이다. 다만 영어식으로는 ⓐ가 앞에 붙은 단어들이 상대방이 집중해서 듣는 단어가 된다. 따라서 '(한국이) 비교적 안전한 (나라)'라는 말은(더구나 거기에다 very를 추가하여 더 강조해서 매우 안전한 나라라고 말해 준다면, 안심이 되는 느낌을 갖겠지만, (you) should/need를 듣는 순간 (어? 근데 뭔 단서가 붙지? 하고) 의아한 생각이 들을 수는 있을 것이다.

그러나 박스 안의 첫 번째 제안처럼, '주의해서 듣는 게 좋을 거야'('충고하는, advisable'이라는 단어는 상대방에게 조언해 주는 말이라는 느낌을 주게 한다.)'라고 먼저 주의를 환기해 주는 말을 뱉은 후에, 그래도 '한국이란 나라는 (다른 나라들에 비해서) 대체로 안전한 나라란 말이지.'라고 해 준다면, 상대방은 '어딜 가나 여행할 때는 내 소지품은 내가 알아서 지켜야지.'라고 마음먹게 될 것이다.

마지막으로 travel이라는 동사는 '**주어가 ~(여행지)를 여행한다**'라고 말할 때는 [자동사]이다. 따라서, '~를/로'에 해당하는 전치사가 반드시 있어야 한다. 다른 예문에서 모두 travel to 라고 표현한 것이 바로 그 이유이다.

아래 박스에 '**여행하다**'라는 의미로 활용되는 대표적인 동사들을 모아서 [자동사/타동사] 구분을 해 보는 코너를 마련했다. 우리나라 학생들이 대부분 어려워하는 영어 [**동사**]의 자/타 구분을 완벽히 이해하게 된다면, 올바른 영어를 사용하는 데에 많은 도움이 될 것이다.

---

① 자동사/타동사가 모두 가능한 동사

[자/타] travel to: travel to Paris (파리로 여행하다) [여행하다/~를 여행하다]
[자/타] escape to: escape to a tropical island (열대 섬으로 탈출하다) [탈출하다/~를 피하다, ~이 새어 나오다]
[자/타] explore: explore the beaches of Hawaii (하와이의 해변을 탐험하다) [답사, 탐험하다/~를 탐험하다]

위 3개의 동사는 자/타 모두 가능한 동사입니다. 그럼에도 travel과 escape는 자동사로 쓰였고, explore는 타동사로 쓰였습니다. 이 점이 한국 학생들에게는 매우 헷갈리는 부분이 됩니다. 우리는 일반적으로 '어떤 곳'을 여행한다는 말을 하고자 할 때, travel과 escape는 자동사/explore는 타동사라고 기억하는 것이 우선입니다. 따라서 어떤 장소에(로) 여행을 간다는 표현은
"I traveled to Jeju for a month." (나는 한 달 동안 제주로 여행을 갔다.)
"I escaped to Jeju Island to relief my pressure from work." (나는 직장에서의 스트레스를 풀기 위해 제주도로 탈출을 감행했다.)라는 문장을 늘 마음에 담고 있는 것이 좋습니다.

만약 두 동사를 굳이 타동사로 쓰겠다고 마음먹는다면,
"I travel 500 kilometers by motorcycle during last summer." (나는 지난여름 오토바이로 500킬로미터를 여행했다.)
"She escaped her punishment by weeping bitterly." (그녀는 처절하게 울음으로써 처벌을 피했다.)
위와 같은 문장을 추가로 기억하면 좋습니다.

② 타동사로만 사용되는 동사

[타] visit: visit the Taj Mahal (타지마할을 방문하다)
[타] tour: tour many cities of Japan (일본의 여러 도시를 여행하다)
[타] discover: discover hidden gems in the city (도시에서 숨겨진 보석들을 발견하다)
위의 세 동사는 언제나 타동사로 사용됩니다. 따라서 '어떤 장소'를 여행한다는 표현에서 위 동사 뒤에 전치사를 사용하면 오히려 틀린 문장이 됩니다.

(주의) He toured number of restaurant around Japan. (여기에서 around가 왜 쓰였냐고요? 그가 여행한 곳은 일본 곳곳이 아니라, 일본 곳곳에 있는 여러 식당들입니다. around는 여기서 tour가 자동사로 쓰였음을 의미하는 전치사가 아니라, '일본 **전역에 있는**' 식당들을 수식해 주는 형용사구를 만들어 주는 전치사 역할을 합니다.)

③ 자동사로만 사용되는 동사

[자] **sightsee** in/at: sightsee in London (런던에서 관광하다)
[자] **roam** in/around: roam around the city (도시를 배회하다)
[자] **wander** in/through: wander through the streets of Rome (로마의 거리를 헤매다)
[자] **journey** to: journey to the Himalayas (히말라야로 여행하다)
[자] **trek** through: trek through the Amazon rainforest (아마존 우림을 트레킹하다)
[자] **hike** in/along: hike along the Olle Trail in Jeju (제주에서 올레길을 하이킹하다)
[자] **cruise** to: cruise to the Caribbean (카리브해로 크루즈 여행 하다)
[자] **backpack** through: backpack through Europe (유럽을 배낭 여행 하다)
[자] **adventure** in/through: adventure through the jungles of Costa Rica (코스타리카의 정글을 모험하다)

위의 많은 동사들은 문장에서 모두 자동사로만 활용되는 것들입니다. 따라서 여행하는 장소 앞에는 반드시 적절한 전치사(정확히는 구동사, phrasal verb를 만들어 주는 역할을 한다고 하죠.)를 사용해 주어야 합니다.

Day 97

특히 유럽의 여러 도시에서는 소매치기 방지를 위해 공공장소에서 현금이나 귀중품을 보여 주지 마세요.

[힌트] 주어 실제로 우리나라에서는 이런 범죄 행위(crime)가 극히 미미하다고 한다. 요즘은 현금(cash)를 가지고 다니는 사람들을 보기 힘들기 때문이다. 대개는 신용/직불 카드(credit/debit card)를 사용하다 보니, 도난을 당해(stolen)도 신고(report)도 빠르고 범인(criminal)을 추적(chase/trace)하기도 쉽다. 더욱이 우리나라는 폐쇄회로 텔레비전(CCTV, Closed-Circuit Television) 설치 장소가 많고 차량(vehicle/motor car)의 블랙박스(카메라)(dash cam/dashboard camera) 보급률(distribution rate)도 다른 나라에 비해 월등히 높아서(매체마다 다르지만, 2023년 김필수 대림대학교 미래자동차학부 교수님의 발표에서는 80%라고 한다.[59]) 도난 범죄(theft/burglary/robbery/thief)는 매우 낮다. 그럼에도 현금을 가지고 여행할 때는 주의를 환기하는 것이 좋을 것이다.

---

59) https://news.mt.co.kr/mtview.php?no=2023022413042183101

[응용 답변]
Especially in a very crowded city like Paris, try to avoid showing your cash or valuables while traveling in the Metro (subway) to prevent pickpockets.
(특히 파리처럼 사람이 많은 도시에서는 소매치기를 방지하기 위해서는 지하철을 타고 여행하는 동안 현금이나 귀중품을 보여 주는 것을 피하도록 하세요.)

[ChatGPT 제안]
In many cities, especially in Europe, please refrain from displaying cash or valuables in public places to prevent pickpocketing.

[Google 제안]
Avoid showing cash or valuables in public to deter pickpockets, especially in many cities in Europe.

[Papago 제안]
Especially in many European cities, do not show cash or valuables in public places to prevent pickpockets.

학생들 중 답변 제출자가 없어서, 세 곳의 답변과 비교해 보았다. 'Papago'의 답변이 나와 많이 유사하다. (아무래도 같은 한국인의 뇌에서 나온 답변이어서 그런 것은 아닐까?) 제시한 문항은 유럽의 도시였지만, 구체적인 도시 이름을 넣어 응용 문장도 만들어 보았다. 처음 제안한 답변에서 don't ever는 바로 never와 같은 의미인데, (일반적으로 회화에서) 따로 떨어뜨려 (약간은 천천히, 또박또박) 상대방에게 말하는 방식은 상대방에게 '**주의를 주는**' 효과가 크다. 아래의 예문을 비교해 보자.

① Never call me 'Shorty.' (나를 절대 '땅딸보'라고 놀리지 마.)
② Don't ever call me 'Shorty.' (나를 절대 '땅딸보'라고 놀리지 마. 한 번만 더 그러면 정말 가만두지 않을 거야.)

②번은 영어로 보니 몇 마디 늘어난 것 같지 않지만, 우리말로는 뒤에 한 문장을 보탠 것과 같은 뉘앙스를 준다. ①번이 경제적인 간단체 표현법이라면, ②번은 비경제적인 불편체 표현이면서 '강조'의 효과를 내는 영어 특유의 성질이 드러나는 활용법이라 할 수 있다.

'~을 하지 말라'라는 표현은 이 외에도 avoid가 자주 사용된다. 주의해야 할 것은 목적어로 오는 행위를 [**동명사**]로 받는다. 따라서 응용 답변에서처럼 try to avoid showing을 한 번에 기억하면 편하다. 그럼에도 기억해야 할 것이 하나 더 있다.

즉, try라는 동사는 stop과 마찬가지로 to **부정사**와 ~ing 모두 목적어로 데리고 다닐 수 있으면서, 의미상 차이를 갖고 있습니다.

> try to ~ vs try ~ing (~하려고 노력하다/애쓰다) vs (~**하는 것**을 시도하다)
> [to부정사의 대표적인 **부사 역할**] vs [~ing 의 대표적인 **명사 역할=동명사**]
> stop to ~ vs stop ~ing (~하려고 멈춰 서다) vs (~**하는 것**을 멈추다/그만두다)

한국어 화자에게 위 두 경우가 헷갈리는 것은 매우 자연스러운 현상이다. 조금이라고 쉽게 기억하기 위해서 to **부정사**의 역할 중에 유독 돋보이는 것을 상기한다면 조금은 쉽게 접근할 수 있을 것이다.

영어를 정복하는 지름길인 '[**동사**] 완벽히 이해하기' 중 핵심이 되는 to **부정사**와 ~ing는 이 둘의 기능이 너무나도 유사하여 (영문법에서) family **문법**이라고 부른다. 마치 사촌 형제처럼 가까운 관계다. 이 둘이 명사로 활용될 때는 그 의미가 '~하는 것/하기'로 완벽히 동일하다. 그저 하나는 두 단어(to **부정사**), 하나는 한 단어(~ing)라는 차이뿐이다. 특히 ~ing의 경우, 너무나 자주 활용되는 동사의 명사 역할에 대해 [동명사]라는 품사 이름을 지어 주기까지 했다. 여기서는 변별력이 없는 [명사]의 의미로는 설명이 어렵다. 그러나 이 둘이 [부사]로 역할을 하겠다고 마음먹으면 둘 중 하나는 '~하기 위하여'라는 "왜?"에 해당하는 의미로, 나머지 하나는 '~하면서'라는 "어떻게"라는 물음에 부합하는 동사(verb)에 대한 추가 설명(to add)을 해 준다. (그래서 부사는 adverb라고 부른다.)

Day 98

우버 서비스를 가장한 <u>무면허</u> 차량 서비스의 이용은 피하고, 신뢰할 수 있는 대중교통 서비스를 이용할 거예요.

[**힌트**] 우리말 텍스트의 내용을 문자 그대로 받아들이고 영어로 옮기다 보면, 결과적으로 '아, 실제 영어라면 이런 방식으로 말하지는 않을 텐데…' 하는 아쉬운 부분이 종종 발생한다. 위의 문장이 그런 예이다. 만약 기회를 다시 준다면 나는 특정 대화 상황을 떠올리며 자연스러운 영어로 표현할 수 있을 것 같다. 여행을 떠나려는 (성인이 된 자녀를 걱정하는) 어머니 또는 형/

누나/언니와의 대화라고 상상해 보기 바란다.

- **무면허**: unauthorized, unlicensed, **non-licensed**라는 표현 모두 가능하다.
- **차량**: 일반적으로는 **vehicle**이 가장 많이 사용된다. 그러나 ride-hailing services라고 하여 '서비스'와 함께 사용하였기 때문에 형용사의 표현인 '탈것을 부르는/호출하는'이라는 단어도 눈에 띈다.
- **hail**은 좀 더 흔하게 '우박이나 싸락눈 등이 마구 퍼붓다'라는 의미로 많이 사용되지만, '환호성을 지르며 (누군가를) 환영하거나 (독재적인/영웅적인 지도자를 향해 대중들이 외치는) 만세!'라는 의미로도 흔히 사용되기 때문에 부르다(call)와 유의어라고 볼 수 있다. 영화에서 종종 볼 수 있는 장면 'Hail, Hitler!' 같은 상황을 떠올리면 된다.

[상황 설정 예시]

A: 얘, 너 친구랑 뉴욕으로 여행 간다면서? 여행 준비는 잘되어 가니?
B: 그럼요. 저희도 벌써 25살인 걸요. 염려 마세요. 영어 소통도 문제 될 거 없고….
A: 그게 아니라, 다른 나라니까 그러지. 듣자 하니, 우버(자가용 운전자가 제공하는) 택시라고 속이기도 하고, 위험하다더라.
B: 에이, 걱정 마세요, 엄마. 우린 그런 가짜 우버 서비스 기사에게 속을 일은 없을 거예요. 확실한 대중교통만 이용할 거니까요.

A: I heard you are going to New York with your friend soon. Are you prepared for the trip?
B: Sure! We are already twenty-five, mom. Don't worry. We have no problem to deal anything in English.
A: What I worry about is that you are not in our home country, you see? I was told that many fake Uber drivers could be very dangerous.
B: Oh, don't ever worry, Mom. We will never get cheated by them because we are going to use ONLY those reliable public transportation services, for sure!

[응용 답변]
I'm not going to take any private taxi service to avoid being cheated by fake Uber drivers but rather take public transportation.
(가짜 운전 기사에게 속지 않으려고 사설 택시는 안 탈 작정이에요. 그럴 바엔 차라리 대중교통을 이용하지.) 이런 표현이 좀 더 자연스러운 대화형 표현입니다.

> [ChatGPT 제안]
> I will avoid using unauthorized vehicle services disguised as Uber and *instead* opt for reliable public transportation services.
>
> [Google 제안]
> Avoid using unlicensed ride-hailing services disguised as Uber services, and use reliable public transportation services.
>
> [Papago 제안]
> We will avoid using unlicensed vehicle services under the guise of Uber services and use reliable public transportation services.
>
> [학생 제안]
> I'm going to take public transportation *rather than* using non-licensed* vehicle service disguised as Uber.

학생의 제안도 잘된 표현이다. 다만 밑줄 친 부분은 형용사+명사+명사(명사가 두 개 겹쳐졌다면 복합 명사로 본다) 표현에서 진짜 주인공은 vehicle이 아닌 service라는 것을 상기하면서, 이 둘 모두 셀 수 있는 단어(countable)라는 사실도 다시 한번 기억해 주면 좋겠다. 따라서 불특정한 어떤 하나의 서비스를 생각하였다면, a non-licensed vehicle service라고 [부정관사 a]를 사용해 주면 좋겠다. 즉 다른 제안에서 모두 services라고 적은 이유는 '불특정 다수의 서비스'이기 때문이다.

Uber 서비스는 미국 또는 땅이 넓은 나라에서는 대단히 유행하는/수요가 높은 교통수단의 하나이기 때문에 우버 자체는 글로벌 통신/교통 기업으로 많은 나라에서 합법적으로 운영 중이다. 우리나라에서는 특수한 상황으로 우버는 사실상 필요가 없어졌다고 한다. 그런데 우버라는 특정 기업의 서비스가 합법적으로 사업 확장을 잘하게 되자 속칭 '가짜 우버'가 기승을 부려서 승객들에게 해를 주는 경우가 발생한다는 것이다.

위 박스의 제안 답변 중 몇 군데에서 rather라는 단어를 발견할 수 있다. 홀로 사용되기도 하고, rather than으로 사용하기도 한다. 대화 중 자주 '강도'를 표현하고자 할 때 사용하며, '차라리, 오히려'처럼 앞에서 말한 내용과 상반된 (특히 선택을 할 때) 종종 사용한다. 일반적으로 '정도, 강도' 등을 나타내는 단어는 [부사]다. 'rather than'에서 than은 and/but/or와 같은 접속사이다. (비교: I am older than you. 전치사) 'A rather than B'는 'B보다는 차라리 A(를 선택하다)'와 같은 문장 표현에 흔히 사용한다. 한편 rather만 홀로 사용하는 경우는 한국 사람들의 입에서 잘 나오지 않는 편이라고 느꼈을 것이다. rather than이 훨씬 더 (교과서에서 자주 보았던 것으로) 기억된다. 이번 기회에 rather만 따로 (부사이기 때문에 비교적 문장에서의 위치는 자유롭지만, 어떤 자리/상황에서 사용할 수 있는지 그 예시를 몇 개 보도록 하자.

I would rather stay home. 나는 차라리 집에 머물겠어.
I would rather stay home than go out with you. 나는 **너와 같이 밖에 나갈 바엔 차라리** 집에 머물겠어.
She decided to quit her job and rather pursue her passion. 그녀는 직장을 그만두고 자신의 열정을 더 추구하기로 결정했다.
I'd rather go for a walk (than watch TV all day). 나는 (하루 종일 TV를 **보느니**) **차라리** 산책을 하러 가고 싶다네.

부사(adverb)는 동사(verb)에 덧붙여(add)서 동작을 강조(강도나 정도를 표현)하는 역할을 하므로 동사 근처에서 활약하는 것이 자연스럽다는 것이 증명되었다. 예시 문장을 보면서 이제는 rather (than)을 좀 더 자유롭게 활용할 수 있기를 바란다.

[부사 헤집어 보기]

문장 서술에서 가장 기본이 되는 7개 요소 중 가장 많은 요소는 부사입니다. 흔히 우리가 알고 있는 '**기사 작성의 필수 요소는 6하(何)원칙**'을 떠올리면 쉽습니다. 여기서 하(何)는 의문사에 해당합니다. 즉 '누구, 무엇, 언제, 어디, 어떻게, 왜'입니다. 그러나 '영어식'으로 생각한다면, 문장 구성에서 **동사(하다/이다)**를 빼놓을 수는 없죠. 따라서 저는 문장 구성의 기본 요소를 일곱 개라고 주장합니다. 이 수식을 풀어 쓰면 '7=2+1+4(순서에 주의)'입니다. 그리고 이것이 우리가 가장 어려워하는 '영문법'의 기본 공식입니다.

① 영어는 기본적으로 맨 앞의 2개 요소만으로도 완전한 문장이 성립되죠. [하다(Do) 동사 기준]
I go*. I ate. I love. I hate. I slept*. I did. I am*. …

② 다음에 2개 요소 이외의 '무엇을(what)'이 필요하다면, 그 1개의 요소를 다음 자리에 놓아 줍니다.
I go*. (go 라는 동사는 '**무엇을**' 필요로 하는 동사가 아니고, '**어디로**'를 뜻하는 단어를 필요로 함)
I ate. → I ate a bowl of rice.
I love. → I love you.
I hate. → I hate singing.
I slept*. (sleep이라는 동사는 '**무엇을**' 필요로 하는 동사가 아니고, '**어디에서/언제/어떻게/왜**'를 뜻하는 단어를 필요로 함)
I did. → I did my homework.

③ 다음으로 나머지 4개의 요소를 말하는 사람의 필요에 따라 (대개는 추가적인 정보로 언제/어디서/어떻게(얼마나)/왜) 순서에 관계없이[60] 제시하면 됩니다. 그리고 이 4개의 요소가 부사(부수적인 문장 요소=선택 but 너무 많이 필요로 함)입니다.

I ate a bowl of rice last night. (언제)
I love you a lot. (얼마나)
I hate singing because I can't sing well. (왜)
I did my homework at school. (어디서)
I am.[61] (be동사는 '무엇을' 필요로 하는 동사가 아니고, '**무엇**' 또는 '**어떠한(상태)**'를 뜻하는 단어를 필요로 함)

---

60) 예전에는 문장에서 부사어(구)를 장(소)→방(향)→시(간) 순서라고 가르친 세대가 있었다. 그러나 원칙적으로 '부사'는 특히 문장 뒤에서는 순서에 구애를 받는 단어는 아니다. 일반적으로 화자가 강조(말)하고 싶은 순서대로 자연스럽게 말(사용)하면 된다.

61) ①번이 문장의 필수 요소이며, ②번부터는 필수 요소는 아니지만, **be** 동사와 일반 동사 중 타동사는 ②번이 없으면 매우 어색한(불완전한) 문장이 된다. 그래서 우리는 영어를 **S+V+O** 어순 언어라고 부른다.

Day 99

업무 출장 중에 생성한 중요한 문서를 보호하려면, 우선 사본을 만들고 디지털 백업을 저장하는 습관을 평소에 들이도록 하세요.

[힌트] 위 내용은 사실 출장 중은 물론 평소에도 매우 중요하게 기억해야 할 내용이라서 넣어 봤다. 그러다 문득 '습관을 들이다'라는 표현을 하기 어려울 수 있다는 생각이 들었다. 많은 학생들이 '습관'이라는 단어는 알고 있겠지만, 문장에서 동작으로 어떻게 활용하는지 사용해 보지 않았을 수 있다. 그 의미를 풀어 쓴다면 'to begin to do something regularly, often without thinking about it(= 한마디로 unconsciously)'이 될 것이다. 대략 make a habit of/build a habit/develop a habit/turn something into a habit 등이 있으며, get used to ST/SB[62] (익숙해지다, 몸에 배다)라는 표현도 익숙하다.

- 생성하다, 만들다: create/produce/generate
- 출장 중에: during (a) business trip(s)/while traveling on business
- 습관 들이다 : get used to[63] ~ing/develop a habit of/make a habit of/make sure (that S+V/to Infinite)[64]
- 백업 파일을 저장하다: saving the (digital) backup files/storing digital backups/ saving digital back files

우리가 말하는 파일은 (요즘은) 모두 디지털화된 파일이라 그 부분은 생략해도 무방하지만, 아날로그 방식으로 파일을 백업한다면, 일반적으로 'make a copy/copies of the document'만으로 작업이 끝나게 된다. 물론 'Don't forget to keep it(them) in a safe place'도 해야겠지만.

여러 가지 제안으로 내놓은 문장들은 이렇게 유사한 표현들이 혼재한다. 어느 것을 사용해도 차이가 나지 않는 표현이라 볼 수 있다.

---

62) to 뒤에 오는 ST는 something을 SB는 somebody를 의미, to 뒤에 부정사(동사)가 온다면 to Infinite으로 표기

63) to 부정사의 to가 아님에 주의, 대표적인 예시는 look forward to, 이들 모두 전치사 to로 '~것'이라는 의미 사용 시, '~ing'(gerund라고 부름)만을 사용할 수 있다.

64) 즉, make sure you make a copy와 make sure to make a copy, 이 두 가지 표현이 모두 가능하다.

Day 100

낯선 나라를 여행할 때는 그곳의 문화를 존중하고, 현지 법률이나 관습에 관한 가이드의 조언에 귀를 기울이는 것이 중요합니다.

[힌트] 내용상으로는 대단히 상식적인 표현이며, 유사한 단어들이 많이 나타나는 경우이다. 또한 여행을 하면서 가끔 발생할 수 있는 다른 나라(지방)의 문화적/관습적/제도적인 차이점에 대해 열린 자세를 가져야 하고, 때로는 지역적/인종(국가)적인 차별이 문제 되어 곤란한 일이 발생하지 않도록 주의하는 것도 필요하다.

우리나라는 단일민족(single race, mono-ethnicity)의 구성 비율(composition ratio)이 대단히 높은 편에 속하는 단일민족국가(a single-race nation, a homogeneous country)이지만, 다민족국가(multiracial nation)를 여행할 때는 해당 국가의 문화에 대해 배우는 입장으로 접근해야 하며, 특히 피부색(skin color)이나 종교(religion)에 대해서는 차이(difference)와 차별(discrimination)을 구분하지 못할 수 있으니, 직접적인 대화를 삼가는 것이 좋다.

우리는 각각의 제안 답변에서 상이한 표현과 유의어(synoym)들을 짚어 보는 연습을 했다. 이번의 경우는 유의어들 가운데 조금은 어울리지 않는 단어가 (그것도 두 곳에서) 반복되는 부분을 볼 기회가 생겼으니 한번 살펴보자.

> **[한국어와 영어의 품사 차이]** 낯선 [adj.] vs 낯설다 [형용사]
>
> 영어 시간인 만큼 [한국어의 품사]에 대해서는 아주 간결하게 확인해 보는 시간을 가져 봅니다. 한국어에는 **5언 9품사**가 있습니다. 즉 5언은 **체언**(명사, 대명사, 수사)/**용언**(동사, 형용사)/**수식언**(관형사, 부사)/**관계언**(조사)/**독립언**(감탄사)이며, 각각의 역할별 '**언**'마다 그에 속하는 '**품사**'들이 있습니다.
>
> 영어는 보통 **8품사**가 있다고는 하나, 명확히 따지면 그 숫자는 더욱 불분명해집니다. 보통 **명사**(가산·불가산명사)/**동사**(계사=be 동사, 조동사)/**형용사/부사/대명사/전치사/접속사/감탄사**를 '영어의 **8품사**'라고 하지만, 이외에도 **한정사**(부·정관사, 양화사)/**수사/관계사** 등이 있습니다. 8품사 기준에서는 한정사와 수사를 일반 형용사와 함께 묶고 있는데, 이들은 너무 복잡/광범위한데도 형용사 안에서 설명하려 하고, 대명사는 상대적으로 훨씬 덜 복잡함에도 불구하고 명사와 별개로 나누는 등 합리적인 품사 분류 기준이라고 보기에 기존의 **8개 구분** 방식은 설득력이 떨어집니다.
>
> 또한 품사 구분에만 집중하다 보면, 정작 단어의 활용에 소홀하게 되고, 학습에 오히려 방해가 된다고 생각하여, (저는) 품사 분류는 학습에서 제외하는 편입니다. 이러한 분류 방식은 영어가 외국어라서 훨씬 더 어렵게 느껴질 수 있지만, 그럼에도 영어 문법(쉽게 말하면, 영어의 '**어순**')은 우리에게 익숙하지 않은 부분이라 더 신경 써서 학습하는 과정에서 한국어와의 (품사 분류에 관한) 차이를 살펴보면, 한 가지 확연히 다른 부분에서 우리에게 혼선을 주는 부분이 있음을 발견하게 됩니다.
>
> 이 부분을 극복한다면, 영어를 영어답게 표현하는 데에 많은 도움을 얻을 수 있습니다. 그 대표적인 것이 바로 품사의 차이 중 두 언어의 [형용사]의 차이입니다. 위의 Day 94 섹션에서 설명했던 우리말의 [관형사]와 [형용사]를 다시 한번 복습해 주시기 바랍니다.

낯선 [(영)adj. = (한)관형사] vs 낯설다 [(영)adj. (X), (한)형용사]

다시 한번 정리하면, 영어에 [**관형사**]라는 품사는 없다. 오직 [**형용사**]만 존재하는데, 한국어로의 [관형사]도 영어에서는 [형용사]에 해당한다고 보면 된다. 그럼, 한국어에서 [형용사]란? 영어에서의 형용사가 〈**서술어**〉 자리(즉, 서술부)에 위치할 때를 의미하는 것이고, 아주 쉽게 설명하면, 한국어에서 위의 '낯설다'와 같은 단어라고 생각하면 된다. 유사한 단어의 형태로는 '**예쁘다, 크다, 작다, 세련되다, 어둡다, 빠르다, 느리다, 귀엽다, 느리다**…'와 같이 주어의 상태나 모양을 서술해 주는 문장에서 서술부[65]에 사용한다. (대개 문장에서 동사의 바로 앞까지를 '주부(主部)', 동사부터 시작해서 뒷부분을 '서술부(敍述部)'라고 한다.)

그러나 한국어에서 '예민하다(sensitive), 화사하다(colorful, beautiful, gorgeous), 착하

---

65) 영어에서는 정확히 Be 동사 바로 뒤, '보어' 자리에서 활용되는 형용사의 위치이며, 따라서 Be 동사는 일반적으로 동작을 설명하는 Do 동사와 대조하여 [**상태동사**]라는 명칭으로 설명이 가능하다.

다(good), 목마르다(thirsty) 등'의 단어들은 형용사일 수도 동사일 수도 있으며, 또한 '-하다'라는 어미(語尾)가 있다 해도 영어의 표현에서는 절대 '동작'을 나타내는 do 동사 계열은 아니다.

한국어의 동사가 '~다/~하다'의 어미로 끝나는 단어인 것처럼, 영어의 동사도 100%는 아니지만, 문장 안에서 실제로 활용될 때는 '**시제**'의 적용을 받으면서 조동사가 앞에 오거나, -ed/~ing/-s, -es 등의 어미가 나오는 경우가 많다. 그러다가 처음 보는 단어가 '동사가 아닐까?' 하고 의심스러울 때 종종 '-e' 어미로 끝나는 새로운 단어가 [동사]일 가능성이 높다. 그보다 더 확실한 [동사] 구별 방법은 단어의 '자리'이다(예: 단어 앞에 주어/주어 상당 어구나 조동사가 있는 경우).

이렇듯 우리 말의 단어가 [형용사]인지 [관형사]인지에 따라, 영어에서는 [be 동사]가 선행되어야 하는 〈**보어**(형용사와 명사)〉와 [**명사**] 앞에서 활용되는 [형용사]로 양분할 수 있다.

그러나 이번 제시 문장에서의 더 어려운 점은 품사의 문제와 더불어 의미상의 차이에서 기인하고 있어 보인다.

"여러분은 '낯선(낯설다)'에 해당하는 영어 단어가 무엇이라고 생각하시나요?"

'Papago'와 우리 '학생'이 제시한 답안에서는 **strange**라는 단어를 사용했다. 다음 박스의 설명을 통해 '단어의 의미'에 대해 생각해 보자.

[**맥락상의 단어 사용 차이 (그리고) 유의어**]

"모든 언어는 해당 국가(민족)의 혼이 담긴 사상이며, 역사이며, 문화이며, 그 국가의 국민(민족) 그 자체입니다. 따라서 어떤 언어라도 그것을 습득하고 활용하기 위해서는 체득하는 과정이 대단히 큰 도움이 된다는 것은 너무나 확실한 진리입니다. 그러나 우리에게 그런 기회는 흔치 않죠.

대개는 상당한 시간 또는 그에 상응하는 금전이 소요됩니다. 둘 중 아무것도 투입하지 않고 그런 기회를 얻는다는 것은 지구에서 만유인력의 법칙(the law of gravity)이 사라지는 것과 같은 이치라고 당당히 주장합니다. 많은 사람들이 그 '**체득**'의 기회를 위해 영어 사용권 국가로 조기유학을 떠나고, 혹은 영어유치원에 등록을 하고, 개인 선생님을 찾아다니고, 대학생들은 직접 배낭을 메고 비행기를 탑니다. 자금력을 동원한 노력이죠. 그러나 만약 그보다 더 현명하게 돈 대신 시간(가능한 자투리 시간)을 어릴 적부터 투입하여, 유사한 결과를 얻는 방법은 어떨까요? 그것이 바로 독서(reading)의 대단한 힘입니다. 어릴 때일수록 모국어 독서(100)에 영어 독서(50 혹은 그 미만)를 병행하는 습관을 들인다면, 성인이 되어서 굉장한 힘을 얻게 될 것입니다. 영어는 되도록 원서를 찾아 주시고 (classic book일 경우 저렴한 e-book도 많고, 지역 도서관에도 많이 있습니다.) 해당 도서의 한국어 번역본도 다른 시기에 함께 찾아 주면 더욱 좋습니다."

이 조언은 바로 이 박스의 제목인 "맥락상의 단어 사용 차이"를 극복하기 위한 최상의 방법이라고 생각합니다.

제가 체득한 바로는 Day 100의 답으로 제출받은 문장 중에 사용된 'a strange country'라는 단어는 동화(영화)의 〈이상한 나라의 앨리스〉에서나 나올 법한 그런 나라, 정말 사람들이 거꾸로 걷거나, 아니면 동물들이 말을 하는 그런 나라라는 의미입니다. 우리 입장에서 '태곳적의 문명을 그대로 간직한 원주민이 사는 나라' 정도일 때, 그런 표현을 사용할 수도 있겠다는 느낌이었습니다. 물론 화자들끼리만 이야기할 때는 "This country is very strange to me."라는 대화도 가능하지만, 만약 그 나라 사람이 듣는 자리에서 "Your country is strange."라는 의미가 전달된다면, 심각한 오해를 받을 수도 있으니, 조심스럽게 고려해 보시기 바랍니다. 혹은 어떤 특정 관습에 대해 "The custom of your country is a bit awkward/unfamiliar to/for me."라고 표현한다면, 문화적인 차이를 솔직히 표현하는 경우라고 이해해 줄 겁니다.

제가 제시한 진짜 의도는 '한 번도 가본 적이 없는' 나라 — 저는 안 가본 나라들이 훨씬 더 많기 때문에, 가령 포르투갈을 방문할 기회가 된다면, '낯선 나라에' 가게 되는 것이죠. 더욱이 요즘 같은 인터넷 홍수 시대에 직접 가 보지만 않았을 뿐, 일반적으로 여행이 허용된 국가라면 웬만한 정보는 모두 사전에 조사가 가능하기 때문에 'strange'라는 단어가 비록 '낯선'이라는 의미로 사용된다 해도 현대의 특정 국가를 수식하는 단어로는 적합해 보이지 않습니다.

저는 그래서 '한 번도 가 본 적 없는(unvisited)/새로운(new) 나라'라는 표현을 선택했고, 다른 말로는 unfamiliar/foreign라는 표현도 가능합니다. 또한 조언(advice)이라는 단어 역시 문맥에 따라 다음과 같은 몇 가지 단어를 상황에 맞게 골고루 사용하시면 좋습니다.

- **direction**: 가이드가 알려 주는 '여기로 가면 뭐가 나옵니다/여기서는 팁을 주셔야 합니다' 등의 지시(안내) 사항
- **instruction**: 조금 더 상세하고 장황한 (새로운 시설, 기구 등에 관한) 설명. 가령 가이드가 알려 주는 '현지 교통 카드 구매 및 전기 자전거를 대여하여 여행하는 방법 안내 등
- **recommendation**: 가이드가 '이곳에서는 사진을 찍으면 예쁘게 나옵니다/여기가 현지인들에게 유명한 맛집입니다 등'을 알려 주는 '추천'에 가까운 조언. 이 세 단어 모두 복수형으로도 사용할 수 있습니다.

Day 101

현지에서 만난 모르는 사람이 친절을 베푼다고 해서 개인정보를 주거나 뭔지 모르는 선물, 음식 등을 선뜻 받는 것은 위험할 수 있어요.

[응용 답변]
Providing your personal information to unknown locals or accepting any gifts or food from them willingly can be very unsafe, even if they are so kind to you.
(잘 모르는 현지인들에게 개인정보를 주거나, (그들로부터) 선물이나 음식을 기꺼이 받는 것은 그들이 아무리 (당신에게) 친절할지라도 매우 위험할 수 있습니다.)

[ChatGPT 제안]
It can be risky to willingly provide your personal information or accept unknown gifts or food from strangers you meet locally, even if they are being kind.

[Google 제안]
It can be dangerous to give personal information or to readily receive unknown gifts or food just because a stranger you met locally is kind.

[Papago 제안]
It can be dangerous to give personal information or receive gifts or food that you don't know just because someone you don't know is kind to you.

제안된 모든 답변들은 약속이라도 한 것처럼 가주어 it을 사용한 구문을 썼다. 우리는 어떤 경우에 가주어 구문을 사용할지 고민이 되는 때를 종종 마주한다. 문장 전체를 통해 가장 강조하고자 하는 (서술어) 부분이 매우 단출할 때, 또는 주(어)부가 너무 길다 싶을 때가 그런 경우에 해당한다.

앞서도 언급한 적이 있지만, 다음 문장처럼 주어 부분이 너무 긴 것은 자연스러운 영어의 습관은 아니다. 그렇다고 이런 문장을 '**틀렸다**'고 할 수는 없다. 오히려, 이 부자연스러운 표현을 '네가 도대체 무슨 말을 하려는지 한번 들어나 보자.'라는 심정으로 귀 기울일지도 모른다.

[도전 문제] Providing your personal information to unknown locals or accepting any gifts or food from them willingly can be very unsafe, even if they are so kind to you.

우리는 위 문장을 가주어 문형으로 쉽게 전환할 수 있어야 한다. 그럼 한번 바꿔 보자.

It can be very unsafe to provide your personal information to unknown locals or accept any gifts or food from them willingly, even if they are so kind to you.

사실 바꿔 보고 나니 두 문장의 길이에도 별로 차이가 없어 보인다. 그렇다면 어떤 부분에서 차이가 나는지 바로 알 수 있어야 한다.

providing ~, accepting ~: 주어에서 활용 (제공하는 것, 받는 것)
to provide/(to) accept: 보어에서 활용 (제공하는 것, 받는 것)

그러나 의미상으로는 왜 활용하는 자리가 다른지 알 수 없다. (뜻이 100% 동일하기 때문에)

그럼 명사의 의미로 활용되는 ~ing(동명사, gerund)와 to 부정사(to infinite)에 대해 짚고 넘어가 보도록 하자.

[~ing(동명사, gerund)와 to 부정사(to infinite)]

이 두 기능들은 영어의 대표적인 **family grammar**입니다. (형제 혹은 사촌이라고 생각하면 됩니다.) 의미도 용법도 완전히 같은데, 묘하게 차이가 나는 부분이 있습니다. 위에서처럼 하나(~ing)는 주어에 주로 사용하고, 또 하나(to 부정사)는 보어에서 주로 사용합니다.

먼저 providing과 to provide의 차이를 느낄 수 있는지 자신에게 질문해 봅시다.
① 한 단어 → 부담이 적다 / 부담이 된다 (선택)
② 두 단어 → 부담이 적다 / 부담이 된다 (선택)
위의 두 건에 대해 답변을 확실히 할 수 있다면, 이 두 개 용법을 활용하는 데 문제가 없다고 확신할 수 있습니다.

① 한 단어 → 부담이 적다 → ~ing [형: ~하는/진행-반복 활동-지금 하고 있는, 해 온 행위]
② 두 단어 → 부담이 된다 → to 부정사 [형: ~할/미래-예상의 느낌, 앞으로 할, 할 것 같은 행위]

두 용법이 모두 [**명사**]화되어 문장에서 활용되는 만큼 〈**주어**〉나 〈**보어/목적어**〉에 모두 활용될 수 있습니다. 그러나 재미있게도, 이 둘 모두 형용사로 역할을 하면서, 그 의미가 미묘하게 차이도 나고, 그에 따라 모든 동사에 대한 두 변형 어미의 의미가 우리말로도 차이가 납니다. 아주 쉽게 알아볼 수 있는 차이입니다.

아쉽게도 명사화되어 활용되는 두 형태의 의미는 완전히(100%) 동일합니다. 따라서 우리는 한 단어를 사용할 때(~ing)와 두 단어를 사용할 때(to 부정사), 어느 것이 덜(더) 부담되는지만 기억하면 됩니다. 문장의 시작인 주어에 부담이 적은 한 단어를 사용할 때와 부담이 되는 두 단어를 사용할 때가 어떻게 다른지 공감만 할 수 있다면, 이 둘을 구분하여 활용하는 것도 문제 없습니다.

여기서 퀴즈 하나, 과연 이 둘 중 어느 것이 먼저 (영어 모국어 국가에서) 사용되었을까요?
인간이 무언가를 사용하면서 불편함을 알게 되고 시간이 지나면서 점차 그것을 극복하는 방안을 터득해 왔다는 것을 알게 된다면, 어느 것이 먼저 사용되었고, 어느 것을 나중에 만들었는지 쉽게 짐작이 갈 것입니다.

점차 영어권 사람들은 'to **부정사**'를 특히 문장 맨 앞에 사용하는 것을 불편스럽게 생각하게 되었지요. 지금은 주로 '인용문(To be or not to be, that is the question.)'이나 사전적인 의미를 설명할 때 주로 사용합니다. 일상적인 대화체에서 to+동사로 문장을 시작한다면, 어쩔 수 없이 주의를 기울이게 되죠. (부담이 된다는 말은 한편으로는 중요한(심각한) 의미가 있다는 의미이기도 합니다. 그러나 다음과 같은 경우와 혼동하지 마시기 바랍니다.

To try and fail is better than to have never tried at all.
(제가 좋아하는 인용문으로 Alfred Tennyson(1809~1892)이라는 영국의 시인이 썼다고 합니다.)
To try the new dish, you must return here after 7 pm.
(즉, 문장 맨 앞에 to **부정사**가 쓰였다고 해서 모두 주어(명사형)로 활용된 것은 아니라는 것. 그러나 여기서도 역시 to 부정사 부분은 듣는 사람이 먼저 들어 줬으면 하는 부분을 앞세운 경우가 맞습니다.)

TASK 14

Q 1: Tour Guide: Ladies and gentlemen, before we begin our tour of the city, I'd like to remind you to always keep an eye on your belongings. Unfortunately, pickpocketing is quite common in crowded tourist areas, so please be cautious and use _____ to secure your valuables.
(A) locks
(B) wallets
(C) cameras
(D) souvenirs

Q 2: Airport Announcement: Due to recent security measures, all passengers are required to undergo a thorough baggage inspection. Please allow extra time for this process, and ensure that all _____ are easily accessible for inspection.
(A) identification cards
(B) snacks
(C) electronic devices
(D) clothing items

Q 3: [Speaker] In terms of travel insurance, it's essential to choose a policy that covers not only medical emergencies but also trip cancellations and lost luggage. You never know when a flight might get canceled or when your baggage might go missing, so having comprehensive insurance can provide you with peace of _____ during your travels.

Q 4: [Interviewer] Can you tell us about the safety features of your hotel?
[Hotel Manager] Of course. We take safety very seriously here. All of our rooms are equipped with smoke detectors, and we conduct regular fire drills to ensure that both guests and staff are well-prepared in case of an emergency. In addition, we have a 24-hour security team on-site to handle any issues that may arise. Based on the conversation, what safety measures are mentioned at the hotel?
(A) Fire extinguishers
(B) In-room safes
(C) Smoke detectors
(D) Complimentary breakfast

Q 5: [Speaker 1] I'm planning a trip to a foreign country, but I'm concerned about my personal safety there.
[Speaker 2] I understand your worries. When traveling abroad, it's essential to do some research beforehand. Check the travel advisories and stay updated on the local news. Additionally, you should register with your country's embassy or consulate so they can provide assistance in case of an emergency.
What is Speaker 2's advice for ensuring personal safety while traveling abroad?

(A) Avoid foreign countries.
(B) Stay with a local family.
(C) Register with the embassy or consulate.
(D) Travel without any preparations.

Q 6: [Tourist Information Officer] When visiting natural parks, please remember to follow all posted guidelines and stay on designated paths. The safety of both visitors and wildlife is of utmost importance. Feeding or approaching animals can be dangerous for everyone involved.
What is the primary concern regarding visitor behavior in natural parks?
(A) Visitor convenience
(B) Wildlife protection
(C) Souvenir shopping
(D) Scenic views

TO	Victoria Chalmers <viccha@crescentbookings.com
FROM	Marta Cole <MCole@overturelabs.com
SUBJECT	Re: Possible Itinerary
DATE	February 21

Hello Victoria
I mentioned to you before that I would let you know if I got my request about the flights for Harley Graham and Rita Melbourne approved. I spoke to my supervisor, Fran King, and she said that I can upgrade the seats for our visitors to business class. We discussed booking their assistants in economy class but figured that Mr. Graham and Ms. Melbourne may have need of them during the trip. So, the upgrade will be for all four tickets.
As for your recommendation of The Fairway Hotel for accommodation, that has also been approved. Please remember that my company has a corporate membership with the Fairway franchise that entitles us to a 20 percent discount on all stays.
Also, I do have one change to make. Mr. Graham would like to extend his stay here in London by one day and leave on March 18. The others will stick to the original schedule.
I apologize for the changes, but as our visitors are potential investors, my company is trying to make a good impression on them.
Thanks, and please get back to me as soon as everything is taken care of.

Marta Cole

Travel coordinator, Overture Labs International

Q 7:
What does Ms. Cole want Ms. Chalmers to do?
(A) Arrange a private car from the airport
(B) Upgrade room reservations at a local hotel
(C) Secure business class seats for some visitors
(D) Notify Ms. King of changes to an itinerary

Q 8: What is indicated about Overture Labs?
(A) It is eligible for a price reduction at a hotel chain.
(B) Its headquarters are situated in London.
(C) It will open a research center in the near future.
(D) Its visitors have invested capital in a laboratory

Q 9: Who will most likely be departing London on March 17?
(A) Harley Graham
(B) Fran King
(C) Rita Melbourne
(D) Marta Cole

Q 10: Why are Mr. Graham and Ms. Melbourne visiting London?
(A) To undergo job interviews
(B) To participate in a trade event
(C) To evaluate an investment opportunity
(D) To deliver a presentation to clients

※ 정답과 해설은 블로그에 탑재하였습니다.

SUGGESTED ANSWERS

UNIT 1 DAILY CONVERSATION

Day 1

The Korean drama 'The Glory' is a story about school violence. As this drama, currently airing on Netflix, is gaining popularity, many countries are showing keen interest in 'school violence'.

Day 2

I saw a big bus promoting 'blood donation' at school yesterday. That probably came from the Korea Red Cross. My daughter made me laugh, calling it 'a little vampire.' Hahaha!!

Day 3

I usually don't feel hungry in the morning. So, I do not eat anything. But why am I always hungry at dinner time? Perhaps that's the reason why I keep failing to lose my weight.

Day 4

A couple has raised a girl as their own daughter for 40 years. They recently have found that she had been switched with other baby girl by the hospital's negligence. Finally, the parents sued the hospital.

Day 5

I also enjoy watching thriller genres. I think it's fun (or exciting) to guess who the real criminal is.

Day 6

It is said that a few oversea airlines will start to operate Jeju route. They said some cruise tourists are starting to visit Jeju, too. We expect that more foreign tourists will visit Jeju soon.

Day 7

There is a famous noodle shop near my house. I don't think the noodles are delicious, but tourists line up constantly. They often pull up to my home parking lot, this makes me so annoyed. Am I a bad person?

UNIT 2 TALKS ABOUT TOURISM

Day 8

I was told the research results of the Jeju Tourism Organization on the news yesterday. It was reported that Jeju tourists complained about the high cost of travelling on Jeju Island. Yet, overall, they were satisfied with Jeju tours. It feels somewhat contradictory.

Day 9

In the end, the JTO insisted that a trip to Jeju Island is absolutely not expensive. However, I often saw in Internet comments that Jeju tourists complained that they were overcharged when travelling on the island.

Day 10

I found out that there is a huge difference between the JTO's claim and the tourists' opinion. What is the problem? I really want to know THAT.

Day 11

If possible, it would be great for us, the tourism college students to have a chance to discuss the tourism issues earnestly. This way, we might be able to come up with solutions for the positive tourism policies.

Day 12

It seems that there will be a lot of tourists coming to our school this week. Why? It's because our school is the hottest cherry blossom festival area in Jeju Island.

Day 13

The morning TV news reported complaints from residents suffering from cherry blossom festival visitors. It's a city called Jinhae that I haven't been before. So, I can't guess how big the festival is.

Day 14

① I always wanted to study tourism since I was young.
② I like travel. It's my dream to travel all around the world one day. So, I think it's good to understand tourism.
③ Tourism is a major industry in Jeju Island. I think studying tourism is to understand life and economy of Jeju.

Day 15

There are plenty of local dishes I like. Black pork, pork noodle, ddeokbokki specifically from Jeju five days' market, and garlic fried chicken in Seogwipo Olle daily market. I don't know why but I love general local Jeju food rather than luxurious gourmets.

Day 16

If cherry flowers are long lasting ones, streets will be really gorgeous/beautiful/dazzling/fantastic…!

UNIT 3 TOUR AGENCY/PHONE CONVERSATION

Day 17

Hello~ Good morning, Jeju Travel Agency! This is Hong speaking. How may I help you? Oh, you'd like to speak to our manager, Mr. Kim!

Day 18

I'll see if he's available. [Hold the line please. I'll put you through in a moment.] = [Please hold while I put you through to the manager's office.]

Day 19

I would like to go on a healing tour to Jeju Island for three nights and four days. I called to request your help. Can you plan the tour itinerary, flight options, accommodations, and other related details, please?

Day 20

We are members of a badminton club, totaling around 30 people. We wish to schedule our trip during the months between September and October, in order to avoid the peak summer season.

Day 21

Ah, I see. Are you departing from Gimpo? You know, it is true that July and August are the peak summer season, but I cannot say that September and

October are not. We have the Chuseok holidays and what else⋯.

Day 22

① To be honest, a trip to Jeju Island can be considered peak season all year round. However, the months of July-August during school vacation and January-February generally include a 'Super Peak Season.'

② To be frank, a trip to Jeju Island is considered peak season all year round. However, the months of July-August during school vacation and January-February usually include an especially intense period of peak season known as the 'Super Peak.'

③ Honestly, it's very hard to find off-peak season for Jeju trip. Yet, there are so-called Super Peak Seasons like July to August or January to February during school holidays that we don't recommend you to choose for your own.

Day 23

Ah, I see. Anyway, we are trying to avoid the school vacation period. Many of us have individually visited Jeju Island, but there are many opinions about wanting to go on a 'healing trip' with a specific theme, where we can relieve the stress accumulated from work or business, and so on.

Day 24

I'll see if he's available. Hold the line please. I'll put you through in a moment. Please hold while I put you through to the manager's office.

UNIT 4 AT HOTEL

Day 25

Hello, how may I help you? / Hi, I have a reservation and I want to check-in./ Sure, can you tell me the name on the reservation? / The name is Yeong-hee Kim. / Okay, let me check. You have reserved a Superior Double Room.

Day 26

I think our room is a bit noisy. Can we change rooms? / I'm sorry, sir. I apologize for the inconvenience. We'll switch you to another room(one). I'll check it right away. Which room would you like to move to? / If possible, I would like to request a quiet place (one).

Day 27

Good morning, how was your breakfast? / It was very satisfying. Thank you. / Thank you for your kind words. We always strive to provide our guests with the best possible service. We will make every effort to ensure that you have an even better experience when you visit us again next time.

Day 28

"Do we have any fun things to do today around the area?" / "Yes, you do. There are famous landmarks and places for tourists. Let's say, you can reach ABC park in a 5-minute walking distance and XYZ Tower in 10 minutes. Are you looking for anything else? Let me know, and I can give you directions."

Day 29

(Hotel staff) "How may I help you, sir?"
(Guest) "Ah, I am going to check-out soon, but I need some extra towels.

Could I have some more towels?"

(Hotel staff) "Oh, I am so sorry, sir. Our staff may have missed your room. I apologize for the inconvenience. I will call for additional towels for you right away. Could you please leave your used towels on the desk when you are leaving?"

Day 30

Excuse me. I think the air-conditioner in our room doesn't really work. Can you please check for us? / Yes, we are going to check and we are sorry for your inconvenience, sir. I am going to page our engineer right away. Could you please give us a moment until we fix it?

Day 31

Good morning, sir! Would you like to check out? / That's correct. / Well, what's your check-out time? / At twelve o'clock. / OK. I can extend your check-out time as per your request. I hope you understand that we may charge you additional fees for that. How much longer would you like to stay?

UNIT 5 TOUR GUIDE

Day 32

A: Is there any MUST-SEE(VISIT) place around here? I really want to visit one of them today.

B: Definitely! We have a famous Cathedral/Catholic Church and a few museums in town. Which one would you like to visit?

Day 33

A: I prefer a museum to a church. What do they exhibit in the museum? What kind of museum would you recommend?

B: They exhibit historic and cultural artifacts/heritage of the region. They are promoting an artwork exhibition with local artists now. I strongly recommend you visit there.

Day 34

A: Can you recommend any nice local restaurant to me here?

B: Sure. There are a few well-known/famous seafood restaurants. Would you like to try any of them?

A: I like squid and octopus! Do you know if any of them serve squid or octopus dishes?

B: Of course!

Day 35

B: The local seafood dishes are so popular for their freshness. In fact, some very famous restaurants also serve other seafood such as crab and shrimp (prawn). You will have a great experience. Around what time would you like to go there?

A: Well, I would like to go there for dinner. Can you help me make a reservation?

B: Of course, I'll make the reservation for you.

Day 36

A: What's the weather like during this season?

B: It's currently spring, so it's nice, warm, and comfortable. It's recommended to visit before the hot summer arrives.

A: What are some must-see tourist attractions during the spring season here?

B: We have a number of famous places for the cherry blossom festival, and I'd like to recommend some of the bigger ones. Is there a specific area you're interested in visiting?

Day 37

A: I don't have any particular place to visit, but I prefer any big festival site.

B: If so, I'd recommend you the 'OOO cherry blossom festival'. That's the biggest one in town with beautiful cherry blossom street for tourists. You will definitely love that place, having unforgettable time.

A: Great, so when can I visit 'OOO cherry blossom festival'?

B: Usually it starts from end of March, but I will have to check the exact schedule. I will let you know once I have the information.

Day 38

A: Thank you. By the way, is there any other attractive place for spring tour where you can recommend?

B: Yes, we have many walking trails for spring walk. OOO Trail is one of the best. You can find a few beautiful cafes on the way out. Many tourists like to visit there to take pictures at the cafes for SNS.

UNIT 6 CONVERSATION WITH TOURISTS

Day 39

A: Excuse me. Is there a community service center around here?

B: I'm sorry. I have no idea. I'm not a local.

C: I am! But the road to the center is a little complicated. I suggest you take a taxi. It takes only 5 minutes to get there from here.

Day 40

A: How much does a taxi ride usually cost here? It's my first time taking a taxi in this city.

B: The basic fare is around $5. Some taxi drivers speak English, so you may want to look for them.

A: Oh, that's helpful. How can I identify those taxis?

C: They are usually yellow-colored cabs with a sign that says 'English-speaking driver' or 'Global taxi.' You can easily spot them on the street.

Day 41

A: Excuse me. Isn't there Jeju Hotel around here?

B: Yes, I think so.

A: Actually I stay there. And I lost my way back to the hotel after lunch. I must have walked out….

B: Ah, I got it. I tell you what; you walk straight to the right until you see the sign of NH Bank. The hotel is right behind the bank. We can't see the hotel because the building of the bank is taller than the hotel.

Day 42

B: Thank you so much! By the way, your English is really good.

A: Isn't it? I actually learned English as part of my tourism studies in college.

B: Wow, then you should know about Jeju very well!

A: Kind of. As a person who was born and raised in Jeju, I have my own thoughts on tourism here.

Day 43

A: Is this your first time visiting Jeju?

B: Yes, it is. Actually, I learned about Jeju from a friend who worked here as an English teacher. He insisted that I must visit Jeju since it's such a beautiful island. Finally, I made it here!

A: That's great! It would have been even nicer if you could travel together with your friend.

B: Yeah, that would have been awesome. However, he has completed his three-year contract and moved to Thailand for another teaching position at an international school. So I'm here all by myself.

Day 44

A: What is your first impression of Jeju?

B: Ha-ha. I am not sure yet. I just arrived here this morning and just checked into the hotel. I am ready to explore the island.

A: Do you have travel destinations in your mind?

B: Not sure yet. But I definitely want to visit Mt. Halla and Seongsan Sunrise Peak. I love mountain climbing.

Day 45

A: Great idea! Two places are the symbol of Jeju Island and the World Natural Heritage sites designated by UNESCO.

B: I think I should travel around for at least one week. Since the island is quite big. Are there any other places you want to recommend?

A: Of course! There are many beautiful natural sites, traditional cultural sites, K-cultures, local foods, pretty cafes, and traditional local markets etc.

UNIT 7 SHOPPING

Day 46

A: Hello, how may I help you?

B: I am looking for goods for presents. Where can I find them?

A: We do have various items for gifts for you. What kind of goods are you looking for?

B: My friend likes something pretty and sensuous. So, I think some cosmetics or accessories would be nice for her.

Day 47

A: Then follow me this way, please. There are number of cosmetic and accessory stores on the second floor of the shopping mall. You can choose many items in whatever style you like.

B: Thank you! Can you still help me when I choose items?

A: Of course. I will be here all the time for our customers. You can call me anytime you need my help.

Day 48

A: What kind of product are you looking for?

B: What is the most popular product in your store?

A: We do have XXX and YYY brands. They are the most preferred brands. Many of our customers love them.

B: Is that so? Then I would like to choose one of them. Thank you!

A: You are welcome. Please call me whenever you need my help.

Day 49

B: Hello! Can you recommend a good place to go shopping?

A: Good afternoon! Are you looking for anything specific?

B: Yes, I'd like to find (=get, buy) some Korean traditional items, maybe souvenirs.

A: I see. I recommend checking out the traditional market nearby. They have a variety of traditional goods and souvenirs. Plus, there are a few department stores and outlet malls located conveniently close to the market.

Day 50

A: Amazing! I would like to visit the Korean traditional market. What is the best way to get there?

B: You can reach there in 20 minutes by subway (=Metro) from the City Hall station. It's very convenient to catch buses or taxies around the market.

A: Thank you for your information.

B: No problem! Enjoy your shopping, please!!!

Day 51

A: Good evening, ma'am! Are you looking for something? May I help you?

B: Hello, is this the local traditional market?

A: Yes, it is. It's the traditional market of this town. What are you looking to buy here?

B: Ah, I am looking for some popular local fruits and foods of Korea.

A: Well, then I would like to recommend the famous tteokbokki and gimbap, the most popular menu as a light meal for Koreans. You can find a variety of delicious local fruits at the fruit stalls around here.

Day 52

B: I understand. If so, I would love to buy some tteokbokki and gimbap as well as some fruits.

A: Great! What kind of fruits do you like?

B: I think I should get Koreans' favorite fruits, little expensive ones for gifts.

A: Hmm… How about peaches? Peaches are the most popular seasonal fruits now. They are not only delicious but also quite expensive. Especially those in the gift boxes are quite pricy. Yet still very sellable.

B: Oh, then I would like to take two boxes of them.

UNIT 8 AT RESTAURANT

Day 53

A: Hello, welcome!

B: Hello! What's the best Korean menu?

A: Bulgogi is the most popular Korean menu. It's the best choice.

B: I see. Then I will take the Bulgogi. For two persons please!

Day 54

A: Hello! What would you like to order?

B: Do you have any nice Korean dessert?

A: Red bean shaved ice, called Pattbingsu and Hotteok, a kind of pan cake filled with black sugar are the most popular Korean desserts. And Pattbingsu is the best in summer.

B: I see. Then I would like to try Pattbingsu.

Day 55

B: Excuse me, could you recommend some popular spicy Korean dishes?

A: Of course! Koreans love dishes like Hot Chicken Stir-Fried Noodles (불닭볶음면) and Gochujang Bulgogi (불고기). I would recommend the Hot Chicken Stir-Fried Noodles.

B: Thank you, I'll try that.

A: Do you enjoy spicy food? We offer three levels of spiciness: high, medium, and low. You can choose one that suits your taste.

Day 56

A: Hello! Welcome! How many of you?

B: We are two.

A: Alright. You can take seats here. And would you like to order now?

B: Yes, please. We will have Bulgogi and Bibimbap.

A: Great. And would you like to order any drinks or side dishes?

B: A bottle of Makgolli (Korean traditional sparkling rice wine) and a Beancurd kimchi (두부김치), please.

A: Certainly! Your order will be ready shortly.

Day 57

A: Hello, what the most delicious menu here?

B: Hello! Our best-selling menus are tteokbokki and sundae, the Korean blood sausage. Customers like doenjangjjigae (bean paste stew), too!

A: I see. Then I will take tteokbokki and sundae.

B: OK. Would like to any drinks?

A: Can I get water and Coke? I will have Coke with food, please.

B: No problem. Ma'am, water is complementary and you can help yourself at the water dispenser.

Day 58

A: Hello, can I book a reservation for dinner?

B: Sure. For how many people?

A: Three.

B: O.K. When are you coming?

A: 6 pm, tomorrow.

B: I see. Booked for tomorrow 6 pm. Does your phone number end in 5432, right? Your name is…?

Day 59

본문에 제안 답안 수록

UNIT 9 WEATHER/CLIMATE

Day 60

ⓐ Traveling is a weather-affected activity, but I don't think climate is a determining factor in the tourism industry.

ⓑ Traveling is a weather-dependent activity, but I don't think the climate is the decisive factor in the tourism industry.

ⓒ Travel activities can be influenced by weather conditions, but climate is not necessarily the determining factor that shapes the tourism industry.

Day 61

Travel operators offer various indoor activities to make tourists feel good when it rains or the weather is bad.

Day 62

Due to climate changes, record-breaking weather issues throughout the globe have been affecting dramatically the tourism industry for past years.

Day 63

The climate of Australia varies depending on the region. We can feel warm temperature during winter in southern part of the country.

Day 64

Although people agree the weather and climate affect tourism industries, tourism operators should prepare some strategies to fight against those impacts for the sustainable tourism business.

Day 65

Iceland is famous for its unique climate and many tourists love to visit to see the vivid view of volcanic eruptions and aurora in the northern region.

Day 66

In spite of its hot weather, safaris in Kenya provide attractive/fantastic/ superb experiences to tourists.

UNIT 10 ART/CULTURE

Day 67

ⓐ Visiting art galleries is one of the best ways to appreciate various cultures and artistic expressions.

ⓑ Visiting art museums is one of the best ways to enjoy different cultures and artistic expressions.

ⓒ Visiting art galleries is one of the best ways to experience diverse cultures and artistic expressions.

Day 68

Learning about traditional music and dance is an important part of experiencing the unique cultural heritage of the country.

Day 69

A trip to the historical places provides insights into the past and helps us understand our present better.

Day 70

Participating in local festivals and cultural events is a great way to immerse yourself in a new community and learn about its traditions.

Day 71

Art and culture are the universal languages that unite people and encourage mutual understanding and respect each other.

Day 72

Movies are the art that everyone can enjoy regardless of languages and cultures.

Day 73

Cultural heritages are valuable assets that connect our past and future. Our responsibility is to preserve and develop them.

UNIT 11 SPORTS

Day 74

ⓐ I enjoy watching exciting sports events and participating in the dynamic atmosphere at the stadium.

ⓑ I enjoy watching thrilling sports games and participating in the lively atmosphere at the stadium.

ⓒ I love watching dramatic sports games and participating in the active cheering at the stadium.

Day 75

Sports tourism makes unforgettable memories to us, providing opportunities to explore new destinations while enjoying our favorite sports games.

Day 76

Participating in sports activities during a trip allows us to have delightful experiences and enjoy a healthy and dynamic life.

Day 77

Observing athletes' performance and witnessing their passions during competitions make me feel my limitations while inspiring me.

Day 78

Sports activities connected to the local communities provide a unique opportunity for individuals to share and exchange their passion for a common favorite sport.

Day 79

Experiencing cultural aspects through sports, such as watching traditional martial arts performances provides abundant knowledge of local traditions.

Day 80

Sports tourism offers opportunities to support and engage with our favorite teams or athletes, fostering friendships and a sense of unity among fans from diverse backgrounds.

UNIT 12 ACCOMMODATION & CULTURE

Day 81

I am looking for a warm and cozy hotel with a comfortable bed, although it may not be luxurious.

Day 82

I am looking for a spacious resort hotel where our whole family members can stay.

Day 83

I am looking for a guest house with a quiet environment and picturesque scenery, where I can enjoy my relaxing hours in nature.

Day 84

I want to have a special experience while staying at the antique hotel near historical monuments.

Day 85

① I'm looking for an apartment style accommodation with a kitchen. I like to enjoy cooking with my family.

② I'm looking for self-catering apartment-style accommodation with a kitchen. It would be great if I could cook with my family.

Day 86

I'd like to take pictures wearing traditional Korean dress in tourist places. If possible, I hope you can tell me about any cultural center where I can enjoy Korean traditional music and performance.

Day 87

I'd like to visit an art gallery that exhibits art works by local artists. And is there any way I can interact with local people to learn about the history and culture of the place?

UNIT 13 HISTORY & SOCIETY

Day 88

The fact that Koreans have few thousands of years' history has served as the foundation that shaped Korea's culture and society as we know today.

Day 89

Historical landmarks such as palaces and temples in a country provide opportunities to glimpse into its past.

Day 90

Traditional Korean culture, such as Hanbok and Hanji indeed reflect the deep traditions of Korea. It's definitely different from the ones in China.

Day 91

The Korean War, which took place from 1950 to 1953, had a significant impact on Korean society and its political landscape.

Day 92

Korea's rapid economic development, known as the miracle of the Han River, transformed the country into the world prominent one.

Day 93

The influence of Confucianism shows the characteristics of Korea that emphasizes respect for elders and the value of family, consisting of its communities.

Day 94

Modern Korean society shows vibrant pop culture, technological development, and dynamic city lifestyles with the combination of traditional values and global impact power.

UNIT 14 SECURITY & SAFETY

Day 95

Whenever we use a personal locker at a specific place during travelling, it is important to use a lock and keep our valuables near us to keep an eye on them at all times.

Day 96

Korea is a relatively safe country in general, but when traveling to crowded places, it is advisable to stay alert, look around carefully, and check for anything suspicious.

Day 97

Especially in many cities in Europe, don't ever show your cash or valuables in the public areas to prevent pickpockets.

Day 98

I will use a reliable public transportation service (during the trip) and avoid taking unlicensed vehicles disguised as Uber service.

Day 99

To protect the important documents, you create/produce during your business trips, you should get used to making a copy of them and save the digital backup files in everyday life.

Day 100

When traveling to a(n) unvisited/new country, you should respect the culture and pay attention to the directions/instructions/ recommendations of the tour guide regarding the local laws and customs.

Day 101

It could be quite dangerous to provide your personal information or accept any presents or food from unfamiliar locals who are kind to you.